西方古典学研究
编辑委员会

主　编：黄　洋　（复旦大学）
　　　　高峰枫　（北京大学）

编　委：陈　恒　（上海师范大学）
　　　　李　猛　（北京大学）
　　　　刘津瑜　（美国德堡大学）
　　　　刘　玮　（中国人民大学）
　　　　穆启乐　（Fritz-Heiner Mutschler，德国德累斯顿大学；北京大学）
　　　　彭小瑜　（北京大学）
　　　　吴　飞　（北京大学）
　　　　吴天岳　（北京大学）
　　　　徐向东　（浙江大学）
　　　　薛　军　（北京大学）
　　　　晏绍祥　（首都师范大学）
　　　　岳秀坤　（首都师范大学）
　　　　张　强　（东北师范大学）
　　　　张　巍　（复旦大学）

西方古典学研究

Themes in
Greek Theology

古希腊哲人论神

David Sedley

[英] 大卫·赛德利 著
刘未沫 译　刘玮 编校

北京大学出版社
PEKING UNIVERSITY PRESS

著作权合同登记号 图字：01-2021-5380

图书在版编目（CIP）数据

古希腊哲人论神 /（英）大卫·赛德利著；刘未沫译. —北京：北京大学出版社，2021.10

（西方古典学研究）

ISBN 978-7-301-32493-6

Ⅰ.①古… Ⅱ.①大… ②刘… Ⅲ.①古希腊罗马哲学–研究 Ⅳ.①B502.25

中国版本图书馆 CIP 数据核字（2021）第 187515 号

Themes in Theology
© 2021 by David Sedley
Simplified Chinese Edition © 2021 Peking University Press
All Rights Reserved.

书　　名	古希腊哲人论神 GUXILA ZHEREN LUNSHEN
著作责任者	［英］大卫·赛德利（David Sedley）著　刘未沫 译　刘 玮 编校
责任编辑	王晨玉
标准书号	ISBN 978-7-301-32493-6
出版发行	北京大学出版社
地　　址	北京市海淀区成府路 205 号　100871
网　　址	http://www.pup.cn　新浪微博：@北京大学出版社
电子信箱	pkuwsz@126.com
电　　话	邮购部 010-62752015　发行部 010-62750672　编辑部 010-62752025
印　刷　者	北京中科印刷有限公司
经　销　者	新华书店
	730 毫米 × 1020 毫米　16 开本　20 印张　188 千字 2021 年 10 月第 1 版　2021 年 10 月第 1 次印刷
定　　价	65.00 元

未经许可，不得以任何方式复制或抄袭本书之部分或全部内容。
版权所有，侵权必究
举报电话：010-62752024　电子信箱：fd@pup.pku.edu.cn
图书如有印装质量问题，请与出版部联系，电话：010-62756370

"西方古典学研究"总序

　　古典学是西方一门具有悠久传统的学问，初时是以学习和通晓古希腊文和拉丁文为基础，研读和整理古代希腊拉丁文献，阐发其大意。18世纪中后期以来，古典教育成为西方人文教育的核心，古典学逐渐发展成为以多学科的视野和方法全面而深入研究希腊罗马文明的一个现代学科，也是西方知识体系中必不可少的基础人文学科。

　　在我国，明末即有士人与来华传教士陆续译介希腊拉丁文献，传播西方古典知识。进入20世纪，梁启超、周作人等不遗余力地介绍希腊文明，希冀以希腊之精神改造我们的国民性。鲁迅亦曾撰《斯巴达之魂》，以此呼唤中国的武士精神。20世纪40年代，陈康开创了我国的希腊哲学研究，发出欲使欧美学者以不通汉语为憾的豪言壮语。晚年周作人专事希腊文学译介，罗念生一生献身希腊文学翻译。更晚近，张竹明和王焕生亦致力于希腊和拉丁文学译介。就国内学科分化来看，古典知识基本被分割在文学、历史、哲学这些传统学科之中。20世纪80年代初，我国世界古代史学科的开创者日知（林志纯）先生始倡建立古典学学科。时至今日，古典学作为一门学问已渐为学界所识，其在西学和人文研究中的地位日益凸显。在此背景之下，我们编辑出版这套"西方古典学研究"丛书，希冀它成为古典学学习者和研究者的一个知识与精神的园地。"古典学"一词在西文中固无歧义,但在中文中可包含多重意思。丛书取"西方古典学"之名,是为避免中文语境中的歧义。

收入本丛书的著述大体包括以下几类:一是我国学者的研究成果。近年来国内开始出现一批严肃的西方古典学研究者,尤其是立志于从事西方古典学研究的青年学子。他们具有国际学术视野,其研究往往大胆而独具见解,代表了我国西方古典学研究的前沿水平和发展方向。二是国外学者的研究论著。我们选择翻译出版在一些重要领域或是重要问题上反映国外最新研究取向的论著,希望为国内研究者和学习者提供一定的指引。三是西方古典学研习者亟需的书籍,包括一些工具书和部分不常见的英译西方古典文献汇编。对这类书,我们采取影印原著的方式予以出版。四是关系到西方古典学学科基础建设的著述,尤其是西方古典文献的汉文译注。收入这类的著述要求直接从古希腊文和拉丁文原文译出,且译者要有研究基础,在翻译的同时做研究性评注。这是一项长远的事业,非经几代人的努力不能见成效,但又是亟需的学术积累。我们希望能从细小处着手,为这一项事业添砖加瓦。无论哪一类著述,我们在收入时都将以学术品质为要,倡导严谨、踏实、审慎的学风。

我们希望,这套丛书能够引领读者走进古希腊罗马文明的世界,也盼望西方古典学研习者共同关心、浇灌这片精神的园地,使之呈现常绿的景色。

"西方古典学研究"编委会

2013 年 7 月

目 录

编校者前言 ... I
前 言 ... V

第一章　创造型二元论 ... 1
　　一元论与二元论 ... 1
　　宇宙创造 ... 2
　　赫西俄德 ... 8
　　阿那克萨戈拉 ... 18
　　恩培多克勒 ... 27
　　苏格拉底 ... 34
　　柏拉图的《蒂迈欧》 ... 38
　　柏拉图之后 ... 54
　　结　语 ... 61

第二章　球形神 ... 63
　　导　言 ... 63
　　克塞诺芬尼 ... 66

巴门尼德 80
　　恩培多克勒 83
　　柏拉图的《蒂迈欧》 86
　　结　语 92

第三章　与神相似的人 93
　　柏拉图的《蒂迈欧》 93
　　柏拉图《会饮》中的阿里斯托芬 95
　　回到《蒂迈欧》 103
　　柏拉图与亚里士多德论变得与神相似 110
　　获得不朽 118
　　道德上与神相似？ 120
　　尾　声 129

第四章　无神论 130
　　无神论者的缄默 130
　　最早的无神论者名单 134
　　柏拉图的证据 138
　　匿名性 142
　　划定安全区域 147
　　柏拉图的无神论者 152
　　无神论的起源 161
　　柏拉图论无神论的无道德性 164

附录：无神论者的"神谱" 167

第五章 不可知论 168
安　全 168
新学园和斯多亚学派 172
卡内阿德斯的逐步添加论证 173
卡内阿德斯的不可知论 181
斯多亚学派不是攻击目标 182
其他的神学三段论 189
卡内阿德斯的辩证方法 204

第六章 伊壁鸠鲁主义神学 206
德谟克利特 206
伊壁鸠鲁：有神论者还是无神论者？ 209
实在论与观念论 213
天赋观念 214
对诸神的认知进路 228
不朽性 233
伊壁鸠鲁的神学立场 238
神学及伊壁鸠鲁主义的课程 241

第七章 神的匿名性 243
苏格拉底 243

赫西俄德 250

泰勒斯 251

克塞诺芬尼与巴门尼德 251

赫拉克利特 254

德尔维尼作者 260

恩培多克勒 261

回到苏格拉底 264

柏拉图 265

柏拉图之后 277

古希腊神学研究文献选列 280

译后记 295

编校者前言

古希腊哲人的作品里总是少不了"神"这个字眼。最早的哲学家泰勒斯说万物都充满神,赫拉克利特把神说成是日与夜、冬与夏、战争与和平的统一体;在古典时代柏拉图那里有创造宇宙的"工匠神",亚里士多德把神称作整个宇宙"不动的推动者";希腊化时代,伊壁鸠鲁学派用原子论解释神并且强调神不关心人间事务,斯多亚学派把一切事情都看作神意的体现;而在新柏拉图主义那里,出现了系统复杂的神学体系。但是这些希腊哲人讨论"神"的时候,到底是什么意思?他们思考的内容有多么不同?他们真的是宗教意义上的有神论者吗?无神论和不可知论又是如何在古代起源的?这些问题或者难以回答,或者争议极大。

如果要在当今古典学界选出一位学者来回答这些问题,剑桥大学的大卫·赛德利教授无疑是最合适的人选。他的学术研究范围从希腊哲学发源之前的古风诗歌,一直延伸到古希腊哲学最后的余晖,而且在所有的领域都有非常深入的研究(如果说特别的专长,那大概就是对伊壁鸠鲁主义和柏拉图的研究了),绝对堪称"百科全书"式的古典学者。赛德利的研究总是能在宏观的历史语境、古典语文学的细节考证和哲学的论证分析之间游刃有余,读他的每一本著作和每一篇论文,总是让人在望尘莫及之余赞叹不已!赛德利特别关注古代神学的问题，除了一系列有关古代神学的论文之外，还出版了《古代创世论及其批评者》(*Creationism and Its Critics in Antiquity*, Berkeley, 2007)，与安德雷亚·奈廷格尔(Andrea Nightingale)一同编辑了论文集《古代心灵模式：人与神的理性研究》(*Ancient Models of Mind: Studies in Human and Devine Rationality*, Cambridge, 2010)。

当我邀请赛德利教授在2014年4月访问人大，主讲"中国人民大学古希腊哲学名师讲座"时，他建议了"古希腊神学"这个令人兴奋的主题，并且带来了内容丰富的全新讲稿。当时的六次讲座中，有五次关于希腊神学（分别是"球形神""与神相似的人""无神论""不可知论"和"伊壁鸠鲁主义神学"），最后一次讲座讨论了伊壁鸠鲁主义中的幸福问题。

访问期间，赛德利的博学和随和给我留下很深的印象。他记忆力极好，好像脑子里装着整个希腊哲学的知识，可以随时精确调取；他工作非常专注，效率极高，多么繁重的任务都难不倒他，而且喜欢多个问题同时推进；他还不是一个只知道学术的书呆子，对各种知识都很有兴趣，每天晚上睡觉前还要读读小说。作为剑桥大学的劳伦斯古代哲学讲席教授（希腊哲学研究领域最显赫的讲席之一），他不但没有任何大牌的架子，而且连穿着都极其简谱，一件衬衣、一件绒衣、一双凉鞋就是他日常的穿着；参观游览和吃饭之类的安排，他从来都是悉听尊便，任由我随意安排，他只是高高兴兴地参与，享受和我、和学生的每一次交谈；他还是我邀请的所有"名师"中吃东西最百无禁忌的，很享受和我一起大口吃肉，也是唯一一位喜欢吃火锅里涮的猪脑的"名师"（猪脑是我挑战所有客人底线的"必杀技"）！

赛德利教授不仅写作效率极高，同时还非常耐心，从来不是写完东西立刻拿去发表，他的作品经常会在手里放上很长时间，进行多次修改。这个讲座系列的讲稿也不例外。在讲座之后将近三年，赛德利教授发来了他精心修订和扩充的手稿，并且告诉我，这个版本是特意为中文版准备的，英文版他还不着急拿去出版。比较了他2014年在人大的讲稿和2017年发来的修订版之后，我再次为他的严谨认真感动不已。2014年的讲稿其实已经相当成熟了，而这个修订版又在原有的基础上增加了非常精彩的两章——第一章"创造型二元论"和第七章"神的匿名性"（这第七章还是应我的建议专门增加的），原有的五个章节也都做了非常多的扩充和改写，全书的篇幅大约比原来的五个讲稿多出了一倍。也是因为修订版的体量已经很大了，我放弃了之前的惯例，没有将讨论伊壁鸠鲁主义幸福观的内容作为"附录"收入本书。

赛德利教授的治学特色和本书的基本内容，在刘未沫撰写的"译后记"里，已经介绍得相当充分了，我在这里不再赘述。我相信每位读者只要翻开这本书，就能立刻感到赛德利教授力透纸背的博学和从不故作高深的真诚。

最后，我还是要一如既往地感谢很多人。首先当然要感谢赛德利教授接受我的邀请第一次访问中国，并且如此精心地准备和修订讲稿；感谢中国人民大学"学科国际前沿培训项目"的慷慨资助；感谢当时聆听赛德利的讲座、参与讨论，并帮助我接待他的所有学生和同事；感谢好友刘未沫认真细致的翻译，以及增补的大量很有帮助的

"译者注"（我们前后对译稿做了五次修订，两个非常较真的人，几乎面红耳赤地在咖啡馆里争论一些翻译的处理，确实是一种很独特的体验；不过作为最终的编校者，我还是乐意为书中的所有错漏负责）；感谢徐向东老师和好友陈玮在赛德利教授访问杭州和浙江大学时对他的盛情款待；还要感谢王晨玉一如既往的耐心和出色的编辑工作！

刘　玮

2021 年 10 月 25 日

前　言

2014年春天，我应邀到北京中国人民大学做希腊神学的系列讲座，对此我倍感荣幸。我要感谢盛情的刘玮教授，以及促成这趟旅行并使我始终乐在其中的其他诸位老师；还有那些令人敬佩的听众，尽管他们大多数是硕士生，但他们在每次讲座后提出的问题都非常专业。

我自己在宗教上有很强的不信神倾向，但在长达半个世纪对希腊罗马哲学的钻研过程中，我清楚地认识到，神的概念并不在希腊罗马哲学的边缘，而是非常接近其核心。在我看来，对一神或多神的信仰——出于我尚未完全理解的原因——即使不是无处不在，至少也是人类文化的普遍特征。因而完全可以理解，大多数希腊思想家的典型做法是将这种信仰整合进他们自己的思想系统，很少有人简单地将其拒之门外。

然而神的概念在思想家手中，就和在大众崇拜中的表现形式迥然不同了。在他们眼里，神可能变成各种各样的东西：第一，神可能是宇宙的创造者或创造性力量（第一章）；第二，神可能是宇宙本身，被理解为一个生命体（第二章）；第三，作为上一点的替代或增补，神还可能是我们或者其他存在者模仿的理想模型（第三章）；第四，还有无神论的选项，神可能只是习俗虚构的产物，是政客们发明的超人警察，用来恐吓我们，迫使我们服从法律（第四章）。这四种可能性，就分别对应了本书的前四章。

　　第五、六章将在宗教怀疑的领域做进一步探讨。在第五章，我细致考察了宗教不可知论，这是由柏拉图学园内部怀疑论哲学家发展和捍卫的观点。第六章将讨论伊壁鸠鲁主义神学，我的解释与大多数现代解释者不同，但更接近伊壁鸠鲁自己在古代的批评者；我将伊壁鸠鲁神学解释为非常接近无神论，但它与无神论最重要区别是它包含了第三章中的观点，即认为神是在事物的本性/自然（nature）中，而不是单纯的人类虚构，神是人模仿的理想范型。最后，第七章将重新审视与前面章节相同历史时期的一批思想家（范围大致涵盖了公元前的七个世纪），但从一个新的角度：为什么大多数古代哲学家都对称神以名保持警惕；为什么是斯多亚主义者将这种匿名性的实践带向终结？

　　本书的某些部分使用了我在自己其他出版物中的材料，特别是：

1. *The Hellenistic Philosophers*, with A. A. Long, Cambridge, 1987, 2 volumes.
2. "The Ideal of Godlikeness," in G. Fine ed., *Plato II*, Oxford, 2000, pp. 309-328. (revised version of "Becoming like God in the *Timaeus* and Aristotle," in T. Calvo and L. Brisson eds., *Interpreting the Timaeus-Critias*, Sankt Augustin, 1997, pp. 327-339.)
3. "The Origins of Stoic God," in D. Frede and A. Laks eds., *Traditions of Theology*, Leiden, 2002, pp. 41-83.
4. *Creationism and Its Critics in Antiquity*, Berkeley, 2007.
5. "Plato's *Timaeus* and Hesiod's *Theogony*," in J. H. Haubold, and G. R. Boys-Stones eds., *Plato and Hesiod*, Oxford, 2009, pp. 246-258.

6. "Epicurus' Theological Innatism," in J. Fish and K. Sanders eds., *Epicurus and the Epicurean Tradition*, Cambridge, 2011, pp. 29-52.

7. "The Atheist Underground," in V. Harte and M. Lane eds., *Politeia in Greek and Roman Philosophy*, Cambridge, 2013, pp. 329-348.

8. "From the Presocratic to the Hellenistic Age," in S. Bullivant and M. Ruse eds., *The Oxford Handbook of Atheism*, Oxford, 2013, pp. 139-151.

9. "Divinisation," in Pierre Destrée and Zina Giannopoulou eds., *Plato's Symposium: A Critical Guide*, Cambridge, 2017, pp. 88-107.

10. "Becoming Godlike," in C. Bobonich ed., *The Cambridge Companion to Ancient Ethics*, Cambridge, 2017, pp.319-337.

11. "Self-sufficiency as a Divine Attribute in Greek Philosophy," in A. Hunt and H. Marlow eds., *Ecology and Theology in the Ancient World: Cross-Disciplinary Perspectives*, Bloomsbury, 2019, pp.41-48.

12. "Plato's Theology", in G. Fine ed., *The Oxford Handbook of Plato*, Oxford, 2019, pp.305-332.

13. "Carneades' Theological Arguments," in C. Balla, E. Baziotopoulou, P. Kalligas and V. Karasmanis eds., *Plato's Academy: Its Working and Its History*, Cambridge, 2020, pp.220-241.

14. "Creationism," in L. Taub ed., *The Cambridge Companion to Ancient Science*, Cambridge, 2020, pp.121-140.

15. "The Creation of the World in Ancient Greek Thought," in *Eranos Yearbook* (forthcoming).

第一章 创造型二元论

一元论与二元论

最早一批讨论宇宙起源的希腊理论家,通常被称为"一元论者"。也就是说,他们被描述为各自假设了一种宇宙生成的单一的终极解释原则,例如水(泰勒斯［Thales］)、气(阿那克西美尼［Anaximenes］)、火(赫拉克利特［Heraclitus］),或者某种因无特征而无法以任何熟悉的物质来命名的东西(阿那克西曼德［Anaximander］)。

我无意加入那场旷日持久的讨论,去争辩这些特征是否准确无误地代表了有关的"一元论"理论。相反,我想提请大家注意另一个较少被关注的对立传统。这个传统从赫西俄德(Hesiod,约公元前700年)到斯多亚学派(建立于约公元前300年),至少持续了四个世纪。根据这一替代传统,真正的解释力不在于单一起源,而在于**两种终极原则**的相互作用;也就是说,不是一元论,而是二元论。由于这一对原则中更主动的一方通常被视为有理智的(intelligent)和有创造力的,因而二元论自然适合神圣创造（divine creation）理论：不仅是宇宙生成，而且是由更高级力量引起的理智的创造。

在我们讨论具体案例之前，我需要澄清两个术语："宇宙"和"创造"。

宇宙创造

"宇宙"的古希腊词是 kosmos，更字面的含义是"秩序"（ordering）。这个"秩序"是指（从所有表面上看、从任何程度上说）被天空包围的整个互动结构。这个结构最基本的构成是四层：

1）土／地层，上表面凹凸不平，且深度不确定；

2）位于土层上的是水层，主要以海水为代表；

3）在土层与水层之上，是一层气；

4）由"天空"或"天"（ouranos）组成，或以其为界的，是发光的外部区域。

这些层可以被不同地假设为全都是平的且垂直叠放；或者全都是球形且同心；或者是前两种情况的组合，例如地是平的，但天是球形的。

天区通常以"以太"之名为人所知，其主要成分通常被认为是星辰和太阳借之发出光芒的火。天最清晰可见又遥不可及，它是那些最初探究宇宙（kosmos）的人最突出的研究和思考主题。

从很早的时代开始，这些研究者——在我们看来，他们同时是哲学家、物理学家和天文学家——就敏锐地意识到天体运行所显示出的数学有序性（orderliness）。此外，在天体有序性与我们周遭更直接感受到的周期变化（首先是昼夜的交替和季节的循环）之间，存在着明确无误的因果关联（causal correlation）。最后，在这个原因溯源链（aetiology chain）①中，植物与动物生命（包括人的生命）可以被看作依靠于那些自然周期而存在。因此那些研究 kosmos（即有序宇宙）的人，通常会在一部单一作品中，借助关于构成宇宙的物质（matter）②构造理论解释万物，从天体运行一直解释到生命形态的起源。这就是一门古希腊的学科，我们称之为"宇宙论"（cosmology），即关于宇宙（kosmos）的研究；或许更确切地说，是研究宇宙起源的"宇宙生成论"（cosmogony）。希腊人自己称它为 peri physeōs historia（关于自然的探究）或 physiologia（自然研究）。

Kosmos 这个词需要进一步明确。与许多现代语言一样，希腊语的 kosmos 并不限制在单数中使用。因为从早期开始，具有开

---

① Aetiology 包含一种对遥远过去的回溯，相较而言 cause 则是一种当下视角；因而我将前者译为"原因溯源（论）"或"溯因论"，以表达其基于原因之历史的考察方向；而后者则始终译为"原因"。可资比较的是，在当代学者的讨论中，使用前者时往往与演进过程的讨论相关，而使用后者则多指向与部分—整体有关的结构性分析。——译者注

② 在亚里士多德之前，matter 都译为"物质"而非更术语性的"质料"。——译者注

创性的哲学思想家们就提出了"存在一个或多个宇宙"的疑问，并且有时也会给出回答。也就是说，他们在考虑这样的可能性，即我们的宇宙只是许多（可能是无穷多）宇宙中的一个，诸宇宙遍及空间、时间，或同时遍及二者。这些宇宙中的任何一个，都被认为拥有与我们的宇宙大致相同的自足结构，可能还有自己的居住者，并且也被它们自身的外层天空包围着。尽管在我们的时代，天围绕中心地球旋转的假设已被证明是错误的见解，但古希腊的"诸宇宙"仍然可以在我们自己的文化中找到明确对应，那便是潜在的可居住的行星。

这反过来使我们在将 *kosmos* 翻译为英文时，不像一些人所做的那样将其对应于 universe。英文 universe 在其自然用法中——区别于，例如，近年来平行宇宙（或多重宇宙）理论中的用法——并没有复数形式：从定义上说，仅存在一个 universe。对应 universe 的希腊词是 *to pan*，其字面义为"全有/大全"（the all），含义是：所有存在的东西，尽管这通常会排除无时空性的东西，比如数字。

当然，如果事实上只有一个有序宇宙并且与整个 universe 共存，那么在某些上下文中用 the universe 来指称那个有序宇宙就并无大碍，这的确也是柏拉图和亚里士多德的通常做法。他们甚至也能够提出"（有序）宇宙是一还是多"的问题（并做否定回答）；但当他们这样提问时，便无可选择地只能使用 *kosmos* 的复数形式了。①

下面再从另一角度来强调这一差异。关于宇宙全体有限或无限，在古代一直是备受争议的问题。但几乎所有谈论单数或复数宇宙的思想家，都假定宇宙是有限的，被外部旋转的天所包围。（我们将在下一章看到一个罕见的例外，那便是克塞诺芬尼（Xenophanes），他的确认为宇宙是无限的；但可能重要的是，这发生在 kosmos 术语出现之前，因而几乎可以确定，发生在"宇宙"这一概念作为分离实体出现之前。）

至此为止，当神（单数或复数）被设想为宇宙的"创造者"时，

---

① 本节赛德利教授是在英文语境中讨论希腊术语 kosmos 的合适英译，他认为 kosmos 的英文对应词应该是 world 而非 universe。转换到中文语境，由于希腊文 kosmos 更适合的中文翻译是"宇宙"（或"有序宇宙"）而非"世界"——"世界"是来源于佛教无限宇宙观的概念，并不适合用古希腊哲学的语境——因而我并没有按照英语中的习惯直接将 world 译为"世界"，而是回溯到其对应的希腊文 kosmos，为其选择了更适合的中文翻译：宇宙。由于赛德利在本书中使用 world 时基本上都可以回溯对应希腊文 kosmos，因而我也一以贯之地将英文 world 译为"宇宙"；只有在极少的时候，如 blissful world, physical world, world-creating 这些词组出现时，我们才保留其通常翻译"幸福世界""物理世界""创世"等。与此相对，赛德利指出英文自然用法中的 universe 是一个全集概念，对应希腊文 to pan，即"一切""万物""全有"；因而我们可以用这三个词来翻译 universe。但除此之外，由于 to pan 的内涵在支持单一宇宙和多宇宙的哲学家那里是不同的，因而我们也可以根据具体讨论语境来翻译它。例如，在柏拉图和亚里士多德这些单一宇宙的支持者那里，我们将 universe 和 world 都译为"宇宙"并无大碍，因为他们认为"全有"（to pan）中只有一个"宇宙"（kosmos）存在；而对于支持 to pan 中有多个或无限个宇宙（kosmoi）的哲学家来说（前苏有阿那克萨戈拉，之后有伊壁鸠鲁学派等），我们则可以将 universe 译为"（诸）宇宙全体"或"全有"，二者差别在于阿那克萨戈拉的宇宙是充满的，而伊壁鸠鲁物理学中则包括虚空。关于这个译名问题，有兴趣的读者可参见译者小文《古希腊宇宙概念的翻译问题》，载《中国社会科学报》2015 年 2 月 16 日 06 版。——译者注

他们的创造行为注定会被视为一项有限的工作，与 *kosmos* 有限的维度和内容物相称。另外，有必要加上一条，创造宇宙的行为被看作**发生在某一时间**的一个**事件**，因而原则上是发生在确定的多少年之前。照此，相信创造——若恰当理解——就与"永恒论者"（eternalist）的立场完全不相容。因为根据"永恒论者"的立场，宇宙不可能真正生成；若有一位"创造者"，也只是在一位与之共同存在的神圣行动者（divine agent）的意义上，对宇宙的持续存在负有因果责任。

柏拉图的注疏史为这一差异提供了一个非常明确的例证。在他的《蒂迈欧》中（在本书中我将不止一次回到这个文本），柏拉图讲述了一个复杂的创造故事，其中神圣创造者希望最大限度地将秩序加诸已存在的物质之上：他首先进行构思，然后在一系列有计划的步骤里创造出我们所知道的宇宙，这之后的阶段则在他同时创造的其他较低神灵的帮助下完成。如此描述，有关事件就符合创造行为的标准。

但许多柏拉图的古代和现代崇拜者，都坚持这个故事仅仅是解释上的方便策略，应该对其做去字面化（deliteralized）处理，以揭示柏拉图真正的隐含主张。根据这些反字面解释者（anti-literalist）的看法，柏拉图认为宇宙实际上是永恒的，因而不存在字面意义的创造者；相反，柏拉图只是打着叙事神话的幌子，重述宇宙依赖一个本质上善的、神圣的原因。

在后一种解释下,"创造"只属于神话的表面含义,一旦我们透过表面提取到柏拉图的深层信息,表面含义就立刻消失了。幸运的是,虽然我知道对柏拉图《蒂迈欧》的解读是多么充满争议,但我本人还是能够坚定地站在字面派(literalist)一边。因此,之后我将自由地把这部对话中按时间顺序排列的宇宙起源叙述作为"创造"的典型例证,并按字面意思将其理解为柏拉图自己的宇宙生成理论。

我将"创造"的含义限制为一项真正的、我们现在的宇宙所源于的创造行为,因而需要进一步处理的问题便是:在时间序列中,哪里被认为是宇宙创造应当**终止**的地方?生命生成论(zoogony,即生命诸形式的起源)是否是宇宙生成论的一部分?这里我强调古希腊的宇宙生成理论作品,就像圣经中的《创世纪》一样,并没有停留在宇宙分层结构的简单形成上,而是出于充分的理由将生命诸种形式的首次出现(包括人类的出现)作为其最后阶段。在本章中我所理解的宇宙"创造",也包含同样的生命生成论内容。

将人类的起源列入议程,这就为已经勾勒出的宇宙生成论增加了一个潜在维度,这次是在道德层面。如果人在某种意义上是神圣创造的最终产品,那为什么我们自己和我们所居住的环境都远远没有达到完美?不论宇宙是一个好的或坏的产品,何处是其所包含的各种形式的恶的来源?这也就是神义论(theodicy)的问题，它离古代宇宙论思想的表面并不遥远。同样，正如我们将要看到的，它是引发关于神圣起源思考的主导性问题之一。为此，我们必须求教于赫西俄德。

赫西俄德

赫西俄德是一位劝谕诗人和前哲学时期的思想家，公认其活跃的时间早在公元前 8 世纪（与荷马［Homer］几乎同一时代），他对哲学产生了不可估量的持续性影响。这种影响主要来自他道德化的农事诗《劳作与时日》。他也创作了现存最早的神谱（theogony）①——大致相当于诸神的族谱，这就是现在被冠以《神谱》之名的赫西俄德长诗留给我们的东西。

这首诗值得称赞的原因有很多，但我唯一要关注的是很少被认识到的一个重要特征：两类不同的神的族谱被融合在一起。一者是奥林波斯家族的。这一家族开始于盖亚（Gaia，大地），她与其子乌拉诺斯（Ouranos，天）结合，产生了一系列以宙斯（Zeus）为首的子孙，并终结于我们如今的奥林波斯世代。在这两个世代之间，该家族常常展示为不健全的。例如，乌拉诺斯被其子克洛诺斯（Cronos）阉割，而克洛诺斯又被其子宙斯囚

---

① 《神谱》是赫西俄德著作 Theogony 的习惯中文翻译。英文可以明显看出 theogony 与前面谈到的 cosmogony, zoogony 的关联，字面意思是神的生成论。——译者注

禁。这一族谱大部分都属于神话式神谱风格,它在希腊传统中有许多变体;同样,它们与相邻文化的神话学说,也有很强的相似性。

这一奥林波斯世系也确实是从原始的宇宙生成论开始的:第一对配偶,即天与地,它们当然是物理世界的两个原初区域,它们的结合及其产品可以作为宇宙之创造的谱系模型;这个结合在某种程度上出自神圣行动者,即便不能完全说是出自神圣技艺(divine craftsmanship),它也**构成了**宇宙的结构。但这种以谱系来看待宇宙生成的观点,很快就在下一世代丧失了地位,并为诸神的霸权之争代替。

与奥林波斯世系相伴随的,是对第二个家族之繁盛的记录。[①] 这是一位被称为混沌(Chaos)的原始神祇(primeval deity)的后代,混沌神甚至比大地神还要年长。这个混沌家族——如果我们能这么称呼的话——延续了三代或四代。一般来说,它们既不是传统神话中的神,也不是像天和地这样的宇宙区域,而是作为我们所知的宇宙在**理论上**必不可少的成分的象征。

请看混沌家谱的第一部分:

[①] 参见 G. W. Most, ed. and trans., *Hesiod: Theogony, Works and Days, Testimonia*, Cambridge, MA, 2006 中的出色导言。

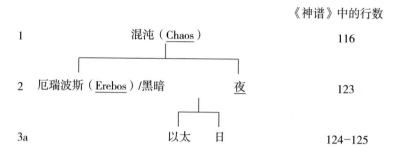

赫西俄德问道,这些神中哪一位最先诞生(115)。他回答说:混沌。Chaos这个名词表示的并非我们现在所熟知的英文chaos的含义,它更字面的意思是豁开的空间(a gaping space),与鸿沟(chasm)并无太多不同,二者在词源上也确实有关。从早期开始,赫西俄德的解释者们似乎就认为这个词与动词 cheisthai(流动)有关,因此也开创了一条很长的语义链,其另一端就是我们对 chaos 一词的现代用法,即无序的流动;然而,如果 chaos 另外作为豁开的空间的含义从一开始就存在,我们也不应该感到惊讶。

无论如何,混沌是一位神;但它在语法上是中性的,这是一项有名无实的荣誉,或者有可能是不光彩的荣誉;在赫西俄德庞大的万神殿里,除了混沌自己的子嗣厄瑞波斯,不再有任何其他神分享这项荣誉。这已经有助于强化混沌区别于其他后诞生的诸神的特征,即混沌是最大限度地原始,最大限度地不可区分。

作为一个神圣实体，混沌当然不会毁灭，因而它一定还存在于这个宇宙中。但它并不像泰坦们（the Titans）或其他失去后续力量的神那样处境艰难——这些神中的一位现在仍被囚禁在塔塔罗斯（Tartarus），因而不可见或者不能以因果方式在宇宙中发挥作用。那么，如今混沌神是什么？它在哪里？一个自然的猜测是混沌曾经是，而且现在也仍然是**空间**（space）——而像天和地这样之后出现的神圣存在者，是将它们自己的结构加诸空间之上。但是，纯粹几何意义上的空间观念，即作为一个静止的、独立存在的、物体可占据和可通过的三维广延（extention）的空间观念，在历史上姗姗来迟。可以说（这仍然是有争议的），这样的空间观念在亚里士多德之前没有人明确地提出过，而亚里士多德明确提出这一观念，也是为了否定它（《物理学》IV.1-5）。亚里士多德的老师柏拉图，在《蒂迈欧》中将空间纳入宇宙论，那里有一种神秘的基底（substrate），他称之为"生成的承载者"，这个"生成的承载者"含糊地结合了某些我们称之为"空间"的特征和另一些暗示了"物质"的特征。如果说赫西俄德的混沌神是其他一切事物的栖居之处，那么它同样可能同时具有一些我们关联于事物所占据的空间的功能，以及另一些我们更倾向关联于事物的物质的功能。我们现在可以把"混沌"称为**空间矩阵**（the spatial matrix），所有后续结构都被加诸这一矩阵上。

混沌的宇宙论角色如何为其后代所继承？混沌无性繁殖，

生了厄瑞波斯（粗略地说，就是黑暗之域）与夜。①这对手足接着交配，生了以太（即光明的上层大气）与日。因此到第三代，整个近亲繁殖的混沌家族成员就是这些事物的化身：（1）宇宙的空间矩阵，（2）黑暗与夜，以及（3a）光明与日。看上去，混沌及其后代共同为宇宙提供了空间和时间上的延展。混沌本身相当于宇宙完全的**空间**延展，个别的宇宙结构继而被加到这个空间延展上。此外，夜与日共同代表了宇宙的**时间**延展：其两极化为相互竞争的对立面，以及对变化的易感性（susceptibility）。黑暗与光明，则作为手足分别与夜与日相联，因为夜与日正是时间之流逝。

时间的这些组成部分都是混沌神的子孙，这一事实使空间在存在论上先于时间。因此赫西俄德似乎是在表达这样的洞见：时间依赖变化（化身为夜与日的相继），变化又依赖空间，唯有在空间中变化才能实现。构成宇宙的基本实体处在一种存在论上在先与在后的特定秩序中，这里展现为单一家族相继的世代。

无论这是赫西俄德自己思索的结果，还是他所继承的思想遗产的一部分，混沌的家族史实际上都向我们映射出一些非常深刻的形而上学思考。这种思考在希腊思想史上出现得如此之早，远远超过了我们的意料。

---

① 厄瑞波斯为中性，夜为阴性。——译者注

至此我们已将混沌家族的世系向下说到了第三代，但完整的族谱显示第三代有更多的成员，并且还有第四代：

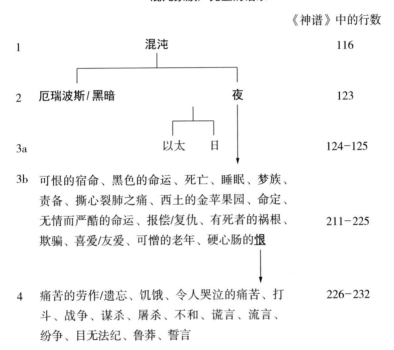

混沌家族，完整的谱系

		《神谱》中的行数
1	混沌	116
2	厄瑞波斯/黑暗　　夜	123
3a	以太　日	124—125
3b	可恨的宿命、黑色的命运、死亡、睡眠、梦族、责备、撕心裂肺之痛、西土的金苹果园、命定、无情而严酷的命运、报偿/复仇、有死者的祸根、欺骗、喜爱/友爱、可憎的老年、硬心肠的恨	211—225
4	痛苦的劳作/遗忘、饥饿、令人哭泣的痛苦、打斗、战争、谋杀、屠杀、不和、谎言、流言、纷争、目无法纪、鲁莽、誓言	226—232

夜通过与她的手足厄瑞波斯（黑暗）交合，诞下了日；在此之后，现在夜又返回家族更古老的无性繁殖传统中，并继而成为以下这些神的母亲：可恨的宿命、黑色的命运、死亡、责备、撕心裂肺之痛、命定（Moirai）、无情而严酷的命运、报偿复仇（Nemesis）、有死者的祸根、欺骗、可憎的老年、硬心肠的恨（Strife, Eris）。接着通过恨，她继而成为以下这些家族成员的祖

母：痛苦的劳作、遗忘、饥饿、令人哭泣的痛苦、打斗、战争、谋杀、屠杀、不和、谎言、流言、纷争、目无法纪、鲁莽。诚然，夜也孕育了少数听上去没那么有害的子嗣，如睡眠、梦族、西土的金苹果园（the Hesperides）和友爱，同样还有她（没那么有害）的孙辈"誓言"。但是，既然连誓言也被表明是伤害之源——因为假誓是人类最大的痛苦来源（《神谱》231-232）——我们便无需怀疑，整个清单代表了苦难的诸种现实和潜在的形式。

除了一两个项目有些奇怪之外，我们或许可以把 3b 的一代粗略地概括为令人畏惧的、让生命流逝并最终终止它的东西，如命运、老年、报复与死亡。如果是这样，那么对这一代的原因溯源将是把恶与时间的必然流逝联系在一起。对瞬时性（transience）的关注，既符合混沌作为变化之基的观点，也符合混沌之女"夜"——作为时间的原始代表——在该谱系中被赋予的中介角色。

如果是夜诞下日之后才生育了第一批恶神（3b），那一定是由于该生育行为与第一次的相反者两极化为对立的过程相当。这样的印象为表格中该家族的最后一代（第四代）所加强：由于在夜众多的子嗣中，继续孕育出最后一代的正是"恨"。恨的后代反映了他们母亲的本性，这可以被概括为现实或潜在的斗争之源，它们通过暴露和利用生命中潜藏的对立而耗尽生命。

因此混沌的谱系就相当于一次形而上学的演进过程，始于空间，通过时间性和极性到达瞬时性，最终到达斗争。简言之，混沌及其后代的历史，就是赫西俄德版的恶之溯因论（aetiology of evil）。以最简要地方式说，宇宙创生需要空间延展作为始点；空间的延展产生出时间性、瞬时性和斗争。因而，赫西俄德对神义论挑战的部分回答可能是：宇宙的神圣起源和构成，远不能保护宇宙免遭恶的侵袭，相反，这些起源本身就包含着恶的必然来源。

仔细观察可知，赫西俄德对恶的溯因论分成两个阶段。进入人类领域的现实之恶的入口，并不属于混沌一系所代表的名副其实的神谱，而属于一个后起的与此分离的事件，即女人的创造。这一创造性的破坏行为是宙斯的报复，以表达他对普罗米修斯将偷来火种作为礼物赠予人的愤怒。关于新到来的女人即将给人带来怎样性质的麻烦，《神谱》中只有这样一段非常简要的陈述："你无法与她们生活，因为她们是寄生虫；但同样，你少了她们也不能活，因为如果这样你就要被迫陷入无子的老年"（590-612）。赫西俄德的读者一定熟悉他在另一部长诗《劳作与时日》中关于该故事的更长叙述：潘多拉打开了装满各式各样麻烦的罐子，将它们释放到原本幸福的世界中（53-105）。在该版本中，女人超越一切，成为恶的**导火索**；这与《神谱》中的版本形成对比，《劳作与时日》的版本弱化了赫西俄德在神谱论述中的特别强调——在《神谱》中，女人不仅是人类不幸生活的导火索，而且就是其具身化（embodiment）。

那么，我们如何看待赫西俄德对恶的双重溯因论？一方面，众多种类的恶都是神祇，是混沌家族孕育的不朽后代；另一方面，恶起源于女人加入人类种族。如果要形成一个单一叙事，这就不是两种可供选择的溯因论。相反，我们拥有的是两个不同层面的溯因论：混沌家族的繁盛说明了恶的种类在概念上具有多样性，它们被理解为普遍者——归根结底，是由于宇宙有不同的维度，才给像恨或目无法纪这样的东西**留下空间**；但相比之下，女人的出现则代表了恨及其他形式的恶，第一次实际地加诸人类身上。因而混沌谱系解释的仅仅是溯因论的第一个层面，即宇宙的**潜能**（potentiality）包含了许多种类的人格化的恶。在这一讲后半部分谈到柏拉图的时候，我们将重新回到这一点。

值得注意的是另一个神圣家族，也就是大地的子嗣，它们在任何一代中都不与混沌家族发生（有性生殖）关系，而保持着完全独立的谱系。而且在大地的后代中，不仅没有发现任何负面性质或负面力量的人格化，而且那些相对较少的、作为良好性质或良好力量化身的神祇，都是大地家族的成员。一个例子是宙斯与丰盈（Themis）结合后的第二支脉（《神谱》910）：他们的共同后代是守法（Eunomia）、正义（Dikē）与和平（Eirēnē）。

两个神圣家族以平行而又始终独立的方式共同存在，这带来了一种新的理论潜台词，即一种形而上学二元论。宇宙有两条不可通约的构成线索，这被形象化为两个不存在有性关系的神圣家族。宇宙的最初构成成分，即以混沌及其后代为代表的时空维度，是恶的来源；而宇宙积极的结构成分与力量，即以大地和她的后代为代表，则是它可能包含的任何形式的善的来源。

在谈到"二元论"时，我并不是要过分坚持两种实体或原则的存在论区分。从形而上学的角度讲，到目前为止，我所讲的一切都不排除宇宙有额外的基本构成成分。而从谱系学的角度讲，实际上确实至少存在两位（以某种方式）生成的神祇，但它们既不是大地的子嗣，也不是混沌的子嗣：一者是塔塔罗斯（Tartarus，见《神谱》120），即广阔的地下区域，它如同大地一样是宇宙基本地理的一部分；另一者是爱欲或爱若斯（Eros，见《神谱》120-122），他甚至可以将自己的力量施加给其他神，因而必须假定他在那些神的交配行为中起了重要的因果作用——这就很容易理解为何他自己、作为一个高阶秩序的原因，要被认为在前两个家族之外。尽管如此，大地家族与混沌家族，从它们自身的角度看，确实为后来思想家们的"原则对子"（pairs of principles）树立了先例，包括我们即将在恩培多克勒（Empedocles）那里看到的，至少同样有一对原则解释了宇宙的善恶二元性。

阿那克萨戈拉

讨论恩培多克勒之前,我们还要研究一位稍早的思想家:阿那克萨戈拉(Anaxagoras)。阿那克萨戈拉出生在小亚细亚的克拉佐美纳(Clazomenae),活跃于公元前5世纪初期到中期;他是一位热忱的自然哲学家,对赫西俄德式的恶的溯因论并无兴趣。相反,他受惠于赫西俄德的地方在于,他从完全不同的方向发展了赫西俄德的宇宙二元论。可以说,他的二元论是第一个心物二元论(dualism of mind and matter)。

关于如何解释阿那克萨戈拉的物理体系,甚至在古代当他的著作还可以被直接读到时,人们就很少能达成共识。今天,除了那些大相径庭的解释记录外,我们还有大概二十条对其著作的直接摘引(即"残篇"),它们大多都很短。但这些摘引共同揭示了一种非凡的理论。

按照阿那克萨戈拉的说法,起初,物质完全混合在一种贫乏、无区分的东西中,我们可以在某些方面将其与赫西俄德的最初混沌相比较。如今物质不再维持那种状态,是由于存在第二种实体努斯(nous,译为"心灵"或"理智"),它能够推动物质。心灵选择作用于这种贫乏的惰性材料,将其搅拌成一个涡旋,涡旋以机械的方式将其分离为多个层次,这正是有序宇宙的显著特征。也就是说,沉重的、黑暗的东西运动到了涡旋的底部或者中央，形成土；轻的、光明的和火状东西则移动到了边缘，形成星辰；在这两者之间，另外两种宇宙物质水和气，同样也聚集起来。混合物的分离过程并没有完成，并且永远不会完成。这种分离过程仍在继续，一个例证是一些重物会被天空中旋转的火状东西所俘获，陨石的坠落便可以证实这点。鉴于此，阿那克萨戈拉推断同样的现象在更大的尺度内可以解释太阳。他将太阳视为巨大的红热石头或铸块，其大若伯罗奔尼撒半岛，孤悬在以太中，比它看起来所处的位置要远得多。

什么是我归给阿那克萨戈拉的那种心物二元论呢？由于缺乏技术性词汇，阿那克萨戈拉给出自己的答案就颇费脑筋。我笼统称为"物质"的东西，以他自己的措辞，就是一种宇宙的物理原料（physical ingredients）的混合物；由于生成过程中的旋转，这已不再是一个贫乏、无区分的混合物，但其成分也不能被完全分离出来。这就是物质区别于心灵之所在。物质总是混合的，就像阿那克萨戈拉所说，"每个事物中都有每个事物的部分"（a portion of everything in everything）。这种普遍在混合原则的唯一例外就是心灵：心灵是不混合的，它对物质所具有的非凡力量正归功于它的不混合。心灵本身从不与底层的物质混合，这听起来与赫西俄德的两个神圣家族遥相呼应，那两个家族中创造性的居于统治地位的神族也绝不与另一神族交配。

那什么是阿那克萨戈拉的心灵呢？它就是我们熟悉的心灵，

即包括我们自己在内的每一个在思考的存在者都拥有的心灵吗？还是一种超人心灵，即能够创造宇宙的心灵，或者换句话说，是大多数思想家在这一语境下会称之为神圣创造者的东西吗？答案可能令人吃惊：它两者都是。

心灵是我们所有人都熟悉的，因为我们身上都有一部分心灵，让我们可以直接进行省察（inspection），或许更准确地说，进行内省（introspection）。因此由于我们与自己的心灵亲熟，便特别能领会心灵的两个特征：其一，心灵拥有独一无二的能够启动和引导物质运动的能力，在我们这里该物质就是我们的身体；其二，当心灵移动物质时，它能预见这些变化的后果，因此能够为这些变化制定计划。

既然我们的宇宙是由运动，尤其是由天空的运动维持的，而且一定有**某物**引发了这一运动并预见了一切随之而来的可能结果，那么这一事物除了心灵，还能是什么？后一点，即负责宇宙生成的心灵必然预见到它所带来的旋转运动的后果，可以从阿那克萨戈拉的一段重要但难懂的段落（即残篇 B4a）中看出来：

> 这些事物的情况如下，人们必须相信：在所有聚合的事物中，都有许多所有种类的事物，并且有所有事物的种子，这些种子有所有种类的形式、颜色和气味。人类是复合的，其他一切有灵魂的动物也是如此。而人类则有他们所居住的城市和

他们所建造的农场，就像我们所在的地方一样。他们有太阳和月亮等等，就像我们所在的地方一样。他们的土地生长着所有种类的东西，他们收割最好的，将它们带到住处使用。我们关于分离的论述就讲到这里——它不会只发生在我们所在的地方，在其他地方也是如此。

尽管心灵在这里并没有被明确提及，但我们不应怀疑这里描述的就是心灵对物质进行"分离"的有益后果，它不仅发生在我们的宇宙，也发生在宇宙全体的其他部分。正如最后一句指出的，没有理由认为我们自己的宇宙区域享有独一无二的特权，因而可以预想，心灵为创造我们的宇宙所计划和执行的，已经在别处创造其他宇宙时重复过了。在我们的宇宙，种子的种类不计其数，植物和动物从这些种子中生长出来，并在太阳和月亮的帮助下，持续为农民提供可以培育和收割的谷物（正如我们在赫西俄德等人那里知道，月亮被认为给农民提供了有益的征兆）。阿那克萨戈拉推断，其他宇宙也是如此构造的，以便能提供同样的益处。

这里最让人吃惊的可能是，根据推论其他每个宇宙都有自己的太阳和月亮。回顾一下，对阿那克萨戈拉来说，太阳是一块红热的石头，反常地悬于以太中；可以补充的是，月亮同样是一大团土，也孤悬于以太中，并从太阳的光芒中吸取光。当阿那克萨戈拉明确表示其他宇宙中的每一个——正如我们的宇宙——都恰好拥有一个太阳和一个月亮时，这很自然地暗示他认为这两个巨型天体在我们宇宙中的位移不仅仅是偶然。相反，他认为是心灵筹划和创造了诸宇宙（包括我们自己的宇宙），并特别考虑了人类社会的需要，而为农业提供必要条件就是这个任务的一部分，在其中有一个太阳和一个月亮至关重要。

因此在阿那克萨戈拉的宇宙生成论中，我们有充分的理由推论我们的宇宙是由心灵筹划、设计和创造的，目的是为生命提供合适的条件；更具体地说，目的是使人类居住者受益，让他们能够耕种并因此存活。心灵完成这些是不是一种恩惠行为并不十分清晰，因为人类自身就是宇宙主要的心灵媒介，如果人类也是由心灵创造的，那么这种创造有益于心灵自身就像其有益于人类一样。尽管如此，在一种弱化的意义上，阿那克萨戈拉的创造论述还是可以被称为人类中心主义的创造论。

柏拉图和亚里士多德随后都抱怨，尽管阿那克萨戈拉大肆宣扬心灵力量，但他事实上在解释宇宙的美好特征时却并没有利用心灵的理智力量。但他们的阅读都不够仔细。当我们以充分的耐心审视阿那克萨戈拉信息密集的困难文本时——正如我刚才在残篇 4a 中尝试的——就会愈发清晰地看到，阿那克萨戈拉为诸宇宙假设的生成宇宙的心灵（cosmogonic mind），是一位拥有神意的创造者（a providential creator），它系统地追求并实现着总体性的有益后果。

在这一点上引用阿那克萨戈拉的残篇 B12 会很有帮助，这是一段对心灵的赞词：

（a）其他事物都分有每一事物的一部分，但心灵是某种无限和自主的东西，不与任何事物混合，而仅自身独持。因为如果心灵不是自身存在，而是与其他事物混合的话，它就分有一切事物，如果心灵与它们任何一者混合的话——因为正如之前说过的，每个事物中都有每个事物的部分——混合中的事物将阻止它以独自存在的方式掌控任何事物。（b）因为心灵是所有事物中最精致和最纯粹的，它拥有对每一事物的理解，且具有最大的力量。所有有灵魂的事物，无论更大还是更小，它们所有都被心灵掌控。（c）心灵掌控着整个旋转，所以它是最先旋转的。起初，它小范围旋转；现今它旋转得更多了，并且将继续推进这一趋势。而混合、分离和隔离的诸事物，心灵都理解它们所有。无论它们将是还是曾是，无论是现在所是或不是，以及它们将来所是，心灵都把它们安排好了；它同样安排好了如今被分离出来的星辰、太阳、月亮、气和以太的旋转。正是这旋转本身才使它们被分离出来。密与疏、热与冷、明与暗、干与湿都被分离开。（d）存在着许多事物的许多部分。但除心灵外，没有任何事物是完全从其他东西中分开或隔离的。

> 所有心灵都是相似的，无论是更大还是更小，而其他事物之间则并不相似。但每个事物当下或曾经最明确的所是，就是在该事物中占比最大的东西。

注意在这一文本中，主语"心灵"同样不加区分地指向动物的心灵，正如在（b）的后半部分指出的；并且也指向创造了宇宙的心灵，正如（c）指出的。在（d）中，阿那克萨戈拉说"所有心灵都是相似的，无论是更大还是更小"。这里没有理由不从字面理解"更大"和"更小"。我的或你的心灵绝不能创造一个宇宙，因而假设创造了我们宇宙的心灵比我们任何一个心灵都大得多，就是合理的。但是除了大小以外的其他一切方面，所有心灵——个体心灵和生成宇宙的心灵都是同质的。创造宇宙的心灵之所思比我们的所思更大，也能够移动更大的物质，但它们思想和行动的方式，在根本上是相同的。

那么，创造宇宙的心灵是一位创造神，还是别的什么？称它为神的可能理由是，它作为一个超人的理智行动者发挥作用，这在古希腊语境中是成神的主要资质，并且即便是出于完整，这里也一定会提及心灵的不朽。同样，我们刚刚在阿那克萨戈拉残篇B12中听到的关于心灵惊人能力的溢美之词，读起来也像是一首赞美诗。

尽管如此，仍然有更多更强的理由来怀疑心灵是一位神。比如，阿那克萨戈拉似乎非常谨慎地避免将严格意义上的神圣语言用于心灵。对神圣性的缄默，甚至出现在**那段**关于心灵的核心段落中，这不太可能仅仅是文本保存和散佚的意外。我们可以小心地比较另一个平行案例，在那里阿那克萨戈拉的用词也很克制。在残篇 B17 中，他坚持认为希腊语中含义为"生成"和"毁灭"的动词严格说来是不正确的，它们是用一种在形而上学上有误导的方式谈论现实中物质材料经受的结合与分离。阿那克萨戈拉忠于自己的承诺，他在所有保留下来的残篇中都系统地尊重这一原则，从未使用过那些违规动词，而是用关于结合和分离的讨论取而代之。他对神性语言的小心回避也给人留下同样的印象。不论他是否敢明说，他都不认为谈论"神"（god）或"神圣者"（the divine）能抓住有序宇宙及其起源的真相；相应地，他也对自己的语言进行了审查。相反，如果只是为了保护自己免于不虔敬的指责——我们知道，正是这一冒犯使得阿那克萨戈拉最终被流放出雅典——他完全可以使用一些常规的宗教语言。

从这个角度看，生成宇宙的心灵力量与传统神祇力量的相似性，以及用准颂诗的形式强调这一相似性，不一定是在暗示生成宇宙的心灵实际上是神性的。它们也许仅仅意在达到相反的效果，即用一种纯粹的自然力量**取代**传统的神。回顾一下阿那克萨戈拉的心灵同质论。这支持了宇宙心灵不是超人的想法，因为从性质上说，同样的力也存在于我们每个人之中，只是份额较小而已，在更小的程度上这种力也存在于低级动物身上。阿那克萨戈拉可以理所当然地将"神"还原为熟悉的人类力量，即心灵，正如他将生成与毁灭还原为混合和分离一样。这样一种将神还原为心灵的做法，在几乎与他同时代的悲剧家欧里庇得斯（Euripides）那里也得到了回响。欧里庇得斯在其特有的大胆诗句中这样说："宙斯，无论你是自然的必然性还是有朽者的心灵（nous）……"（《特洛伊女人》886）。据说，欧里庇得斯同样也因不敬神而面临审判，这也并不奇怪。

但也许最重要的是如下考量。当阿那克萨戈拉挑选出心灵同时作为知识的承载者和运动的发起者时，这无论如何都够不上一个神学立场，而是对心物二元论这个具有原创性且历史意义深远的形而上学论题的一半呈现。正如我一开始指出的，之前的哲学家都倾向于某种一元论，他们将宇宙的起源物质看作自身内在地具有生命诸属性。这种想法面对像我们这样的生命体（animate beings）时没什么问题，但代价是使其他所有事物——如岩石或尸体——也都成为生命体。泰勒斯（公元前6世纪早期）在传统上被视为第一个哲学家，并因说出"万物充满神"而被铭记。他认为至少有一种石头，即磁铁，一定有灵魂，因为它有使铁移动的力。作为回应，阿那克萨戈拉显然在寻找一种足以区分生命体与非生命体的形而上学，并且在第二本原——心灵——中找到了它。他认为心灵全然不同于物质，它在一些物体中，却不在另一些物体中。这样的二元论就其自身而言是不需要神的概念的；阿那克萨戈拉对神学语言的小心回避，说明他肯定认识到了这一点。即便是那部分大而有力、足以对整个宇宙的物质进行筹划和赋形的心灵，也只是心灵。

这就将我们带向了一个历史上的悖论。一方面，阿那克萨戈拉成为第一个创造论者，也就是说，他第一次设定了一个有目的的行动者，而不像在赫西俄德的《神谱》中所描述的那样，让宇宙或者宇宙的一部分自己**生成**；也不像在一元宇宙生成论中那样，让行动者自己作用于自己；相反，行动者确实像工匠创造人工制品那样创造宇宙，即以主动的因果力作用于相对被动的物质基底上。另一方面，这种二元论中的创造性行动者并不是神，而是物理世界中一种熟悉的存在论构成要素，我们将其称为心灵，并见证这种力量不断作用于我们自己的身体。事实证明，创造论（creationism）就是以这种方式首次作为科学的、非神学的，甚至可能是反神学的起源理论，进入了西方正统。而正如我们之后将会看到的，神学创造论（theological creationism）是一个后起的发展。

恩培多克勒

恩培多克勒比阿那克萨戈拉稍微年轻一些，在遥远的西西里工作，是一位诗人、医生和宇宙论者。对恩培多克勒的解释是现代学术界争论的一个巨大课题。二十年前出现了有关恩培多克勒宇宙论诗歌的纸草残篇，其中包含了该诗歌失传导言的大部分内容。① 但甚至在此之前，关于解释恩培多克勒的争论就已经相当广泛和激烈了，斯特拉斯堡纸草（the Strasbourg）的出现不但没有解决争论，反而使争论倍增和加剧。

我们的主题，即宇宙的创造，只要加上某些特定限制就能符合恩培多克勒的宇宙论。我们所知的宇宙，在爱与恨这两种对立神性的永恒交战中，仅仅是一个过渡阶段；爱与恨的交战形成了宇宙四种分层元素，即土、水、气和火。爱的进程是创造性的，即混合元素并形成和谐的结构；而恨的野心是毁灭性的，即瓦解爱所联合的东西，并制造最大程度的不和。爱与恨在各自力量的崛起中交替出现。像我们这样的宇宙，就位于爱的总体胜利与恨的总体胜利之间的某个地方。爱创造性的产物在复杂的有机结构（也包括我们自身）中显而易见。而恨的影响，则可以从那些有机结构受制于最终会衰老和死亡的事实中看到，同样也可见于四种宇宙物质（大地、海洋、空气和天火）仍分层为不同区域的事实。在遥远的未来，将有一段漫长的——尽管仍是有限的——由爱完全主导的时代。但在那段至福时代中，宇宙并不存在——如

---

① 关于收入了新的纸草残篇的文本、英译和注释，可以参见 B. Inwood, *The Poem of Empedocles*, 2nd ed., Toronto, 2001。

果宇宙被理解为一个有着恰当分层并且可以容纳多样有机体居住的整体结构的话。相反，在至福的时代，所有的物质将被组织进一个单一的、球形的且完全和谐的有机体中，即一位叫作"斯法洛斯"（Sphairos，即"球"）的神。

因此对恩培多克勒来说，我们的宇宙及其居住者，是创造性和毁灭性力量之战中短暂存在的副产品；这两种力量都没有着手创造诸宇宙，宇宙不过是附带地作为这两种力量朝向自身截然相反目标中的步骤。一个表征是，有充分的证据表明创造性的力量"爱"，确保了其推进过程中一个特定步骤的成功，即像我们这样的有机体的创造。尽管爱——如果她愿意——毫无疑问拥有设计和形塑我们的技艺，但她并没有以那样的方式推进。相反，她以精湛的技艺制作出生物元件（biological components）：首先她把四种元素按数学比例混合起来，从而造出许多种类的肉、骨头等；接着从这些物质中，她设计并建造了许多种类的眼睛、耳朵、鼻子和腿等。这些并不是一个惰性的器官库，而是一系列原始生物，每种生物只有一种专长，包括看、听、嗅或跑。为了生存，它们不得不迅速组队形成合作团体（或者，我们现在可能会称之为"超级有机体"[superorganisms]）；换句话说，它们形成了像我们这样的复杂生物，其中眼睛、舌头、心脏、手指等，每一者都为了整个有机体的好，按照爱的和谐理想，各自发挥着自己的作用。这些原始有机体（proto-organisms）自然是缺乏预见哪种组合能起作用的知识，因而结果是一方面，有相当数量的复杂存在者不能存活和繁衍；但另一方面，正如在很多地方靠着运气，某种能存活的生物便确立了其物种。如此，恩培多克勒凭借对达尔文自然选择原理灵光乍现的洞察，确立了下面两点。

第一点，成功构造出像眼睛这样的精密器官，并使之具有看的功能，这并非偶然，而是对创造性力量高超技艺的直接证明。我们今天的创造论者喜欢引用的一条证据仍然是，眼睛结构是神圣技艺的表现。恩培多克勒正是这种观点的先驱，并且这一关键要素几乎出现在所有后世的神创理论中。

然而第二点是，现有的动物与植物王国——人、狗、马、羊、树等——的创造，都不是爱的创造性工作的最终目标；爱甚至根本没操心去计划和构建那些物种，而是让有机成分按其所能地结合，在大多数情况下，结合都会有一个最终结果。爱本身一直追寻的是一个更宏大的目标：在单个至福存在者中的总体统一（total unification）。当恨奋起反抗时，爱不得不暂时满足于像今天的动物和植物那样多种的、分离的、短暂的统一体；但这一迫于必然性的妥协，只是更漫长过程中的一步。

因此在恩培多克勒看来，今天的宇宙**的确是**神创造的结果，设计的生物证据清楚地表明了这点，但这远远不是创造过程所追求的最终结果。

在这章的背景下，最值得我们直接关注的主题再次集中到二元论上来。让我们回忆一下赫西俄德的二元论，它从开始就是一种形而上学的二元论，完全区分积极性的大地的子嗣和混沌及其子嗣，后者从一开始便代表了构成宇宙出现之基础的空间－时间维度。接着阿那克萨戈拉发展了二元论，继续推进了这一形而上学蓝图，区分了积极的、似神性（quasi-divinity）的心灵，与被动的、为心灵所作用的物质基底。

我们继续回忆，赫西俄德混沌家族之后的世代在解释恶的起源时扮演了不同角色：通过混沌之女"夜"及其孙女"恨"，恶似乎也起源于混沌。现在看来恩培多克勒似乎是赫西俄德二元论的另一个继承人，但比起形而上学，恩培多克勒更多继承了赫西俄德的恶的溯因论。

根据赫西俄德，在夜的那些众多不讨人喜欢的子孙中，只有一位——恨——孕育了最终的、最明确的恶的世代。这里明显与恩培多克勒宇宙系统中恨的敌对性和破坏性工作平行。根据恩培多克勒的说法，恨的首要目标就是分离。诚然，分离在某些情况下可以是一个建设性的过程，正如阿那克萨戈拉就将宇宙的最初分层作为心灵从原初同质性混合物中分离出物质的过程。但恩培多克勒不断将否定性的修饰语（如"毁灭性的"和"邪恶的"）加给恨的做法，让我们无法怀疑在恩培多克勒看来，由恨推进的分离是终极的恶，正如由爱推进的和谐合作是终极的善。亚里士多德将恩培多克勒看作前辈哲学家中唯一一位像设置善的原则那样为恶设置了原则的人,我认为在这点上他大体是对的。

赫西俄德给予恨的名字 Eris 是一个阴性名词,她成了整个恶世代之母。但恩培多克勒称为恨的神则有一个不同的、语法上中性的名字:Neikos。这两个单词在语义上没什么不同,但恩培多克勒却有意选择了语法上中性的神名 Neikos 而非阴性的 Eris,这本身可能是在有意识地呼应赫西俄德的混沌概念——后者也分享了这一稀有的作为中性神祇的特征;而赫西俄德的大地神(盖亚)则不同,她作为所有积极的、有创造性的神祇的祖先,在语法上是阴性的。在恩培多克勒这里,不仅毁灭性的神是中性的,而且创造性的神是阴性的,而后者的最终产品——至福的球是阳性的,这一切恐怕都绝非巧合。

恩培多克勒忠于一种周期性的自然观。一切按时生长至成熟的东西都会衰败和解体,这既适用于微观层面单个有机体的生命周期,也适用于宏观层面四种基本物质在全部联合与全部毁灭之间永不停息的摇摆。这种周期性的变化,作为自然界最显著和无处不在的特征,需要的已不只是因果一元论,而是二元论,即设置一对对立原则。但恩培多克勒同样也看到,相同的周期在社会和道德历史中也起作用。他似乎认为现在的宇宙,是恨在增长的宇宙中的一个。考虑一下他自己的另一个赫西俄德道德故事的版本,即今天的人类代表了从过去的黄金时代的衰退。根据恩培多克勒（残篇B128），在过去更幸福的时代，在宰杀和献祭动物的邪恶行为被确立之前，众神中只有爱被尊奉为女王：

> 在他们看来，叫作阿瑞斯（Ares）或图木尔特（Tumult, *Kydoimos*）或宙斯的神都不是王，克洛诺斯或波塞冬（Poseidon）也不是；而凯普丽丝（Kypris，即爱）是女王……是她，他们供以圣像平息其怒气，同时奉上手绘的图画、多调的香氛，将没药和散发香味的乳香作为祭品，将黄色的蜂蜜倒在地上。祭坛尚未浸没在可怕的公牛宰杀中，使它们丧命又食用其精肉，这是人之中最可憎的事。

看来，过去爱在宇宙周期中的优势同时以激发社会和谐与道德正直的方式表现出来。正是恨，最终将黄金时代带向终结（残篇B115），它说服那些原先幸福的生物流血和吃肉，因此导致他们被逐出乐土。似乎非常清楚的是，正如赫西俄德的两个神圣家族在宇宙生成论中的作用，在后来世代中变形为进一步解释善恶的溯因论，恩培多克勒的二元论也是如此：他宇宙中二元的因果原则最初是对宇宙变化的解释，之后则扩展为道德善恶的因果原则。

至此我们还只是讨论了苏格拉底之前的哲学家，他们至少在思想层面，（即便并不总是按照严格的年代顺序）都在由苏格拉底开创、由他学生柏拉图进一步深化的哲学方向的激烈变革之前。我试图特别指出的是，赫西俄德在他们的思想中发挥的作用常常被人忽视；我也强调在一个神创宇宙中迫切需要对恶的存在进行解释，并且这一问题与接受一种二元论解释模型之间有潜在的关系。当我们转向苏格拉底和柏拉图时，这些关切仍然存在，但像创造神的至善（supreme goodness）这样的补充性论题，会获得越来越突出的地位。事实上，在我们下一个哲学家苏格拉底的例子中，被动基底的讨论将被完全搁置，这个论题只有在他学生柏拉图那里才会重返舞台。

苏格拉底

苏格拉底（前469—前399）被誉为将哲学从关于宇宙的研究转向追问人如何生活的哲学家。然而，尤其是在过去三十年苏格拉底研究的复兴中，得到压倒性强调的是苏格拉底的伦理学和方法论，而他对宗教型神创观念的开创性贡献却基本上未被认识。部分原因是提及苏格拉底时，我们通常说的都是在柏拉图对话中遇到的那个苏格拉底——他喜欢使用悖论性的讨论，既温和又热衷挑衅；然而历史上苏格拉底宗教观点的主要证据却来自不那么令人兴奋、不太流行的色诺芬，尽管他像柏拉图一样也认识苏格拉底本人。

色诺芬笔下的苏格拉底，虽然坚定地拒绝支持任何宇宙论，但却通过诉诸我们身体和环境中可见的系统设计来论证善意的创造神（benevolent creator god）存在。他坚持说，这一切都太有规律了，不可能仅仅是偶然的结果。尽管苏格拉底对思考神在创造我们的宇宙环境或我们的身体过程中采用了什么技术、结构和原则——例如眼睛是如何工作的，或者基本元素有哪些——没有表现出像恩培多克勒及其他前辈们那样的兴趣，并且几乎肯定他认为尝试给出这样的解释都是近乎亵渎的；但是，他仍然将神带来的系统性恩惠的**结果**视作显而易见，并视作对我们详细列举的这些好处的回报。如果说阿那克萨戈拉是科学创世论者（scientific creationist）的原型，那么苏格拉底就是非科学创世论（non-scientific creationism）的创始人，或许有人甚至会称之为反科学的创世论（anti-scientific creationism），无论我们是否喜欢这些称呼。

上文提到，恩培多克勒提出了有机体诸部分是神圣技艺产品的观点。但恩培多克勒不同于苏格拉底，他不懈地寻求解决爱之技艺在创造如眼睛或肺时的隐蔽结构、机制和过程。苏格拉底的非科学性神圣技艺观念的最终来源并不是恩培多克勒，而是要再次回到赫西俄德。赫西俄德在《劳作与时日》中提到，一系列种族——其最后一个是人类——作为神圣创造的产品（110, 128, 144, 158）；他还特别细致地描绘了工匠神赫淮斯托斯（Hephaestus）

如何在一众男神女神的鼎力帮助下狡猾地塑造出第一个女人潘多拉（47-105）。尽管如此，苏格拉底还是在几乎不借助任何物理推测的情况下，将对神圣技艺的理论思考提升到了前所未有的水平，并且其思考方式也直接影响了柏拉图。

根据色诺芬的证言，首次由苏格拉底引入的并不是神圣创造本身，而是一个关键性的看法，即创造是神赐予人的一种特殊恩惠。对苏格拉底来说，整个宇宙，包括日夜轮回、四季和低等动物，都是为了人类利益而被创造出来的。如果神做所有这些都是为了我们，那么我们就与诸神处于一种独特的关系中，我们必须通过虔诚来表达这种关系。这在当时是一种重要的原创立场，它代表了具有宗教动机的创造论由此开端；此后，这一理论在两千多年中几乎一直保持着无可争议的影响力，直到达尔文 1859 年出版《物种起源》（*On the Origin of Species*）、十二年后又出版了《人类的由来》（*The Descent of Man*）为止。

在苏格拉底看来，诸神不仅是我们的施惠者，也是创造我们的宇宙及其内容物（包括我们自己在内）的神圣工匠。按照他的论证，这些事物显然是最高理智（supreme intelligence）的产品。根据我们在柏拉图的苏格拉底对话中非常熟悉的伦理立场，理智就其本性来说关注善好的目的（因此苏格拉底"德性即知识"的悖论是这样的：如果你的理智**知道**什么是你可以做的最佳行动，那么你一定会选择它）。因此神应该为我们做这一切，就不是单纯的运气问题。神就他们的最高理智而言，本质上是好的、施惠的；而我们作为其主要受益者，与他们有着独特的联系。真正的虔敬并不在于发现自然的隐蔽结构，而在于欣赏神圣创造的意图和结果，因而这也加强了联结人与神的特殊关系。

这一宗教性议题无疑有助于解释苏格拉底为何成为了设计论证（the Argument from Design）的实际发明者。"设计论证"是一系列论证的家族通名，这些论证都通过列举宇宙中的设计作为证据来证明神的存在，或者更具体地说，证明一个拥有神意的神（a provident god）存在。这些论证寻求证明神圣技艺存在的典型做法是，通过诉诸由人所从事的最负盛名或最复杂的创造性技艺，展示神的创造性力量必定卓越到让人类相形见绌的地步。

据色诺芬所说，苏格拉底的设计论证诉诸摹仿性艺术家的专业技艺，特别是雕塑家（《回忆苏格拉底》[*Memorabilia*] I.4）。如果你最欣赏像波利克里图斯（Polyclitus）那样能够从青铜中做出如此惟妙惟肖的人类形象的艺术家，那么对于做出像我们一样活生生的、有呼吸的人的艺术家，无论是谁，你都必定更为崇敬！苏格拉底继续说，确实必定有这样一位制作者，因为人类的种种结构和特征都非常一贯地有益于我们，不可能是纯粹偶然的结果。苏格拉底列举了很多证据，首先详细说明动物的身体结构服务于有益的目标。他举了许多例子，包括五种感官：眼睑和睫毛是为了保护眼睛免受损伤（不过苏格拉底完全没有提到眼睛的内在结构，这一点很重要）；牙齿的安排便于使用，前牙适合切割食物，后牙适合研磨；甚至还有为了摄入和排泄营养物质所做的周到安排，例如，可口的食物和饮品呈现于眼鼻口之前，但令人不快的残渣则远离同样的感觉器官。至此为止，人似乎没有比其他动物获得更多益处，但苏格拉底继续说，还有许多是人类独享的恩惠，例如语言、直立姿势和不受季节限制的性交，更不用说神为我们提供种类繁多的其他物种用于乘骑、食用等等，这表明唯独人类才是神圣创造的最终受益者。这种人类中心主义的创造思想，我们在阿那克萨戈拉那里最多只是稍有领略，而现在则和苏格拉底一起登上了舞台的中心。

柏拉图的《蒂迈欧》

我强调过，根据色诺芬的记载，苏格拉底诉诸设计的证据并没有沾染任何有关基础性构成或机制的推测。但只有少数苏格拉底哲学的继承者赞成这种对物理理论的弃绝态度。柏拉图在《斐多》中，试图通过重新解释其真正含义来回避这种弃绝（96a-99c）。按照柏拉图的解释，这并不是在否定物理理论本身，而是苏格拉底认识到自己缺乏以某种方式追求它的能力，这种方式便是让宇宙的善在解释中发挥作用。正是出于这种渴望，苏格拉底发现即便是阿那克萨戈拉的著作也无济于事，虽然他强调了心灵或理智是宇宙的原因。柏拉图笔下的苏格拉底承认自己在物理学方面的无能,并且明确希望能够向别人学习这种高深的目的论物理学(teleological physics),这个人需要比他自己和阿那克萨戈拉都更具备这方面的知识。柏拉图在其晚期对话《蒂迈欧》[①]中,替老师完成了这一夙愿,他把苏格拉底描绘为带着钦慕之情聆听蒂迈欧(可能是一个虚构的毕达戈拉斯主义者)讲话的听众。蒂迈欧的讲话详细解释了正确的创世物理学,它极大地依赖数学分析。我们同样需要注意的是,《蒂迈欧》中的神,包括一位最高的宇宙创造神,和他之下负责创造有机生命的次级诸神,有着色诺芬所勾勒的苏格拉底式创世论神学的强烈印记。

《蒂迈欧》是柏拉图得到最广泛讨论和最有影响的对话。正像我们在本章引言部分提到的,它的读者从一开始就分为两个阵营:一部分人认为柏拉图是在字面意义上描述时间上可追溯的神圣的宇宙创造;另一部分人认为他的创造叙述仅仅是说明性的,可资比较的是几何——虽然几何的基础是对图形的构造,但它们所表现的实际图形却从未以这种方式存在过。

关于宇宙在时间中是否有一个开端还是永远存在的问题,两种解读中更字面的、更倾向于创造论的一派选择了前一个选项,并由此重构了宇宙创造者的可能动机及其筹划和创作的过程。

[①] 泽尔的英译本前言是对该对话及其中主要争论的出色指南:*Plato, Timaeus*, trans. D. Zeyl, Indianapolis, 2000。

而对于另一种解读，创造故事就只是一个虚构，它通过巧思表达在过去无限的时间中宇宙都依赖神圣的原因。在古代，许多柏拉图的追随者（虽然似乎没有其他人）采用的是后一种，即"永恒论"的解读，并对认为创造叙事表达了柏拉图真实看法的观点表示怀疑。他们的一个理由是，蒂迈欧无可争议地强调了宇宙没有终点——无论是柏拉图的批评者还是追随者，都普遍感到宇宙有开端却无终点的不对称性在概念上是不能容忍的。另一个理由是，按照柏拉图的创世叙事，时间仅伴随着巨大天体时钟的创造生成，这就可能把创造过程的一部分放在了时间以前的某段时间中，而这在他们看来是自相矛盾的。作为回应，有人指出蒂迈欧已经告诫过我们，他的创造叙事不可避免地会包含不容贯和不精确，并且解释说这只是反映了人类认知能力的局限，因而并**不是**我们对该叙事感到不满的理由（29c-d）。

蒂迈欧给出了强有力的哲学理由，来说明时间上的不对称性。部分依据是柏拉图从苏格拉底的那里继承的另一个遗产，即对技艺概念进行非常细致的考量。在假定宇宙有一个开端，而不是在过去的无限时间中持续存在时，蒂迈欧并没有把这一点仅仅当作神话叙事的一部分看待，而是以形而上学的理由来论证它（27d-28c）：宇宙属于生成领域而不是存在领域，因此它本身必须在"成为存在"（coming to exist）的意义上"生成"（become）。只有在确立了这点之后，柏拉图才讨论那位将宇宙带向存在的工匠。例如，像任何一位优秀的工匠一样，他必须把思绪集中在他试图完成的东西的理想范型上，然后尽其所能在可用的材料上实现出来。这让我们想起柏拉图在《理想国》第十卷中写下的一个著名段落，在那里他描述了木匠制作桌子时将心灵之眼转向桌子的理念。我们可以在伟大的宇宙工匠身上运用同样的原则。因此，我们熟悉的技艺模型从一开始就与这样一种观念紧密地捆绑在一起：宇宙作为技艺的最高产品，是在一系列明确规定的步骤中被创造出来的。

但人工制品不是必定有期限，最终必然会瓦解吗？这里我们看到柏拉图依赖一个老生常谈的苏格拉底悖论：任何技艺都有制造相反者的能力。医生最适合挽救生命，但也同样最适合取人性命；建造者最适合建造房屋，同样也最适合毁坏它；如此等等。这同样可以应用于宇宙的建造者。持久性是任何制品都希求获得的属性，这个最高的工匠必定将宇宙造得尽可能持久，甚至希望拆除它也得靠像创造者一样好的工匠（设想你打了一个非常紧的结，任何不如你的人都无法解开它）。但他自己却是这一角色的唯一候选人，然而他是如此完美，不可能有任何动机去摧毁他的创造物。所以尽管宇宙就其本性来说毁灭的可能性并不少于生成的可能性，但它大概永远不会在事实上遭到毁灭。因此，引起柏拉图的读者们担忧的时间上的不对称性，原来是跟从于技艺的原则，即使是神圣工匠也要受这些原则的约束。

如果宇宙的创造是一个可以追溯的事件，柏拉图为此提供了什么动机呢？他在这里同样援引了创造者的好：他拥有最高的好，就想让万事万物都尽可能地好，而这首先是要尽可能地**有序**，在柏拉图思想中好和有序几乎是相同的。正是在这点上，阿那克萨戈拉的心灵与物质二元论再次出现。在创造者介入前，物质如其自身所是，没有一丝理智，必然处于混乱状态。通过创造**一个有序宇宙**——毕竟宇宙的字面含义就是"有秩序（者）"——创造者在全域尺度上进行规整，将自己的内在善赋予无序的混乱。从这个单一前提，即必须使宇宙最大限度地有序出发，所有创造者关于宇宙结构的重大决定随后就都是蒂迈欧根据先验原则制定出来的，几乎不诉诸经验的证据。

这些结构性的发现中，有几个无论如何也无法用经验来验证。例如，创造者从这些可用的物质中造出了多少个宇宙？"一个"，蒂迈欧直接回答道（31a）。鉴于我们没有进入其他宇宙的通路，即便它们存在，这个答案也不可避免地建立在完全抽象的推理上：按照蒂迈欧的说法，由于某种形而上学的原因，从单一的理念制作出单一的复制品要比制作出多个复制品好。蒂迈欧之前的结论，即宇宙是有理智的，因而是一个有灵魂的生命体（30b），或许也应该归入纯粹先验原则的范畴：例如非理智的存在物不可能是**最好的**创造物。

但蒂迈欧其他的宇宙论发现，却很容易得到熟悉的经验证据支持。例如，创造者以什么样的形状制作宇宙？蒂迈欧的回答"球形"就能够得到天文数据的支持，这些数据被公认为显示了恒星所在的外层天的明显旋转是一个完美的球形。不同于先验原则，蒂迈欧在这里是基于理论和实践的混合标准来重构创世者的决定（33b-34b）：例如，球形是所有形状中最完美的；宇宙无论如何不需要不对称，因为不存在宇宙之外的环境，就不需要不对称的附属物，如手臂、腿、感觉器官等。同样地，宇宙的主要成分是什么这个问题，得到的答案是有四种，无外乎是传统的土、水、气、火；但对这一回答给出的理据并未提及宇宙分为四层这个明显的事实，而是基于一个先验的主要是数学的论证（31b-32c）。最后一个例子，是工匠神将天制造为两个相交的环形结构，即按照和谐的比例划分的"同环"和"异环"（大致对应天赤道和黄道，36b-d）。尽管蒂迈欧对此的叙述确实考虑了天体现象，但其主要的指导原则还是来自将天球当作宇宙的理智灵魂来分析的需要，仿照思想自身的结构模式，它被做成了某种同（sameness）、异（difference）和存在（being）的混合体。

这里的认识论基础似乎是这样的：一方面，关于宇宙创造的推理，以偶然真理为主题，在这个程度上永远无法希求纯粹数学的那种确定性特征：它的目标并不是不可动摇的确定性，而是最大程度的"相似性"（eikos）；另一方面，精心进行的宇宙生成推理（cosmogonic reasoning），是对纯粹理智推理（pure intellectual reasoning）的一次极为可观的**接近**：它根本上不是经验性的练习，而是（在很大程度上）对目的－手段推理链条的重新发现，这些推理行为必定曾经在宇宙创造期间，确实是由那个创造它的、理想的、完美的善的理智来完成的。阿那克萨戈拉曾声称所有的心灵或理智（*nous*）都有同质性，柏拉图也隐含地支持了这点。重新发现宇宙是如何被创造出来的，合适的方法是让自己的理智去解决这个问题：当面对全域性无序时，怎么做才是最理智的？答案是：在人类极限所允许范围内，描述我们的理智创造者实际会做的事。

尽管柏拉图在文学上将苏格拉底设定为一位钦慕蒂迈欧讲话的听众，但当我们对比蒂迈欧的宇宙生成论与色诺芬记载的苏格拉底的宇宙生成论时，一个巨大的差异跃然而出：前者缺乏任何人类中心论的目的。在柏拉图看来，宇宙并不是为了人类而创造的，在可见范围内它有着相当不同的目的，即最大限度地使物质有序。那么宇宙生成为何要包括人类呢？柏拉图的答案是清楚的，但通达它却需要经过下述迂回的推论链条。

为了成为最好的可能产品，宇宙必须被造得有理智。要被造得有理智，它必须是一个生命体。因此工匠用作范型的理念，就必须是生命体（或者说动物）的理念。因为这一作为属的理念包含了所有动物的种。因而宇宙只有同样包含所有这些种的成员，它与范型的相似才能达到最大化；然而此时它只包含一个种，即火性的星神，它们是新建的火性上层区域的组成部分（41b-d）。与这些火域的神圣居民类似，所有其他三个区域（气域、土域、水域）中作为其自然居民的动物，现在也应当被加入进来，包括人（这里是在标准英语的意义上使用 men 这个词，也就是表示男人）。宇宙本身已经有一个灵魂，但现在所有新加入的动物也需要它们自己的灵魂；因而创造者给它们和宇宙灵魂一样的结构，尽管品质上较低。这些灵魂是不死的、可循环的，它们在每一次转世过程（incarnation）中都需要占据某个动物并赋予其生命，而其所占据的动物在品质上升级或降级的程度则与它们自身的品质相匹配（41d-42e, 90e-92c）。工匠神把创造适合灵魂居住的有死身体的工作，委派给了他创造的次级神。这些次级神所造的最初原型是男人。随后，当原初适合居住在男人身上并赋予其生命的灵魂发生了道德堕落时，它们就会被降级从而为更低级的存在者赋予生命，尽管在此之后仍然有救赎的机会。

因此创造人的原因相当于启动一个过程，当这个过程完成，宇宙将拥有所有的动物种类，这是出于宇宙完全性（completeness）的要求，尽管我们承认这一理想在某种程度上确实深奥难懂。如果这一理由听上去使人的出现在宇宙创造过程中具有惊人的偶然性，那就错了。柏拉图继承了苏格拉底的信念，认为人是神圣且特殊的物种，但他使这一信念适应于一种源于毕达戈拉斯的观念,即灵魂在物种间转世。降级的灵魂在自然的阶梯里下移,首先从男人到女人,再下降到四足动物,接着再下降到更低("更低"是在非常字面的意义上讲的)的无足生物,如蛇,接着再进一步下降到更低的生物,如鱼。但升级也同样是可能的,对德性的最高奖赏甚至可以使灵魂超越人的身体,进入一个至福的去身体化的状态。

我们必须在这一背景下理解柏拉图关于物种起源的理论。在他看来,诸神最初创造的只是人这个单一物种。男性是他们的原型。为了给那些已经失去道德力量的灵魂提供合适的肉体居住,诸神才继续创造了女人;当灵魂聚集起更多的恶时,越来越低级的种就被加入进来,直到整个动物王国变得完整。但所有这些都不涉及真正的新物种设计计划,毋宁说,只有原初男人身体的逐步调整(90e–92c)。例如,在引入女人后,伴随着灵魂降级的逐步深入,原先直立的身体不得不向下弯曲朝向地面,双臂被改造成双腿,接近球形的脑袋被压扁拉长,使理智的自然圆周运动变得迟缓。在构造这个惩罚与救赎体系时,柏拉图成为第一位设想一个物种通过适应(adaptation)转变为其他物种的思想家,并导致一个结果,即包括人在内的所有物种都是相互关联的。但是,柏拉图头脑中所设想的这种转变过程却是达尔文主义的对立面:我们或许更愿意说,这种转变不是演化,而是退化;不是人的由来/来源(the descent of man),而是**来源于人的堕落**(a descent *from* man），堕落为更低的物种。①

柏拉图使这些变形听上去更像寓言、神话，而非科学，但令人吃惊的是，在他半神话式的论述过程中，他有时可以为他的演化论提供可信的科学依据。让我们来考察一下指甲的有趣案例（76d-e）。在达尔文主义时代，指甲明显是残留的爪子，不再能够完成原初的防御或运动功能，这就成为人不是被直接创造出来，而是从其他物种演化而来绝佳证据。假如你是从一开始来设计人类，你绝不会为指甲费心。相反，对于柏拉图和他的退化论，指甲正是神意的表现。他坚持认为，最初创造男人的诸神，打算把他作为原型，因而为转变为更低物种做好了准备。在柏拉图看来，这就是诸神把指甲纳入原型的原因，因为它们会在生物历史某个后期阶段，发展成爪子或蹄子。

指甲是柏拉图提到的唯一例子，但他的理论很容易拓展。我们可以考察男性的乳头。如果我们用柏拉图的退化分析就能明白，尽管男性乳头在最初的男人中没有任何功能，但却仍被有意纳入原型，目的就是发展成为重要的营养工具，而这很快就在下一阶段女人形成时实现了。

---

① 这段中讨论的主题（物种起源）和用词（如 adaption 等）都强烈暗示出与达尔文理论的对照性。柏拉图的物种起源论也是基于物种适应，只是他支持退化性的物种适应，而达尔文所支持的则是一种演化性的物种适应。全段最后一句中 descent from man，也是在呼应达尔文的著作 The Descent of Man（一般译为《人类的由来》，作者巧用了 descent 兼有由来与堕落的双重含义，并用修改介词的方式（将 of 改成 from）来暗示含义的转换。——译者注

现在我们来讨论恶的起源。和他的前辈赫西俄德和恩培多克勒一样,柏拉图早就认识到在一个神掌管的宇宙中迫切需要解释恶的存在。早在《理想国》第二卷,我们已经看到柏拉图的代言人苏格拉底论证说,完全好的神并不能像人们通常认为的那样成为所有事情的原因,而只能是好事的原因。然而他又说,在人类中恶远远大于善,我们必须为这些恶寻找其他的原因(479c)。那么这些其他原因是什么呢?

在相当大的程度上,《蒂迈欧》回答了这个问题。宇宙中所有道德上的恶,以及人所遭受的大部分伤害,都能够从灵魂的道德衰退中得到解释。然而,这种衰退服务于最终更大的善,即宇宙的完整性;因为没有这种衰退,就不会有适合为众多较低级生命形式提供生命的灵魂,宇宙也就会一直是永恒模型不完美的复制品。因此可以说柏拉图成为主张下述观点的第一位思想家,即个人道德性的恶,尽管就其本身来说不值得欲求,却是更大的宇宙之善不可缺少的一部分。

但是,难道就没有其他恶的潜在来源需要考虑吗?在《蒂迈欧》中,柏拉图认为使得创造论复杂化的一个因素就是创造过程必须经常容纳妥协。这里一个被广泛讨论的例子是人头部的脆弱性(75a-c)。造物者将造人的任务分配给较低级的诸神,他们面临着在更大的持久性与更大的理智之间做出选择的两难境地。活生生的肉体永远不可能将坚固的骨骼和厚实的保护垫与细腻的敏感度完全结合起来；而诸神决定偏重理智而非持久性，这无疑是一个更好的选择，因为它为人的灵魂提供了获得智慧的希望，甚至还有逃出轮回的希望。

对这种妥协的广泛解释是，柏拉图将**物质**当作宇宙不完美的原因。现在可以肯定，对柏拉图来说，创造并非无中生有，像几乎所有的希腊思想家一样，柏拉图也认为无中不可能生有。因此造物者必然依赖事先存在的物质，在此基础上将可能的最佳秩序加诸其上。按照这一解释，物质在一定程度上阻碍了创造者的尝试，从而使宇宙不那么完美。

但这是对《蒂迈欧》的合理解读吗？我们已经在赫西俄德、阿那克萨戈拉、恩培多克勒那里遇到过一系列建构有序宇宙的二元论方法。柏拉图是同一传统中的另一位二元论者，并且他的二元论像阿那克萨戈拉那样，是一种物质与心灵的二元论。根据蒂迈欧的观念，宇宙是两种因果原则的共同产品（46c-48a, 68e-69a）：（1）必然性，在这里是指物质性的身体；（2）努斯，即心灵（mind）、理性（reason）或者理智（intelligence）。在第一个"必然性"之下，物质的特点是机械性的、无目的的运动，例如水自流、火上升，这时它们都不是服务于任何好的目的。蒂迈欧不仅把这些东西及其行为称为"必然性"，也把它们叫作"游荡的原因"（the wandering cause）。它们在宇宙中的出现，似乎就足以保证好的目的有时会因它们不守规则和不理智的行为而受挫。

但这点并不那么显然。将物质性材料的行为描述为机械的、杂乱的，抓住的是它们尚未被秩序整合**之前**的特征（53b）。用蒂迈欧的比喻来说，在有序的宇宙中，它们出现时就已经被掌管宇宙的理智"说服"了。如果这种"说服"是完全成功的，那么物质就应该正好被组织成了创造者想要的状态和行为。柏拉图式的二元论真的会允许像原始物质（brute matter）这样低等级的东西，即二元论中的被动方，成功地对抗主动方的意志，而后者是神这个宇宙中最好、最有力量的存在？

我们或许会认为柏拉图所继承的二元论有这样的指向性。阿那克萨戈拉的二元论曾强调心灵卓越的动机力量，但没有提到物质的拒绝力量。恩培多克勒认识到，如果爱这个创造之神不得不面对阻碍，那这种阻碍必定不是来自物质元素，而是来自与她力量相等的神，那便是恨。只有赫西俄德可以说开创了一个先例，允许二元性中的物质性力量拥有能够成功抵抗积极性力量，并带来恶的能力。但即使是赫西俄德那里的混沌也是神，还是所有神中最古老的。然而没有任何迹象表明柏拉图的物质实体拥有神性。

我们回忆一下赫西俄德关于恶的双重溯因论：在他叙事的某个阶段，各种恶被人格化为诸神，是近亲繁殖的混沌家族的不朽子孙；而在之后的阶段，恶则来源于一个具体事件，即女人的出现。从它们形成的单一叙事来看，这两者并不是关于恶互为替代的溯因论。相反，正如我在前面提到的，混沌家族的繁盛，必定是对众多种类的恶（谋杀、欺诈等等）所做的**一般性解释**；而女人在男人世界中的出现，才引发人类第一次实际地遭受恶。其中的深层原因我在前面也提到过，那就是混沌家族最初代表的是时间和空间维度，此后代表的是能够在这种环境下立足的、特定类型的不稳定性（包括有死性）和相反者之间的冲突。在那里得到解释的，不过是各种恶的**潜能**。恶的实际出现，还需要加上一个具体的诱因，而这恰好就是女人的创造。

我们难道不应该对柏拉图说同样的话吗？恶的实际出现是一个具体事件的结果，即有计划地使灵魂退化，并且（必要地）创造出相应退化的物种供这些灵魂赋予生命，这一过程是真正的赫西俄德风格，开始于女人的创造。但是，恶的潜能已经先于直接原因被确立了，这要归于具有空间-时间维度的宇宙创造。由于工匠神是在固有的可改变的物质中制作理念的模仿物，因而宇宙便同时是善和恶的场所；而在后来宇宙生成进程中发生的有计划的物种退化，则利用了这种固有的可变性。

如果我是对的，那么对于柏拉图来说，物质只有在非常弱的意义上才是恶的根源。正如在赫西俄德那里一样，在《蒂迈欧》中，宇宙的基底仅仅赋予了它容纳恶的形式上的能力。在赫西俄德与柏拉图共同的二元存在论中，物质原则本身并不迫使这种恶的形式性能力实现；相反，只有在一个解释上更晚的阶段，在生物物种的创造过程中，这种实现才是神的设计。基底（即物质）本身并不拒绝神圣的创造者，它在宇宙生成论的每一阶段都遵从他（或者被他"说服"）。因而当恶被实现出来时，这显然是神圣者的知情选择，而不会在任何意义上体现神圣者的失败。

物质如何被理智说服？柏拉图之后的术语"质料"（亚里士多德称之为 *hulē*），也不过是蒂迈欧称为生成之"承载者"（*hupodochē*）的近似物。与赫西俄德的混沌相比，"承载者"被看作一个无特征的、完全可塑的东西，它是质变的基础，为质变提供了处所。就我们所知，尽管承载者自身是无特征的，但实际却从不缺乏某种性质。更具体地说，在宇宙创造之前，它短暂且不稳定地承载了四种原初体的"痕迹"。这一组四个原初体土、水、气和火，在理智层面有四个对应的理念，而"痕迹"则相应是这四个范型在承载者中被暂时组装起来的偶然的相似物。为了将秩序加诸混沌，造物者的任务是用数学上的理想微粒（它们被设计为尽可能地接近那四个永恒范型）来代替这些混乱的"痕迹"。四个原初体中的每一个都被指定了特定的形状，即五种完美几何立体之一。为了理解这是如何完成的，让我们来考察一下火。我们可以认为火的理念是，或者至少体现了，火的本质**功能**：一言以蔽之，就是**切割**或者**分离**，通常是破坏性地分解它所燃烧之物；但也有建构性的方式，也就是火作为光、视觉射线的时候。造物者把火微粒构造为四面体（也就是规则的四面金字塔），就把火的这种切割能力最大化了。四种原初物的最终构成是两种三角形，其中一种构成了土的立方体微粒；另一种则可以用不同的方式组合成火微粒、水微粒（八面体）和气微粒（十二面体）的面，并使得这三种元素能够相互转化。

对现有目的来说这里的关键在于，决定严格从四种完美立体中构造宇宙，并将特定的形状赋予这些微粒，是造物者自己将秩序加诸原先无序的承载者之上的最高的理智方式。承载者是完全被动的、可塑的，无论造物者决定给它加上什么形状，它都绝不可能抗拒他的意志。如果在今天的宇宙中有任何不完美性是来源于火或土等的必然化属性或者禁止性属性（即便是神也被认为不能从气中造河、从火中造树），这也并不表明物质成功地违抗了神的意志，因为这些属性正是神自己选择并加给它们的，是神考虑了所有因素后认为最好的属性。火在其自身的内在行为中继续展现机械性的"必然"，但那种必然会被利用（"说服"），从而服务于由理智决定的良好目标。例如，大部分宇宙之火都构成了星体，它们中的每一个都是神；并且作为光，火提供了视觉，作为最大的神恩之一，使人能够观察规律的星体周期，并因此推进了数学上的、最终是哲学上的发展（46a-47c）。就柏拉图的文本能够告诉我们的，神圣理智已经彻底地，也就是完全地按照它的意图说服了火与自己合作，以达到它自己的目标。即便出于自己的理由，它没有选择说服所有的火或所有的水参与合作（48a），从而允许了偶尔发生大火或洪水,这也并不意味着这些现象悖逆了神圣意志,仿佛必然性成功地抵制了理智似的。

简言之,我们不必认为宇宙从事先存在的物质中而非从无中生成这一事实,限制了造物者的成功。唯一的限制,甚至是隐含的限制是他不能选择物质的量,因为物质的供应是有限的,造物者认为明智的做法是用尽它们,而不是把任何物质留在宇宙之外,因为它可能在之后会对宇宙形成威胁(32c-33b)。在柏拉图的文本中没有任何提示说这一限制会导致任何其他可以避免的缺陷。

更符合柏拉图形而上学的说法是,宇宙的种种不完美(以头颅的脆弱性为标志),都是因为每当每个范式理念在物质中实现出来,就必然会伴随"某种"妥协。正如没有一张物质的桌子能够在所有方面都与桌子的理念完美匹配,同样没有一个有血有肉的人能完美地体现人的理念,没有任何火的部分能够完美地体现火的理念。如果柏拉图的二元论允许物质以某种方式导致这些不完美,那仅仅是因为物质是理念能够在其中得到模仿的基底。

柏拉图之后

某种意义上,柏拉图的《蒂迈欧》是古希腊创造论的巅峰。亚里士多德既是柏拉图的学生,也是在这个问题上最激烈的批评者。亚里士多德所持的是永恒论的立场,也就是认为宇宙不是被创造的,而是永存的。他否认创造论的一个动机无疑是认为,最高的神不会致力于除纯粹的"沉思活动"(即知识的运用)以外的任何活动。与沉思活动相比,创造和管理宇宙都是次好的活动。在柏拉图去世后整整一千年里,大多数主要的柏拉图主义者都同意亚里士多德关于宇宙并非创造的观点,并补充说这正是柏拉图自己在《蒂迈欧》中真正的潜台词。由一个神圣行动者进行理智创造的想法逐渐淡出视野,至少在柏拉图主义中是这样。对于像我一样将《蒂迈欧》的叙事解释为叙述过去真正的创造行为的人来说,柏拉图真正的继承者是斯多亚学派,他们的哲学从大约公元前300年开始,在两个世纪中曾让教条的柏拉图主义黯然失色,并在随后三个世纪中与之共存,但最后完全被柏拉图主义吸收。

在斯多亚学派对柏拉图式创造论的重述中,数学分析隐退了,但二元论的基础终于得到了完全的显明。宇宙由两个不可分离的因果原则构成:一边是物质,另一边是神或理性。物质提供被动的、无特征的基底,以供神——主动原则——在它上面发挥作用,物质对神意没有任何抗拒。至于对宇宙在有限的过去与无限的未来之间不对称的担心,他们修复的办法不是亚里士多德的永恒论,而是认为宇宙不仅有一个有限的过去,同样也有一个有限的**未来**。后者的创新并不在于神圣的造物者最终也将被物质打败——这是不可设想的；而在于宇宙的完满性部分依赖于宇宙变化的周期本性，每个宇宙阶段的完成和完善都是在为开启下一个阶段做准备。斯多亚学派对柏拉图二元论遗产最重要的创新或许是，让创造神明显内在于宇宙物质之中。但即便是在做这一改变时，斯多亚主义者也不是有意要放弃柏拉图的模式：他们将柏拉图超越性的（transcendent）工匠神重新解释为一种有意的虚构，并使其实际上被等同于或者还原为内在的宇宙灵魂。

在本章接近结尾的部分，我们或许可以简要地重温色诺芬所记录的苏格拉底的设计论证。斯多亚主义者自称是苏格拉底式的哲学家，他们试图为苏格拉底的关键洞察注入新的方法论上的严格性。正如我们看到的，苏格拉底通过类比来建构他的设计论证：他将神对生命体的创造类比于最聪慧的人类雕塑家的工作，后者从青铜或者石块中塑造的产品是美的，但静止不动。而斯多亚学派有了很好的工具来改善这一类比。

斯多亚学派的影响在公元前3世纪到前2世纪达到顶峰，这同样是希腊机械技艺取得惊人成就的时代。阿基米德（Archimedes，公元前3世纪）制造了一个著名的天球仪，据说它准确地再现了太阳、月亮和行星的周期。这个天球仪的一个后来的版本，据说由斯多亚哲学家和数学家波希多尼乌斯（Posidonius）在公元前1世纪早期制作而成。由于古代世界缺乏这种技术存在的独立证据，因此这些报道长期以来都被认为充其量是夸大其词。然而1900年采集海绵的潜水员在爱琴海的安提库泰拉岛（Antikythera）附近海床上发现的"安提库泰拉机械"使这一情况发生了很大改变。这个青铜块被证明是一台复杂得惊人的天文计算器，它的平行平面上啮合着许多做工精良的齿轮。多亏了"安提库泰拉机械研究项目"，我们现在知道它曾是一台关联了所有主要日月周期的机器，它的计算范围从日食的日期到四年一届的赛会，比如奥林匹克运动会。尽管它不是阿基米德自己制作的机械，但这个出现在他死后大约一个世纪的装置，非常像是阿基米德天球仪的直接后裔。

我强调这些令人惊叹的工程成就，是因为在斯多亚学派的思想中，它们所起的作用与18世纪和19世纪早期最受欢迎的创世论类比——将宇宙的结构与钟表结构进行类比——有密切的相似性，也确实是后者的直接鼻祖。正如剑桥神学家威廉·佩雷（William Paley）所言，第一次遇上钟表的人一定都会这样推论："在某个时间、某个地方或其他地方，一定存在着一个或多个工匠，他或他们为了某个目的制造了钟表，他们设想了它的结构并设计了它的用途。"[①]

古希腊的天球仪与19世纪早期的钟表的共同之处，不仅是它

---

① W. Paley, *Natural Theology, or Evidences of the Existence and Attributes of the Deity, Collected from the Appearances of Nature*, London, 1802.

们或许都称得上是各自时代为人所知的最精密复杂的人造机械，而且都以自己的方式精确重现了宇宙本身的时间周期性。在佩雷的时代，人们已经认识到天体旋转所代表的，不是从宇宙中心所看到的图景，而是从一个有欺骗性的"偏心"（eccentric）——绕太阳公转并且自转的地球——视角所看到的图景。但与此相对，在斯多亚学派的几何中心时代，所有天体均被认为是围绕着居于中心的地球运行的。因而，在重现天围绕着地进行的复杂旋转方面，阿基米德的天球仅就比佩雷的日心说宇宙论，更接近和直接地进行了重现。实际上，佩雷的钟表机械除了重现了地球的昼夜旋转外，也没有更多东西了。

因而，当斯多亚学派提出机械版的苏格拉底式设计论证时，他们就发明了比后来的佩雷具有更丰富的宇宙意义的说法。他们的论证是这样的（西塞罗：《论神性》[On the Nature of the Gods] II.88）：让我们设想阿基米德的天球仪。如果将它移到地球上最野蛮的地区，也许是斯基泰或者不列颠，即使是斯基泰人或者不列颠人，也会毫不费力地认出它是智慧创造者的产物。那么宇宙本身呢？宇宙难道不是远为优越的原初机械，而这些装置都只是其微型的模仿？如果是这样，去质疑伟大的原型本身是一个理智作品就是荒谬的，而且这个作品是来自比伟大的阿基米德优越得多的理智。

他们又补充说，除了在宇宙中辨认出神圣设计之外的另一选择，是认为这个壮观的互动结构的出现仅仅是由于偶然。这确实是与斯多亚学派同时代的竞争者伊壁鸠鲁学派的理论，后者认为原子在大尺度上的偶然事件，可以解释在某个空间和时间出现了一个像我们这样的宇宙。下面便是西塞罗记载的斯多亚学者对此的反驳（《论神性》II.93）：

> 假如有人能够说服自己相信，某些立体和不可分割的物体在自身重量的驱使下运动，并相信由于这些物体的偶然结合，一个精美绝伦的宇宙就被创造出来，我难道不应该感到震惊吗？如果一个人设想这可以发生，我不明白他为什么不也去相信如下的情况也是可能的：如果有 21 个字母的无数样本，不管是用金子还是任何其他材料制成，把它们扔到一个容器中，摇一摇倒在地上，它们就会形成一本可读的恩尼乌斯（Ennius）《编年史》（*Annals*）的复制品。我不确定有运气就能完成这件事，哪怕只是完成一行。

将任意结合的原子共同构建出我们的宇宙的荒谬想法，与任意分散的字母偶然拼写出最伟大的拉丁语史诗做比较，是一个我们非常熟悉的主题的鼻祖，即猴子与打字员。1913 年法国数学家埃米尔·博雷尔（Emile Borel）引入了这个主题，它在 20 世纪广泛流行，甚至为今天那些年纪很小没有见过打字机的人所熟知。

在（1930年之后的）英语传统中，我们会这样提问：给猴子们无限的时间，它们最终能否写出莎士比亚的戏剧？西塞罗的写作时间是在维吉尔创作出标志性的罗马史诗《埃涅阿斯纪》（*Aeneid*）之前的一代，因此他选择了他那个时代最有名的拉丁语诗歌：恩尼乌斯的《编年史》。我估计其他语言的使用者，也会在这个地方插入他们自己的最著名诗人。

曾经有一个网站，建立者将一个猴子模拟装置连接到莎士比亚的词语索引上。迄今为止它最大的成功是打出了莎士比亚《亨利四世》（*Henry IV*）里有18个词的一段。但是这耗费了猴子27.5亿亿亿亿年。

但是，这些令人失望的失败尝试并没有对伊壁鸠鲁的观点造成伤害。伊壁鸠鲁非常自信自己证明了在宇宙中，无限多的原子在无限的空间和时间中机械性地相互作用。在这样的宇宙中，每种可能的原子结构真的都可以在某一时间和某一空间区域，被大规模运作的纯粹偶然性实现出来吗？这一预期需要诉诸非常强的充足性原则（Principle of Plenitude）：按照该原则，只要有无限的机会，就没有什么真正可能的东西是无法实现的。

但伊壁鸠鲁的实际解决方案并非如此简单。假定像他的原子论前辈德谟克利特（Democritus）那样轻易论证说，有无限多不同大小和形状的原子，那就会像说一个有无限多字母的字母表。但以这样一张字母表很难保证，甚至是无限大的猴群能够打出《哈姆雷特》(Hamlet)剧中的第一个词,甚至是第一个字母。同样,在一个宇宙中充满无限多不同类型的原子,也不能保证一个我们这样的宇宙能够开始形成。因此伊壁鸠鲁非常小心地设计了一个证据,表明原子类型的数目实际上是有限的。以有限的原子字母表,他才能够做出他想要的裁决:尽管我们的宇宙可能看起来是按照某种目的创造的,但同样的原子排列很有可能最终来源于纯粹偶然,假定无限的原子在无限的空间中、经过无限的时间,并且给它们提供无限的机会。

伊壁鸠鲁据称是阿那克萨戈拉的崇拜者。但在宇宙创造的问题上,我们看到他断然拒绝了阿那克萨戈拉的二元论。在他眼中仅仅有物质就够了,物质不需要任何理智力量的帮助,它仅仅依靠内在能力就可以形成这个复杂而规律的结构——我们称其为有序宇宙(kosmos)。

结　语

尽管伊壁鸠鲁可能赢得了数学上的胜利,但在他与达尔文革命相距的两千年里,他从未成功地抢占过任何思想制高点。各个时代的领军学者一次又一次地确认了神圣创造的理论。早在古代晚期,天文学家就已经牢固地确证了天体旋转的数学完美性,并对此进行了扩展。而医学研究者们则越来越多地揭示出人身体隐秘的合目的功能，一直深入最微小的细节之中。认为所有这一切都只是原子随机运动的结果，无论其规模有多大，看上去都越来越不可信。甚至在文艺复兴时期复活了伊壁鸠鲁原子论的那些先驱思想家们，也通常是将原子与创造神的角色结合在一起。

我以另一种二元性结束这一章的讨论：存在短期的赢家和长期的赢家。如今，伊壁鸠鲁是唯一一位古典时期的哲学家，其体系只要经过适当的调整，就可以很好地与现代科学统一起来；而与此同时，当前的"创世科学"（creation science）则不过是其自身原初形态陈旧和失信的残余。① 但在本章所涉及的整个古代，宇宙创造者的假设都使可用证据得到了最好的理解；在从赫西俄德到斯多亚学派的四个世纪中，以宇宙二元论形式对这一假设进行的详细阐发，正是那个时代最伟大的理智成就之一。

---

① 这里作者所说的"当前的'创世科学'"是指基督教基要派（fundamentalism）的主张，其主要目的是反对达尔文的演化论。当前这种"创世科学"与古代不同，它包括上帝从无中创造和突现等内容。或许正是因为这种特殊含义，一般讨论古代科学进路的创世论时都不会将其称为 creation science，而是称为 scientific creationism（科学创世论），作者本章讨论第一位科学创世论者阿那克萨戈拉时使用的就是后者。——译者注

第二章 球形神

导 言

宇宙由无数万亿个巨大的、自由漂浮的球体组成，而我们此时正坐在其中一个上面。虽然我们古代的前辈全然不了解恒星和行星的真正本质，但他们的宇宙也充满着球形的存在物，同样有着可观的密度。球形的完美性是古代希腊哲学和科学津津乐道的主要话题之一。此外，许多希腊哲学家认为神自身就是球形的存在物，这正是本章的主要关切。

为了使这个观点作为神学的一部分听上去不至于太过古怪，我提供一个简单的例证，说明神的球形性多么值得称道。它可以是两个简单前提的结论。第一个前提是宇宙的球形性。在希腊思想中"宇宙"或"有序宇宙"，并不必然是现代英文所指的整个 universe，而是指看上去被天所包围着的结构，包含地、海、空（universe 的字面义是"大全"[to pan]，有可能只包含我们这个宇宙，也有可能包含其他宇宙）。宇宙的外部边界一般认为是恒星。到公元前 5 世纪，希腊天文学家认为恒星围绕我们的旋转，从数学方面说，就好像一个完美的球绕着自己的轴旋转。宇宙是球形的信念，独立于一个相对较晚的信念，或为后一信念所补充，那便是大地作为宇宙中心，其形状也是球形。但从向外的方向看，认为在**超出**球形天空**之外**可能存在某些东西（无论是更多物质、更多空间，还是更多由其自身天空包围的宇宙），严格来说也是一个可选项。一部分人相信作为大全的宇宙是无限的，并且包含除我们自己的宇宙之外的其他宇宙；而其他人要么无视这一假设，要么有意识地拒绝它；后者坚持认为"天空"一词在非常字面的意义上是存在的界限，空间和物质都包括在它之内。也许我们会认为，不相信天外有物是前科学思维的残余，但是我想指出，这种不相信才是古代最具科学倾向的哲学家亚里士多德的选择。对于亚里士多德和其他许多人而言，天空不只是我们宇宙的球形边界，也是宇宙全体的球形边界。

因此，要建立神是球形的，第一个前提就是宇宙是球形的。第二个前提是神无处不在。这一观点的各种版本可以在许多哲学家那里看到，包括苏格拉底、柏拉图和斯多亚学派。如果神遍及整个球形宇宙，那么仅仅基于这一事实就可以说神是球形的。这一结论甚至并不需要球形神有一个球形的**身体**。神的确**可能**是有身体的，一些古代哲学家确实这么认为，例如斯多亚学派。但即便一个**非身体性的**、与球形宇宙共存的神，也可以被证明是球形的，这仅仅需要假设神占有某个空间位置就可以了。假如神**并不**

占有任何空间位置，那么我们确实很难说他无处不在。

以上我简要说明了，认为神和宇宙有着相同的广延（co-extensive）是假定一个球形神所需的最少条件。而支持神是球形的证据早已准备好了。在希腊宗教传统最严格的神祇名单中，大地、月亮、太阳很早就位列其中，但它们并不是从一开始就被认为是球形的，而是公元前 5 世纪的科学进展确立了它们的球形。在柏拉图和亚里士多德时期，地平说已被取代，并且亚里士多德提供了许多经验证据说明大地一定是球形的。我们并不很确定这一发现起源于何时，通常可靠的材料来源特奥弗拉斯托斯（Theophrastus）将这一发现归于巴门尼德这位公元前 5 世纪的激进思想家，[1] 我们下面还会回来讨论他。将大地是球形的观点归于巴门尼德可以得到以下几方面的支持。

首先，在巴门尼德之前，赫拉克利特（约公元前 6 世纪到前 5 世纪）曾解释过月相，他认为太阳和月亮都是一碗火，月之盈亏归因于碗逐渐旋转。巴门尼德拒斥这一观点，认为月亮自身并不发光，而是被太阳照亮。由此，巴门尼德就与他卓尔不群的前辈们不同，他必定认为月亮实际上是一个球，其相位的变化仅仅取决于太阳光在其表面的变化。因此他放弃了月亮是碗状的观点，而认为它是球形的，这就与大地是球形的而非平的一致了。

---

[1] 参见第欧根尼·拉尔修：《名哲言行录》8.34。

我们也有足够的理由猜测，既然放弃了月亮的碗状假设，巴门尼德也会对太阳持有相同的观点，即认识到太阳也不是碗状的，而是球形的。

巴门尼德非常激进地重新安排了物理世界。这不仅是说他很可能将宇宙设想为球形；而且，伴随着经验科学的有力证据，他将传统上视为神的大地、太阳、月亮本身重新描述为球形。但向球形说的变化是否与神之本性发生了关联，却并不那么清晰。这是不是一种新的神学，即引入数学精确性来理解真正神性存在者的神学？还是说这是一种**降级**，即将这些神性存在者仅仅看作一团球形的物质？有关巴门尼德的资料无法解决这一阐释困境，但从我想要讲的整个故事看来，答案偏向前者，即神学化的选项。在巴门尼德所属的传统中，球形确实是神的真正形状。①

克塞诺芬尼

那么，是谁首先将神的形状设想为球形？古代传统将这一殊荣授予了克塞诺芬尼。但我们必须非常小心地处理这些证据。

公元前 6 世纪晚期的诗人及思想家克塞诺芬尼，在历史上被看作理性神学（rational theology）的先驱。他的批评既针对神的

---

① 参见 A. H. Coxon, *The Fragments of Parmenides*, Assen/Maastricht 1986, pp. 239-242，他论证了巴门尼德表象之路（the Way of Seeming）的女神，其自身就是由以太构成的球。

流行意见也针对诗歌传统，同时他自己对神的本性做出了一系列推测，并为之辩护。从我们对现有残篇证据的重构看，克塞诺芬尼给出的理由是已知最早的否定神学（negative theology）。他获得自己关于神的观念的方式是，从通俗的关于神的看法开始，逐一**剥离**不适合神的特征，再看剩下了什么。

在残篇 B14，克塞诺芬尼给出了著名的评论，人将神设想为像他们自己那样穿着某种衣裳、说着某种语言、拥有某种身体的存在。关于最后一点他继续发挥说，埃塞俄比亚人将他们的神看作黑皮肤和塌鼻子，而色雷斯人将他们的神看作蓝眼睛和红头发（B16）。他还加上了一句颇为天才的话，如果马和牛能够画画，他们也会将神描绘成马或者牛的形状（B15）：

> 但如果马、牛、狮子有手，可以像人一样用手绘制作品，马甚至会画出像马的神，牛会画出像牛的神，它们会让神的身体像自己的身体一样。

对大众宗教的这一系列观察能得出什么结论？这很大程度上取决于我们如何补全残篇 B16（这种程度比很多学者所认为的要大得多）。我首先给出传统的补全方式：

> 埃塞俄比亚人［说］［他们的神］是塌鼻子和黑肤色；色

雷斯人则说他们的［是］蓝眼睛和红头发。①

这里的关键在于对"他们的神"（*theous spheterous*）的补全。同意这一传统读法的学者认为，埃塞俄比亚人将**他们的**神看作黑皮肤和塌鼻子，而色雷斯人将**他们的**神看作蓝眼睛和红头发。如果这一读法正确，克塞诺芬尼看上去就有点走向宗教相对主义了。这样也没有什么矛盾，因为原则上每个种族关于**自己的**神的看法都是正确的。

任何可被接受的文本补全方式，必须考虑克塞诺芬尼所用的韵律。但幸运的是，该文段在韵律的限制下仍然可以有另外的补全方式，来指明不同族群所谈论的**真正的**神（而不是**他们的**神）之间存在的**分歧**。另外的补全方式，例如，可以将"他们的神"替换为"所有的神"。②替代性的补全方式，甚至能够为克塞诺芬尼接下来论述神的真正本性提供更好的基础。再者，根据这种读法，残篇 B15 关于动物的讨论，也能很容易地被理解为进一步推进了有关**真正的**神在形式上的分歧（即便仅仅是在假设的语境下）。

如果像我认为的那样，至少人（可能还有其他动物）在关于

---

① Αἰθίοπές τε ⟨θεοὺς σφετέρους⟩ σιμοὺς μέλανάς τε Θρῆικές τε γλαυκοὺς καὶ πυρρούς ⟨φασι πέλεσθαι⟩

② 也就是说，我们可以这样重建 B12 第 1 行："塞俄比亚人［说］［所有的神］（θεοὺς πάντας）都是塌鼻子和黑皮肤……"

同样这些神的本性上持有不同意见,那他们不可能全都正确。但我们没有理由认为一些人的意见比另一些人的更好,因为在这件事情上没有任何种族享有特权。结果就得到了一种否定神学:因为大家不可能都对,因此唯一理性的反应只能是,所有种族关于神的看法都是**错**的。他们归于神的所有属性,都是他们将神与自身同化的结果,都应该被排除掉。不同种族对神的建构之间的冲突,揭示了很多(尽管不是所有)累积下来的错误。

因此,用克塞诺芬尼的话讲,第一个结论便是(B23):

> 唯一的神,在诸神和众人之中的至大者,
> 在身体和思想上与有死者全然不同。

第一点值得注意的是,复数形式被抹去了:神现在以单数形式出现。或许是因为人们将神多样化为数目繁多甚至是彼此对立的诸神,因此神学家的任务就是重新将神统一起来。我只是顺带提及这一特点,因为这里有一个旷日持久的争论,即克塞诺芬尼究竟是一个一元神论者,还是说他的单数神只是一位理想化的最高神?我在这里不打算更多谈论这个争论,但我会在最后一章简要回应这一点。

第二点,这个新的统一的神是"**在身体和思想上与有死者全然不同**"。因为有确切的证据表明,克塞诺芬尼的神是会思考

的，尽管并不是以有死者的方式；我们也必须同样相信，克塞诺芬尼的神拥有身体，尽管（如 B14 所示）并不是以有死者拥有身体的方式。因此克塞诺芬尼就赋予神至少三个正面的属性：（1）神存在；（2）神有身体；（3）神思考。他为什么支持这三个正面属性呢？或许因为神存在、有身体、会思考是大众信仰中的共同特征，各种族在这三点上并无分歧，没有必要排除。

另一方面，由于这个神"在身体和思想上与有死者**全然不同**"，我们现在试图给出一些克塞诺芬尼神学否定方面的内容。人类的哪些特征被排除了呢？

关于神的思想，基于其他一些证据我们可以说至少有两个特征是神没有的。第一，克塞诺芬尼批评诗人荷马和赫西俄德，将不当的行为（如偷盗、欺骗和奸淫）归于神（B14），因此我们可以推测克塞诺芬尼认为，神完全是好的，**没有**受到人之恶的污染。第二，克塞诺芬尼在其他地方将神的知识与人的无知对立起来，说人的理解局限于有依据的猜测；因此我们可以说，神的思考没有人所囿于的偏狭视角，在某种意义上可以说神是全知的。至于是在什么意义上，我们稍后将会看到。

关于神的身体及其与人的身体之间的巨大差异，我们回想一下克塞诺芬尼的说法（B16），他说每一种族都将自身的自然特征投射于神：埃塞俄比亚人将神设想为黑皮肤和塌鼻子，色雷斯将神设想为红头发和蓝眼睛。这些表述互相并未产生形式上的分歧，因为从理论上讲，神可以同时是黑皮肤**和**蓝眼睛，其他特征也是一样；但将这理解成一种事实分歧是很自然的：如果埃塞俄比亚人和色雷斯人都是对的，那么神就会同时既像一个色雷斯人也像一个埃塞俄比亚人，这在**事实上**是不可能的。同样，克塞诺芬尼在 B14 也指出了一个明显分歧，他抱怨所有种族都将和自己一样的服饰和语言加之于神。

在此基础上我们可以说：（1）神之肤无色；（2）神之眼无色；（3）神之发无色；（4）神之鼻无形；（5）神无服饰；（6）神无特定语言。若我们超越这些具体的否定而得出，神没有上述提到的任何身体部分，也非常自然。因为神的头发没有任何颜色的话，他可能就没有头发。同样，他可能没有（带有色彩的）皮肤和眼睛，没有（有形的）鼻子，并且可能没有（为了说出这种或那种语言的）舌头。注意最后这四项都属于感觉器官：眼睛、鼻子和舌头很显然都是感觉器官，皮肤也可以被看作触觉器官。因此神甚至缺乏我们熟知的感觉器官。

再者，如果我们考虑克塞诺芬尼著名的思想实验，我们或许同样应该得出结论，认为神没有确定数目的肢体，因此很可能没有肢体，因为他在 B15 描述了牛、马及其他四足动物神，与人的二足神形成了鲜明的对比。最后，既然克塞诺芬尼批评了人竟然去设想实际上永恒存在的神的诞生（B14），那么他的神无疑就是没有生殖器官的。

我为克塞诺芬尼所做的以上推论，听起来或许只是令人担心的臆测，但认可它们确实有助于解释他对神的描述，这些描述是在进行了所有的剥离之后剩下的。这里是克塞诺芬尼的原话：

……他作为整全看，他作为整全思，他作为整全听。（B24）

……但不费吹灰之力，他以心灵之思撼动所有事物。（B25）

……他总伫立于一处，纹丝不动；在不同时间行至不同地方，于他并不合宜。（B26）

克塞诺芬尼的单数神与亚里士多德的神并无不同，是一个不动的推动者。他推动万物，但自身却不动，因此他确实不需要传统诸神所拥有的四肢、翅膀或者其他的运动部分。他看和听都是用整个自身，因此他确实不需要传统诸神的感觉器官，如眼睛和耳朵。① 最后，神不需要手或者其他身体器官来传递运动，不需要像传统神学中的宙斯那样抛掷雷电，因为他仅仅通过**思考**来推动事物。简而言之，尽管神拥有身体，实际上我们却并不需要在功能上将这个身体分成不同部分。即便我们还没有得出神是球形

---

① 这或许是对赫西俄德的含蓄更正或重新解释，参见赫西俄德《工作与时日》267：πάντα ἰδὼν Διὸς ὀφθαλμὸς καὶ πάντα νοήσας。

的观点，至少也正朝着这个观点迈进。

克塞诺芬尼的神待在同一地点，只靠思想的力量就能推动万物，而非通过推动自己的身体。他怎样做到呢？似乎并不是通过直接将自己等同于整个宇宙，因为泛神论意味着，当他推动他物时，他自身也会被推动。因此，要么我们得假设他有心灵遥感（telekinesis）的力量，可以远距离推动他物；要么当他不动时，他就可以无处不在，这样他就能不移动到他所要推动之物的地方来实施推动。选择心灵遥感，就使得这个心灵变成波斯大王那样的君主，坐在王位上仅仅借助发号施令，通过中间代理人来控制他的帝国。（这一将不动的推动者比作波斯大王的做法，后来确实在亚里士多德学派的《论宇宙》[De mundo] 的第六章得到了详尽发展）。但鉴于克塞诺芬尼强烈反对神人同形论（anthropomorphism），或许更加可取的是第二个神无处不在的选项。

接下来的解释，更直接地偏向于无处不在这个选项。神被说成用整个自己看和听，而不是通过通常的感觉器官。如果他是在某个特定位置，从那里看见和听到遥不可及的事物，那么说用整个身体看和听就和说用眼睛看、用耳朵听没什么差别了。另一方面，如果他看见和听到是由于无处不在，那么对于克塞诺芬尼来说，这就是一个很好的理由说神是用整个身体做的；因为如果他是通过特定的、处于特定位置的器官看和听，就会剥夺无处不在带来的益处，而只能说他经常从远处进行感知。非常可能的是，一个无处不在、直接见证一切事物的神，**必定**是以**通过自身**的方式拥有视觉和听觉能力的。因此，保存下来的引文都倾向于支持克塞诺芬尼的单数神确实无处不在。

亚里士多德这样评论克塞诺芬尼，说他"望着整个天空（或整个宇宙），说太一（the One）是神"（《形而上学》A.986b24–5）。这表明亚里士多德也倾向于我给出的阐释。但严格来说，亚里士多德这句话并不能确定他究竟认为克塞诺芬尼提出的命题是神无所不在（正如我所认为的），还是泛神，即神与宇宙的完全同一。我已经给出了我认为神无处不在的解释优于泛神论解释的原因：如果神被等同于宇宙，那么他推动事物时，就没有办法不同时推动自身；但克塞诺芬尼却说神推动他物时，自身不动。可能有人会提出如下理由反对神无处不在的解释，即认为这种解释预设了身体——神的身体和宇宙的身体——在同一地点。我并不认为这种假设与早期希腊思想的假设格格不入。相关的例子很多，我挑选其中一个：当时人们普遍认为身体发热是由于体内火增多造成的，而火本身就被看作第二个物体（body）。

神无处不在的命题在解释上还有一个好处：这不仅仅是神的理解高于人的理解的普遍原因，而且是人神对比中最为克塞诺芬尼所强调的方面。我的意思是，人的认知（cognition）与神的理解（understanding）不同，人的认知在本质上极大地受情境所限。我们已经遇到过一个例子，即色雷斯人和埃塞俄比亚人以自我为中心的假设，他们认为神与他们自己的种族特征相同。我还可以再举一个关于评价无花果甜度的例子。在 B38，克塞诺芬尼写道：

> 如果神没有制作黄色的蜂蜜，他们恐怕会说无花果更甜。

这就是说，人对无花果甜度级别的判断，暗中取决于是否能接触到蜂蜜作为参照这样的偶然性。如果甜度等级分为 1 到 10，我们或许可以说，人将蜂蜜甜度定为 10，无花果定为 7。但实际上，如果他们从未接触过蜂蜜，他们就会把无花果的甜度定为 10。然而克塞诺芬尼会说，神恰恰相反，他不可能不掌握所有数据，从而做出正确的评价。而且，神的无处不在一劳永逸地解释了神所享有的不受限于情境的自由。

最后我们想要转向古代关于克塞诺芬尼的神事实上是球形的证言（残篇 A28 和 31）。正如我开始时指出的，这一结论很容易从两个前提得出：(a) 宇宙是球形的；(b) 神无处不在。如上所述，我们可以将第二个前提——无处不在——归于克塞诺芬尼。但第一个宇宙是球形的前提，是否也能归于他呢？

在此我们遇到了一个无法逾越的障碍。看上去几乎不可能说克塞诺芬尼的宇宙是球形。不像在比他晚一代的巴门尼德那里，球这一形状在克塞诺芬尼的宇宙论里并不具备特别含义。没有任何记载说克塞诺芬尼认为天体是球形;并且几乎确定的是,他认为大地的上表面是平的。除此之外,他的宇宙作为一个整体,远没有任何确定的形状,更别提球形了;并且,宇宙至少在向下的方向上是无限的,同时也几乎肯定在向上的方向上也是无限的。

关于宇宙向下无限延伸有明确的证据(B28):他说大地的根向下一直延伸到无限。虽说克塞诺芬尼宇宙论的所有细节几乎都有争议,但也没有很好的理由可以使他摆脱这个大地向下无限延展的论题。毕竟,该理论是他对一个困扰着每一个早期希腊哲学家的难题的创造性回答。这个难题便是:为何大地看起来是宇宙中最重的东西,却没有被自重拽着下落?泰勒斯认为这是由于大地浮在水上;阿那克西曼德认为这是由于大地居于宇宙中心完美的平衡点。而克塞诺芬尼的回答则非常简明:大地依托于大地,而后者又依托于大地;实际上,大地一路向下。①

同样,在向上的方向上,克塞诺芬尼似乎也认为宇宙无限延展。在残篇 B39 中,恩培多克勒非常严厉地批评了那些对宇宙知之甚少的人,说他们所持有的大地深度无限和以太(也就是大气最上部)无限延展的观点,都是无稽之谈。可以肯定的是,在这些被当作"异端"的人中,克塞诺芬尼是第一个提出大地向下无

---

① 如果 B28 中的 ἐς ἄπειρον 像一些解释者所认为的那样,被理解为"不确定地"(indefinitely),那么这一理解就是错误的。因为依托于一个**不确定地**向下延伸的土层结构,几乎很难保证稳定性。但即便是接受这一较弱的翻译,也足以排除大地是球形的。

限延展的，也正是由于这一点，我们几乎可以肯定他同样是后一个命题——大气上部无限延展——的始作俑者。

要论证克塞诺芬尼的宇宙在水平方向（即东、西、南、北四个方向）上是无限的，则更加困难。在埃提乌斯（Aetius）的证言中（A41a），克塞诺芬尼曾说太阳西行"直至无限"（eis apeiron）。克塞诺芬尼专家莱舍（James Lesher）对这一证据的反对无疑是正确的，他诉诸另一个证据表明，克塞诺芬尼所描述的太阳在穿过西方地平线后的某个点上熄灭了。但另一方面，即便没有克塞诺芬尼的原话，我们也无需像莱舍那样认为 apeiron 仅仅表示"不确定"（indefinitely），而非"无限"（infinite），从而说太阳只是行进了不确定的距离。克塞诺芬尼的原话可能是，太阳西行"进入无限"，这并不意味着太阳经过了无限的距离。我们也有理由认为，同样的"无限"适用于所有方向。假若如此，大地向下无限延展的说法，就很明显支持克塞诺芬尼的宇宙确实在所有方向上都在字面意义上无限的观点。

克塞诺芬尼很可能认为宇宙在所有方向上无限延展，我们很快就会发现这一看法的用处。但现在我们先撇开在其他方向上的延展，仅仅关注一个得到确证的事实，即这个宇宙至少包括一块向下无限延展的大地。单单这一条就足以说明宇宙不可能是球形，并且由于球形神必然是有限的，所以他的存在就不可能遍及无限的大地。那么是否（至少）大地作为宇宙的一个区域，是神没有延展到的？我认为这不可能。克塞诺芬尼所设想的神，甚至延展到大地之下。这点由前面我引述过的材料中一个颇为奇怪的细节显示出来，在那里克塞诺芬尼说：

……但不费吹灰之力，他以心灵之思撼动所有事物。
（B25）

为什么神推动万物的力量可以特别由"撼动"这个动词来表达？已经有学者指出，我们在这里看到了荷马的宙斯的回响，宙斯仅仅轻点脑袋，便能够撼动奥林波斯山（《伊利亚特》1.530）。但动词 kradainein 并没有出现在荷马史诗中。因而更有可能的是，克塞诺芬尼选择这一动词是因为呈现神推动事物能力最有力的方式，便是不费吹灰之力地引起地震，同时移动可以看到的一切事物。kradainein 是特别用来描述地震现象的动词，我们经常可以在其他作家的作品中见到这个词。① 如果是这样，那么神的无处不在必定是就所有宇宙区域而言的，所以大地就不应该是例外。

因而可能的情况是：克塞诺芬尼的神与宇宙有着相同的广

---

① 例如埃提乌斯（Aetius）3.15.4 对阿那克萨戈拉的报告，3.15.7 对巴门尼德和德谟克利特的报告；另外在《致毕托克勒的信》（Ep. Pyth.）105 中，伊壁鸠鲁也用 κράδανσις 来表述"地震"的意思。

延，他自身是无限的，我们可以肯定神在向下的方向上是无限的，也几乎可以肯定他在其他方向上也如此。按照西塞罗的说法，后来伊壁鸠鲁学派正是这样阐释克塞诺芬尼的（《论神性》1.28），而且他们的阐释也应该是正确的。

既然如此，克塞诺芬尼是怎样被误解为支持球形神的观点呢？回答可能非常简单。希腊化时代克塞诺芬尼的崇拜者诗人提蒙（Timon）在描述克塞诺芬尼的神时用了"每一处相等"（*ison hapantēi*）。① 另外一则材料出自一篇散文，其中三次说到克塞诺芬尼的神"每一处相似"（*pantēi ... homoion*）。② 这两个短语都符合克塞诺芬尼的格律，因此或许它们至少有一个（即便不是两个）的确是克塞诺芬尼用来描述神的。"每一处相等"和"每一处相似"这两个短语都是为了表达完美的对称和平衡。完美的对称和平衡对于神这样一个存在而言，确实很合适。它不会有任何因为拥有四肢、耳朵、生殖器和其他隆起物而带来的任何不平衡。在很多（如果不是大多数）情况下，这些表达方式确实会被自然地理解为"球形的"。但克塞诺芬尼实际上是在用它们描述一个无限的存在者，它借由完美的对称性均等地延展，但是**以无限的方式**向所有方向延展。

---

① Timon fr. 60 = Xenophanes A35.
② 亚里士多德：《麦里梭、克塞诺芬尼、高尔吉亚》（*Melissm, Xenophanes, Gorgias*）977a37, b1, 978a7 = A28.

如果是这样，那么克塞诺芬尼就不是神之球形性的开创者。但是，他关于神真正本性的种种论证，甚至是他选择表达神之对称性的措辞，都成为球形性论题的直接先驱。否定神学逐步从神身上去除人类生存所需的不对称的肢体和器官，而神的球形性就是其最终结果。

巴门尼德

那么，是谁完成了神之球形性的最后一步？这一头衔最有力的竞争者是巴门尼德。

我前面提到过巴门尼德关注宇宙中的球形物，也就是大地、月亮，极有可能还包括太阳。宇宙论很大程度上是一门经验性的学问，至少在关于月亮的球形性上，他的结论不可能没有坚实的经验基础。然而吊诡的是，巴门尼德却是经验论最主要的反对者。他关于月亮和其他天体的论述在他长诗的后半部分，这部分传达了一种公然带有欺骗性的理论，也就是在严格的现象层面对一个多元且变化的宇宙进行描述。在长诗的前半部分，巴门尼德倡导一种激进变革的实在概念（conception of reality），它消除了所有的多元和变化。现在我们面临一个无休止的争论：巴门尼德所描述的是怎样的实在，他的结论又意味着什么？就现在的讨论而言，我只能谈谈我认为他的文字所说的内容，即他所描述的实在是永恒的、同质的、不动的、完美对称的。

如果是这样，那它与克塞诺芬尼的神就具有惊人的相似性。实际上，的确有一种古代传统认为在某种意义上巴门尼德是克塞诺芬尼的追随者，这个传统得到了柏拉图的确认，亚里士多德也重复了它。但历史学家们却一向拒绝这一传统，然而最近该传统也有一些复兴的迹象，我也支持这种复兴。

在为这两位诗人-哲学家的联系做辩护时，首先需要注意，可以把巴门尼德描述的太一看作一个神。例如，诗中有一些迹象将思想赋予这个存在。① 更有力的证据是巴门尼德的追随者麦里梭（Melissus），他用相当不同的词汇论证了实在之整体是单一、同质且无变化的，还在不经意间提到，疼痛和悲伤也在它所缺乏的特征中（B7.4–6）。这显示了麦里梭已经默认一个普遍的存在者必定是**有生命的**。如果是这样，就很难怀疑这是一个神。这同样可以应用于巴门尼德所描述的单一、不动的实在：它是一个神。确实，如果巴门尼德和麦里梭的太一**不是**神性的，那么他们事实上就成了无神论者；这是一个经常会对哲学家提出的质疑，但从来没有被用来针对过巴门尼德和麦里梭。

现在我们转到巴门尼德对这一神性存在的最终表述上（B42-9）。他告诉我们它"像一团浑圆的球［或"球体"］，从中心到

---

① A. A. Long, "Parmenides on Thinking Being," *Proceedings of the Boston Area Colloquium in Ancient Philosophy*, vol. 12 (1996), pp. 125-151.

所有方向都相等"。尽管学者们倾向于否认这是字面意义上的球体，但我看不出来有任何怀疑的余地。许多学者论证说太一只是被描述为"像"一个球体，而与这种相似性相关的有可能是某种非几何性的球形性质，比如统一性（uniformity）或者完美性（perfection）。但是附加的短语"从中心到所有方向都相等"排除了这种逃避的策略，因为从语法上说这些词是在描述存在本身，而不是描述用来做比较的球体或球。很难想象巴门尼德可以比他现在所说更明确了：如果实在从中心到所有方向都相等这一点上与球相似，那么实在就是球形的。实际上，希腊文一般表示球形的词是 sphairoeides（字面含义为"像球的"），但它在巴门尼德所用的六步格诗中不合格律，而巴门尼德自己所用的短语"像一团……的球"，则是六步格中能用的与 sphairoeides 最接近的说法。此外，巴门尼德接着用完全适合于三维对称性的术语来阐释其球形性的形式论证。他说，它不能在一个方向上比其他方向上小一些，因为没有什么可以阻止它以同等的方式延展。这依赖巴门尼德著名的（也是争议很大的）假设：不存在非存在（not-being），而唯有非存在能解释为什么所讨论的实体在一个方向上的延展比在其他方向上的延展少。

所有这些都支持这样的观点，即巴门尼德除了用太阳、月亮、大地等多个球形存在者来解释虚假的宇宙（the spurious cosmos）外，还将真实的存在（true being）理解成单一的、不动的、球形的神。

就将此看作建立在克塞诺芬尼的神学之上而言，这个例证已经非常有吸引力了；但这一观点还可以为下述反思所肯定。巴门尼德是这样开始论证存在之球形的："但是，**由于有一个最远的极限，它才是完满的，就像一团浑圆的球，从中心到所有方向都相等。**"我们可能会问，为何他要在开篇假设存在一个外边界，接着由此推断出存在是球形的，随后才加入对称性的具体论证？如果我们将此置于克塞诺芬尼用以表达相似情况的背景下，巴门尼德对存在边界性的强调便能立刻获得意义。克塞诺芬尼假定了一个完美对称但却无限的神圣存在。巴门尼德回应说，既然他已经表明存在（Being）有一个外边界（正如他在这点上已经论证的那样），那个完美对称的存在一定是球形的。假定巴门尼德认为自己在修正克塞诺芬尼的神学，我们就可以更好地解释巴门尼德自己的论证方式，同时也有希望重新发现希腊思想史上的一个关键环节。①

恩培多克勒

现在我要进入一个较少受到质疑的历史环节。巴门尼德深

---

① 麦利梭在坚持"太一"的无限性方面与巴门尼德意见相左。如果我们承认这是一个单一传统，即克塞诺芬尼－巴门尼德－麦里梭，那么就更容易解释麦里梭的革新，他在这方面是把该传统带回了源头。

刻地影响了我们故事中的第三位哲学家－诗人：恩培多克勒。恩培多克勒的创作时间是公元前 5 世纪中叶，他以如下方式回应了巴门尼德：他坚持认为变化中的宇宙具有实在性，然而宇宙处于**有规律的**变化之中，以永不停歇的周期重复着。这一宇宙变化的周期为两种对立的神圣力量所掌控，即爱与恨。我们在第一章看到，爱的工作是要将宇宙的物理成分和谐地混到一起，而恨则是将它们分开。恩培多克勒描述爱与恨所使用的措辞倾向于暗示，至少在宇宙的现有阶段，它们①的形状都是球形，毫无疑问这是由于它们分别都是均匀地贯穿或者围绕一个球形宇宙延伸：恨被说成"在所有方向都平衡"（*atalanton hapantēi*），而爱则"在长和宽上相等"（B17.19–20）。

但恩培多克勒系统中神性对称的最终胜利，发生在爱最终赢得绝对控制的阶段。对此最好的理解方式是关注由爱之力量增长而造成的生物发展过程。起初，爱只能产生单肢生物，每个只有一种专长，例如一只眼睛或者一条腿。由于处于分离状态，这些生物显然没有长期生存的机会，例如一只眼睛擅长看，但

---

① 我们合称爱神与恨神二者时使用"它们"而非"他们"，是为了提醒读者作者在第一章讨论恩培多克勒时所强调的一个问题：恩氏称呼"爱"时，用的是阴性 Kypris，并称其为女王；但称呼"恨"时，却并没有用阳性的 Eris，而特意选用了中性的 Neikos，作者认为这是对赫西俄德选择中性词作为恶之起源传统的有意识呼应。具体见第一章"恩培多克勒"一节的讨论。本书中的神名代词翻译原则：对于有名姓的神，我翻译其代词时都与其性（阴、阳、中）保持一致；而对于匿名的神，如果是拟人化使用，我译为"他们"，如果是非拟人化使用，我译为"它"或"它们"。——译者注

却不能养活或保护自己。随着爱的力量增长，这些简单的生物就能够连接形成复杂的、多任务的有机体，它们中的一些——包括我们自己——存活至今。这些复杂生物所拥有的自足程度，要远远大于其组成部分在分离时所拥有的自足程度。但最后，当爱最终获得了最高统治，整个宇宙就变成了一个单一整合的有机体。在爱占据主导的很长一段时期中，她将宇宙的组成成分一同组织到一个单一的、有至福之和谐的球形存在中，这就是斯法洛斯（Sphairos），他自身便是一个神。

这是恩培多克勒对那个至福存在的描述（B27）：

> 那里既无日之可见光辉，亦无地之粗犷威力，亦无海洋。如此致密的是和谐之覆盖，而他被紧持着：浑圆的斯法洛斯，享受着他那至福的孤独。

也就是说，斯法洛斯并不是我们现在所知的分为四个不同宇宙区域（地、海、气与火天）的宇宙，而是单一且充分整合的有机体。

不过，让我们更强烈地回想起克塞诺芬尼的段落是另两行残篇，在其中恩培多克勒给出了这个有机体是球形的原因（B32）：

> 因为从他的后背并未长出成对的分支，没有脚，没有敏捷的膝盖，也没有生殖器。

这位斯法洛斯神，无比长寿因而不需要繁殖，基于这个原因他不需要生殖器官；他没有翅膀、脚或膝盖，因为他没有理由四处游历；如此等等。当所有不对称的理由都消除后，球形看上去就是神性存在的默认形状。换句话说，球形是最典型的、属于自足存在者的形状。

这个神之球形性的理由，是克塞诺芬尼神学中实用原则的回响；① 然而恩培多克勒的描述，同样让我们想起巴门尼德关于存在本身是球形的论证。在恩培多克勒的解释中，巴门尼德所说的球形存在那种静止的完美性，不再是宇宙永恒且不可分割的状态；而是宇宙之**理想**状态，这种状态唯有在爱完全统治的时候才能获得。

柏拉图的《蒂迈欧》

在克塞诺芬尼、巴门尼德和恩培多克勒那里，我们已经看到否定神学与逻辑反思结合，形成了理想的球形神的观念。恩培多

---

① 比较恩培多克勒 B28：ἀλλ' ὅ γε πάντοθεν ἶσος ⟨ἑοῖ⟩ καὶ πάμπαν ἀπείρων / Σφαῖρος κυκλοτερὴς μονίῃ περιηγέι γαίων。这里，ἀπείρων 的意思一定不是 "无限 / 无界限"，而是无末端，像圆一样。参见亚里士多德《物理学》III.207a35-b7："一个没有框的圆环可以被称为 ἄπειρος。"另参见萨洛尼卡的欧斯塔修斯的《对〈伊利亚特〉和〈奥德赛〉的评注》(Eustathius, In Il.) 7.446：... καθ' Ὅμηρον μὲν ἀπείρων ἡ ὅλη γῆ, ὃ ἐστι σφαιροειδὴς καὶ στρογγύλη。恩培多克勒可能是在**重新解释**克塞诺芬尼的无限，从而与他所继承的传统保持统一。

克勒之后一个世纪，这一神学思考在柏拉图那里达到顶峰。在柏拉图《蒂迈欧》中，我们再次看到了在恩培多克勒那里发现的东西，即神圣等级中最高的创造神创造了一个球形的被造神。柏拉图的创造神，即工匠神（Demiurge），他自身不能说有任何几何形式。他是纯粹的理智，他将形式加到事先存在的空间或者物质上，而自己并不内在于他所创造的事物。但他所创造的神就是宇宙。宇宙是一个至善的、理智的，并且首先是**球形的**存在。很明显，这个宇宙－神（world-god）是一个长期神学传统的巅峰。当柏拉图称其为"幸福的神"（34b8-9）时，他将自己直接置于我们至此一直在追溯的传统中，而恩培多克勒则是他最直接的先驱。

柏拉图为这个传统增加的是一系列详细阐述的、关于这位宇宙神是球体的理由。由于设计并使宇宙成为神的工匠神是理性的，因而这些理由就被设定为工匠神在创造过程中所做出的一系列规划性决定的根据。从这些根据来看，宇宙神是球形的这个选择是从多个角度决定的，理由不少于四个。

第一个依赖于囊括概念（the notion of inclusion）。宇宙就其本性来说是一个囊括一切的结构（33b2-3）。这是因为它被设计为一个囊括所有生命体的生命体。因此，最适合它的形状就是最能够囊括一切的，它需要将所有其他形状包括进来。因而柏拉图的代言人蒂迈欧主张这种形状就是球形。

必须承认，球形"包含"所有其他形状这个说法的确切含义仍然非常难解。甚至柏拉图最杰出的学生亚里士多德看起来也放弃了这个想法（亚里士多德在本章中只是附带部分）。一方面，他确实在某种程度上将神性与中空的、旋转的球体联系起来，在他看来后者带动了不同天体围绕天旋转；另一方面，他也确实不再将这些球体本身当作神，他也不认为作为一个整体的宇宙（尽管它是球形）是任何种类的生命体，就更别说是神了。这就是为什么亚里士多德必然处于我这里重塑的这一球形神传统的边缘。亚里士多德确实写过与这一传统非常相关的一章，即《论天》II.4，在那里他论证了宇宙的球体形状，他的部分理由让我们回想起柏拉图的论证。他和柏拉图类似，提出球体是适合宇宙的形状，因为该形状优先于所有其他形状。但按照亚里士多德的看法，这种优先性源于简单者先于复杂者：球体是所有立体中最简单的，因为它独一无二地只有一个面。我的猜测是，柏拉图的看法恰恰相反，他会认为球体是一个无限多面的多面体，因此它是在**数量上**囊括了所有有限的多面体。这至少能够解释为什么亚里士多德由于认为不可能存在现实的无限（actual infinities），所以感到不得不以截然相反的命题作为回应，即球体实际上是单面体。

柏拉图选择球形宇宙的第二个原因是对称之美。球体是一个完美对称的立体，或者换句话说，这个形状"最像其自身"。工匠神所持的观点是"相像比不相像美一万倍"。"美"的希腊词是

kalon，它的含义很复杂，将蒂迈欧这里的动机描述为纯粹审美的是一种很大的简化。例如，任何工匠技艺的成功产品在希腊文中都能够被称为 *kalon*，因为其成功。球体的美是一种内在完美性，绝不仅限于视觉上的美感。但毫无疑问，柏拉图赋予这种最对称的形状的"美"，在他之后的传统中是以一种更具体的视觉形象出现的。如果我们把时间快进到柏拉图去世后半个世纪左右的希腊化时代，斯多亚学派的球形宇宙神就是柏拉图球形宇宙神的直接后裔。他们大肆渲染其球形的视觉美，这成为在他们与批评者之间踢来踢去的皮球。例如伊壁鸠鲁学派的反对者便提出，相较于圆柱体、立方体、圆锥体和正四面体，球体实际上是一个相当无聊的形状（西塞罗：《论神性》1.24）。更重要的是，伊壁鸠鲁学派主张人的形状——也是大众宗教所设想的神的全部形状——比任何其他仅由几何形状组成的东西要美得多。他们的意思无疑是，比起凝视最完美的球体，我们更愿意去欣赏一个美的人体。但在柏拉图那里，从美的角度考虑宇宙神的球体形状与这种视觉上的吸引力关系不大。这里所讨论的美，不是做圆周运动的天所拥有的审美意义上的美，不是这种为人的眼睛所欣赏的美，而是内在完美性的美，是这种美激发了那构想和创造宇宙的神圣理智。

宇宙球形性的第三个原因，将我们直接带回否定神学的传统，尤其是恩培多克勒的斯法洛斯神。没有肢体和器官的需要，解释了为何在宇宙外边界上完全不存在不规律性，不存在不规律性就使宇宙不仅接近于球形，而且就是一个完美的球。柏拉图的代言人蒂迈欧将这些理由仔细地列入清单。

蒂迈欧解释说，在创造宇宙神的时候，工匠神就已经做了一个有充分理由的决定，即用尽所有可用物质来创造一个唯一的宇宙，而不是在宇宙之外还剩下任何物质，使其之后成为可能的威胁（33a），或者使宇宙由于依赖它们的供给而牺牲总体的独立性。同样鉴于柏拉图没有充分区分空间和物质，我们能够相对有信心地说，甚至也没有任何空间（正如我们今日可能去设想的）被留在宇宙之外。因此宇宙尽管是生命体，却不需要眼和耳，因为没有任何东西在它之外要去看和听（33c-d）。同样，它也不需要嘴，无论是为了吸收食物还是为了呼吸；这样它也就不需要任何排泄器官，它的整个食物供给都是内在的，并且无休止地循环。再者，它也不需要外部肢体保护它免于外界威胁，因为就根本不存在任何外界威胁。

然而，让人印象最深刻的还是工匠神推理的第四个也是最后一个组成部分。一方面，宇宙神需要运动，而运动原因在柏拉图文本中是逐渐显明的：首要的目的是保证时间存在，因为时间依赖巨大的天体钟有规律的旋转。另一方面，让这样一个神圣存在者从一个地方游荡到另一个地方是不合适的，所以它没有腿和脚。相应地，它没有六种直线运动——向前、向后、向左、向右、向上与向下——中的任何一种，而是拥有第七种也是最好的一种运动，即旋转。旋转的优点是它能够在一个地方完成，不用到处跑；而且能够永恒持续地进行，正如一台时钟所做的那样。这个宇宙只有这种最好的运动，它以两种不同的方式同时保证了宇宙的对称性：不仅宇宙神不需要腿或任何其他用于位移的附属物；而且他为了在最远边界上仍然能够完全在自身的空间内旋转，也不得不是球形。

严格来说，有人可能会反对说即使宇宙是圆柱或者圆锥形，其外围部分也能在自己的空间中旋转。但宇宙的球形是基于其他原因被完全确定下来的，之后才进一步为宇宙同时绕**两个不同的轴**做圆周旋转所强化。宇宙灵魂被构造为两个在宇宙周缘（periphery）上十字交叉的圆环，大致对应天赤道和黄道。我们在这里不需要去考虑它们的数学细节，只需要说这两个天环既解释了主要的天文现象，也解释了宇宙神的思想（thoughts）。当我们抬头向上看，并逐渐理解恒星、太阳、月亮及行星在数学上复杂的旋转时，我们相当于在字面意义上观看了宇宙神的**思考**（thinking）。

如此完美的沿两个圆周轨道进行的运动均位于天体区域，它们构成了宇宙神的思考。更进一步说，天上的居住者，即太阳、月亮、行星和恒星之类的天体，也都是球形神，它们不仅在各自的周日和周年轨道上绕天而行，而且在如此运动时也都永不停歇地绕着自己的轴旋转（40a–b）。天为何布满所有神圣球体的这种旋转？在柏拉图看来一个原因是：适合理智的思考是关于永恒实体和永恒真理的，因而思考本身也在潜能上是永恒的；只有圆周运动有保持永恒同一的能力；因此，对于本质上理智的存在者（即我们的宇宙）来说，通过在其球形周缘做永恒圆周运动来可见地表达宇宙的思考，也就绝非偶然。我再重复一遍，那些旋转正是宇宙神可见的思想。

结　语

我们在本章中看到的是一整套理由，解释为何按照从克塞诺芬尼到柏拉图的古希腊哲学传统，神圣存在之自足性的最佳表达是完美的对称形状。任何不对称——无论是需要腿、口、耳或生殖器——都以这样或那样的方式标记了完全自主性的缺乏。我在下一章将要处理的问题是，人类如何或者在何种程度上，能够渴望分享这种神圣的对称性。当然了，柏拉图不可能期望**我们**变成球形的人！不过下一章我也将解释，在某种意义上，这也正是柏拉图的期望。

第三章 与神相似的人

柏拉图的《蒂迈欧》

在上一章我试图解释，柏拉图在《蒂迈欧》中所描述的宇宙中有很多神圣且自足的球形存在者。宇宙自身是这些球形存在者中的一个，此外还有大地、太阳、月亮、其他行星和恒星。它们所有都围绕着自己的轴旋转，因而在至福中享受着自己（由于永恒的旋转而）持续不断的、关于永恒真理或实体的思想。

那为什么我们自己不能是球形并享有同样的理智实现呢？其实在某种意义上，球形正是我们之所是。根据柏拉图在《蒂迈欧》中的说法，当神们创造人类时，第一阶段只有头。接近球形的头，是对完美的球形天空的不完美模仿。设计它是为了安置人的理性灵魂，这是神圣宇宙灵魂纯度较低的版本。因此在我们球形的头中，当我们的理性灵魂充分发挥其功能时所做的合宜运动，就正是宇宙灵魂所享有的完美圆周运动的微缩版。这样，理智上充分实现的人就是与神相似的人。

这里有一个诱人的看法，认为在我们的头颅中并不存在**字面**

意义上的圆周运动，纯粹思想的过程及其能够无限停驻于不变真理知识上的能力，仅仅是**类似于**圆周运动。但《蒂迈欧》是一部物理学著作，文本让我们很难怀疑我们头颅中的运动与天上的运动同为一种空间运动，且前者是在微观宇宙层面对后者的模仿。确实，如果我们头颅中的运动不是字面意义的圆周运动，也就没有必要把我们的头颅塑造成（接近）球形了。

因此在源头上，就我们天生是理性存在者而言，我们**是**球形的。我们不能保持纯然球形的原因仅仅是实践上的。柏拉图小心地解释说（44d-45a），一个球形的头颅依靠自己从一个地方滚到另一个地方，并处理生活之必需，这样存活下来的几率微乎其微。比如，一旦被一个洞卡住，它就再也不能动了。因此为了使人类能够生活得足够久，从而给理智的进步一些现实期待，创造我们的神便为我们附加上了各式各样的装备：脖子、躯干、腿和手，这确实是一个完美的运输、营养和防御体系；相反，宇宙球体自身则由于其完美自足性，被神仁慈地抹去了这些附加物。这些附加的次级结构为我们的大脑顺利发挥作用带来了一系列新的障碍，最显著的障碍就是身体的欲望，它们剧烈干扰了在头颅中进行的理智努力；其次的障碍来自感觉，其短暂的直线运动干扰了纯粹思想自然的圆周运动。因此在人的身体中重建理智的主导地位的任务艰巨而漫长，这个任务只能寄希望于哲学家。蒂迈欧解释说，人类生活的最高成就是，不再把自己当作身体和灵魂部分的混合体，而只把自己当作位于这个相当复杂的装置顶端的球形思考中枢。这样你就能够集中于恢复头颅中的圆周运动，去符合宇宙灵魂的圆周运动；并且有望在人可能达到的限度内，成为一个真正与神相似的存在（90c）。

柏拉图《会饮》中的阿里斯托芬

这样一种与人身体的极端陌生化给我们带来一个话题，尽管该话题与这里讨论的相关性可能会受到质疑。在柏拉图的精彩对话《会饮》中，苏格拉底和同伴们各自做了关于爱欲的即兴讲话，在众多令人愉悦的讲辞中喜剧诗人阿里斯托芬（Aristophanes）极其有趣的讲话脱颖而出。阿里斯托芬讲了一个溯因论寓言（an aetiological fable）来解释爱欲现象。我会简要地重述这个故事，但会省略一些颇具争议的解剖学细节。阿里斯托芬解释说（189d-190a），起初我们是球形的存在者。我们有四只手、四条腿、两组生殖器、两张脸等。尽管我们能够直立行走，但当我们高速滚动的时候才是最敏捷的；球形以及可以用八只手脚运动，让我们能向任何方向运动。人类有三类：有些是全男人，有些是全女人，有些则是阴阳人（androgynous）。全男人是太阳的后裔，全女人是大地的后裔，而阴阳人则是月亮的后裔。阿里斯托芬还说，他们正是从其父母那里继承了球形。我们可以有理由、有信心地说，这三类宇宙球体都是神，正如在《蒂迈欧》中一样，因为将它们描述为"父母"并将球形存在者描述为其"后裔"，都暗示出它们本身被设想为球形的有生命者，而不是惰性的物质块。

我们祖先的力量非常强大，它们甚至开始攻击诸神，但却最终失败。作为惩罚，也是为了削弱它们的力量，诸神将它们一分为二，责令它们此后用两腿直立行走，并威胁它们说，如果再不检点自己的行为就会被再对半分，即仅剩一条腿单脚弹跳——幸好这一威胁没有变成现实。这样的二足存在者从未停止过对它们失去的另一半的渴望，因而就将找到另一半并与之团聚作为目标。因此爱（包括异性的爱和同性的爱）都起源于渴望返回比我们更高等级的祖先之整全状态（wholeness），也就是回到我们的"原初自然"（*archaia physis*），阿里斯托芬至少三次这样称呼这一状态。

这一故事的来源如今早已不得而知。是柏拉图自己发明的（如通常假设的），还是他从真实的阿里斯托芬那里得到的？我们无法仅凭故事的才华出众确定作者的身份，因为竞争者双方的才华不相上下。但我认为，借助我至此所勾勒的图景，这个问题不仅是可以回答的，而且我很有信心认为故事的作者是柏拉图。这个故事里到处都有他的印记。可以肯定这个溯因论神话只是对我们在《蒂迈欧》中看到的创造故事的喜剧版改写。下面就让我们来看一下它们的相似之处。

根据《蒂迈欧》，人类起源于不完美的球，即头颅。人的头模仿了神圣且有最高理智的宇宙本身的球形，因而这一球形成了一种神性特征，让人类有可能像神一样思考，并最终可以重获与神的相似性。

而根据阿里斯托芬，人类也起源于不完美的球，尽管在这个例子中不完美的球不只是头，而是生物上完整的有机体。与《蒂迈欧》一样，球形性也是一种神圣属性，继承自他们的父母，即太阳、大地和月亮。

因此在这两个故事中相似的，就不只是球形作为典型的神圣形状，而且是人作为神的后裔最初都继承了球形。同样根据这两个故事，我们都在一定程度上被剥夺了神圣的球形。在《蒂迈欧》中，我们为了在物质世界中存活而获得了非对称的附属物，因此牺牲了本质的球形，而那些附属物使我们更难恰当地使用自己的理智。在阿里斯托芬的故事中，我们丧失了球形则是由于企图与诸神平起平坐而错误地使用了它。

最后，这两个故事在讨论我们丧失神圣球形的补偿时也极其相似。《蒂迈欧》给出的严肃哲学信息是，要想重新获得思想的神圣旋转，就要让你的头，而不是（比如）你的心脏或者胃，成为你真正存在的（接近球形的）核心。在阿里斯托芬的故事中，喜剧式的对应物是，我们一直在寻求重新获得我们以前的球形，而方式是在爱中与我们丢失的另一半结合。两个故事都使用了相同的语汇,明确地将这一渴望描述为我们试图向"原初自然"的回归,这成为两个故事形式上的联结点。

当然,这种一以贯之的平行性并不意味着阿里斯托芬在《会饮》中所讲的故事表达的是柏拉图自己关于爱欲的理论。但这还是向我们展示了一些作者的意图。正如我们所见,柏拉图是一个悠久传统的继承者,也是其最有力的代言人。这个传统至少可以追溯到巴门尼德,最后则可以追溯到克塞诺芬尼。该传统越来越强地将宇宙自身及其中所居住的神——大地、太阳、月亮、行星和恒星——看作神圣且理智的球形存在者。柏拉图对这一传统做了进一步的拓展,认为我们在根源上也是球形存在者。而我们被迫牺牲的本质球形,正好与我们所缺乏的神圣程度相当。

但在《会饮》的架构中,将这个主题纳入阿里斯托芬的讲辞有何目的?为了回答这个问题,我将重提一个我在其他地方[①]的主张:《会饮》中演讲顺序的设定,代表了向着柏拉图式真理稳步前进的过程。演讲者顺序的随意性取决于苏格拉底的晚到、阿里斯托芬的打嗝等戏剧细节,这种随意性使我们再次确信,实际上是戏剧作家柏拉图本人在掌控局面。

因此,举例来说,阿伽通(Agathon)的讲辞不仅相当明确地改进了早先斐德罗(Phaedrus)讲辞中的因果性理解,并且也

---

① David Sedley, "Divinisation," in Pierre Destrée and Zina Giannopoulou eds., *Plato's Symposium: A Critical Guide*, Cambridge, 2017, pp. 88-107.

已经以萌芽形态——尽管同样伴随着一定程度的误解——展示出了一些柏拉图的关键论题,这些关键论题后来在苏格拉底那里得到了进一步的明确。我希望推进一种类似"渐强"的读法,即人类变得与神相似作为爱欲的真正目的出现了两次:第一次是阿里斯托芬以带有误导的方式进行的大致勾勒;第二次则是苏格拉底对前者的修正。这一面向在其他演讲者把捉爱欲神圣本性的努力中是缺失的。

在苏格拉底的讲辞中,他引用来自女祭司狄俄提玛(Diotima)的爱欲教导;这个教导集中在狄俄提玛对于罕见的人类特权——获得不朽——的描述中:

> 她说,"如果某人碰巧能够看见纯净的、未受玷污的、没有混杂的美本身,并且不被人的肉体、颜色及其他有朽的杂物充满,而是在它的同一性(uniformity)中凝视神圣的美本身,我们如何设想这种感受?""你会认为",她说,"一个紧盯着它凝视,用合适的官能观看它,并且享受着与它亲密关系的人,他的生活是一种普通的生活吗?""你难道不赞赏",她说,"只有在这里,在他用合适的官能看见美本身的地方,他的命运才不是生育德性的影像——因为他所接触的并非影像,而是生育真正的德性——因为他掌握了真理?难道你不赞赏,如果有人生育了真正的德性并养育了它,那么他就会受神的青

睐，就属于他，不朽也就属于他——如果不朽可以属于任何人的话？"

我们清楚地看到，这一隐晦描述的朝向不朽的上升，无论它是什么，都比其他较小的替代性的不朽方式更胜一筹，后者是指每个人都会渴望通过他们的生物后代或者通过他们的创造性遗产间接地生存下去，这些创造性的遗产可以是道德的、艺术的或者政治的（207a-209e）。而狄俄提玛所想的替代方案则是，将不朽建立在与美日益直接的接触之中。这种接触极其强烈，它将在与美的形式本身的交融过程中，也就是一种智性交合中，达到高潮。

我们有理由自信地说，这一关于人类最高成就的讲法旨在与阿里斯托芬的说法形成对照。考虑一下狄俄提玛的结束句：获得者的不朽在某种程度上跟随变得"与神亲近"而来。表面上——因而对于一个未经过柏拉图思想训练的读者来说也是如此——这似乎暗示了一种"化身为神"（apotheosis）[①]的罕见特权，即神将字面意义的不朽赐予受其青睐的、像赫拉克勒斯（Heracles）那

[①] 这里需要留意作者在不同语境中选用的不同词语：apotheosis，divinisation（见本章下一节）和 deification（见下一章），我分别译为"化身为神""神性化"和"神明化"。"化身为神"（apotheosis）偏重一种神话的、大众宗教的传统；"神性化"（divinisation）某种程度上是哲学家们对"化身为神"的宗教传统的哲学改造，也就是本章主题"与神相似"的另一种表达。下一章使用的"神明化"（deification）与"化身为神"含义大致相同，只是后者常常与古希腊的英雄崇拜传统有关，而前者的含义更为宽泛一些，也可以包括一些物品和非生命体的神化。——译者注

样取得极高成就的人。但狄俄提玛在此前的教导中曾向我们确证，有朽的自然**唯有**通过生育才能变得不朽（207c9-d3）。在我们刚才引用的段落中，狄俄提玛清楚地表明取得人类最高成就的人也并非例外，她强调其成就也是在生育某种东西，即"真正的德性"。

为了理解狄俄提玛所增添的"变得与神亲近"这个说法，我们应该将它与阿里斯托芬自己讲辞结束部分的一段话联系起来（193a7-b6）：

> 这［神惩罚性的一分为二］是鼓励每个人都应对诸神怀有完全的敬畏，因而我们可以避免一种命运，并与作为引领者和传令官的爱神（Eros）一道，获得另一种命运。任何人都不要与他作对。为诸神憎恶者，**正是**与他作对者。因为通过与这位神祇亲近，并实现与他的和解，我们就将找到和遇见我们自己的所爱，这在当下只有很少人可以做到。

因此根据阿里斯托芬的看法，赢得神（以爱神的形象出现）的青睐，是获得无可比拟的幸福的工具性手段。而无可比拟的幸福，则依赖于重新创造我们从前的完整自我。狄俄提玛对此的隐含回应，则给出了"神的青睐"的另一种意义：神的青睐并非达成幸福的工具性手段，它本身就是实现幸福的标识；因为神的青睐相当于来自最好存在者的赞赏，赞赏一个人正在过一种最好的生活。①

诚然，狄俄提玛实际上不可能听到阿里斯托芬的讲辞，因为她本人并不在场。但在《会饮》205d10-206a1，柏拉图无疑特别谋划了狄俄提玛对阿里斯托芬讲辞内容的回应，在那里她这样评论道："根据一种解释，那些爱者是寻找他们自身另一半的人。但根据我的解释，爱的对象既不是一半也不是整体，我的朋友，这个对象实际上是好……因为人类爱的唯一对象是好。"为了消除对狄俄提玛确实在修正阿里斯托芬论题的最后怀疑，我们还可以指出，这个观点在紧随苏格拉底讲辞后的文本中又被明确表达过一次："……阿里斯托芬试图说些什么，因为苏格拉底提到了他的讲辞"（212c5-6）。这就突出了阿里斯托芬讲辞与狄俄提玛的爱欲教导之间的联系，并且后者是对前者的修正——这正是对话本身邀请我们去留意的。而当我们回到狄俄提玛的结语（在那里她回应了阿里斯托芬关于神的青睐的说法），我们就会看到，这段话实际上是对先前那段修正的放大。因为阿里斯托芬忽略了爱欲本质上是以好为焦点的，因而他只能假定在实现爱欲的目标时，赢得神的青睐只起了工具性作用；而事实上，狄俄提玛现在为这种说法做了补充：这些来自至高的好的存在的祝福，是**跟随着**个人通过艰苦努力而获得的最好的可能生活而来，因而这些祝福在某种

---

① 参见 Frisbee Sheffield, *The Ethics of Desire*, Oxford: Oxford University Press, 2006, p. 147。

意义上也就是后者的标识。

回到《蒂迈欧》

我们能把对狄俄提玛结尾关于最高的人类生活的描述再向前推进一些吗？特别是考虑到本章后面要讨论的"真正德性"的问题，即这种最高的人类生活所提供的东西，应当被理解为一种道德德性，还是理智德性，抑或这两种德性的综合？就其本身而言，狄俄提玛的实际措辞可能不足以让这段话的哲学意义变得无可置疑。但是，我们现在又多了一个诊断工具：阿里斯托芬给出的人类幸福的秘诀——狄俄提玛的教导至少在一定程度上是对阿里斯托芬的修正——本身可以视为柏拉图在晚期对话《蒂迈欧》中论述的真正的神性化（divinisation）的倒错版本。如果确实如此，我们便可以期待，正确理解的《蒂迈欧》中包含了柏拉图对神性化真正理解的钥匙。

我们在前面提到，根据《蒂迈欧》，人的头作为灵魂理性部分的居所是近乎球形的，这是由于头是对完美的球形天的模仿。球形的宇宙神沿着构成它的两个环（即同环与异环）做圆周运动，这在相当字面的意义上就是宇宙神的思考行为。如果我们自己对数学化的天文学的理解达到足够高的水准，并将这些运动内化，我们也将——同样是在字面意义上——在自己的灵魂中复制宇宙神的思想。但这种天文学专业知识的获得本身并不是目的；毋宁说，这是一条通向哲学之路，是人可能获得的最大幸福（47a-b）。《蒂迈欧》是柏拉图关于物理学和宇宙论的对话，与此相一致，它也是从特定的物理学的角度告诉我们如何获得幸福。

这部对话中物理学的另一部分，是关于人类灵魂的生理学。和《理想国》一样，人的灵魂有三部分。从《蒂迈欧》中我们知道灵魂的理性部分位于头部，并且是不朽的。灵魂的其他两个非理性部分的位置在颈部以下，意气或竞争性的部分在胸部，欲望部分在腹部。二者都与身体功能的实现紧密相连，因而也就分享了身体的可朽性。正是以这一生理学为指引，蒂迈欧描述了对生命的选择。首先，他再次强调我们的神圣组成部分位于头部（90a-b）：

> 关于我们身上最权威的那种灵魂，我们必须做如下思考。神将它作为一种神圣之物（*daimōn*）① 给予我们每个人。我们说，这个东西居住在我们身体的最上部，并把我们从地上提升，到达我们在天上的相似物，因为我们正确地称自己为一株属天的、而非属地的植物。这缘于神性通过悬起我们的头颅和

---

① 在《蒂迈欧》上下文中，没有必要认为 *daimōn* 是指某种中介性存在，即按照《会饮》202d—204b 中著名的 *daimones*（精灵）那样来理解。在《蒂迈欧》40d6，甚至宙斯和其他奥林波斯诸神都被称为 *daimones*，但他们无疑是神（41a4）。90a3-4 使用 *daimōn* 而非 *theos*，是为 90c4-6 出现的 *eudaimonia*（幸福）做词源上的准备。

根，即灵魂最初的诞生地，使我们保持身体直立。

那么，关于有朽与不朽就有如下推论（90b-c）：

因此如果一个人将他的所有关注和能量都给了他的欲望或者竞争性部分，他所有的信念就必定是有朽的；并且就他可能成为的完善的有朽者而言，他将不会缺乏一丝一毫，因为他发展的正是他自身中有朽的部分。但是，如果一个人全心全意地投入学习和真正的思想，并且使这些成为他可支配的事物中得到最多实践的部分，那么，假如他抓住了真理（*anper alētheias ephaptētai*），他就必然在思考不朽和神圣的思想。就人之自然可能分享的不朽而言，他就不会有任何程度上的缺乏。因为他总是培育神圣之物，并始终有序地安置（*kekosmēmenon*）与其一同生活的神圣之物（*daimōn*），他就将超乎寻常地幸福（*eudaimōn*）。

这是柏拉图关于最高幸福（*eudaimonia*）之本性的一段重要文本。每个人——更确切地说每个动物——都拥有不朽的成分，即神圣的理性灵魂，但这并不足以保证每个人——更不要说每个动物——成为不朽的。对于由一个身体和三部分灵魂组成的复杂存在者而言，与神相似是它在肉身存在（incarnate existence）期间所希冀的目标。这也就是我们中的每个人不得不去决定哪部分灵魂是我们存在之核心的时刻。那些追求放纵自己身体快乐的人，会将他们自己等同于灵魂的欲望部分；而竞争型的人，则将自己等同于灵魂的意气部分。这样做时，这两种人便将自己的身份置于有朽和流逝的事物中。与之截然相反，那些选择理智道路的人，不仅将自己的真正自我熔接于他们那一神性和不朽的成分上，并且分享了神自身的永恒思想，因而获得了人类种族所能够获得的最大程度的不朽。

一些学者质疑这个推论，认为这里所颂扬的像神一样的生活是纯粹理智性的，但并不同样是道德性的。然而这个推论却能够得到文本的充分支持。柏拉图在《理想国》第四卷将道德德性分析为三部分灵魂的和谐关系，但这种对道德德性的理解在《蒂迈欧》中只有在89e3-90a2被从物理学的角度顺带提及：

> 正如我们经常说的，有三类灵魂居住在我们之中，每一类灵魂都有自己的运动，现在我们必须以同样的方式粗略地说，它们中无论哪个，若荒废时光，让自身的运动停息，那么它就会变虚弱；而它们中的任意一个，若得到锻炼，则必定会变强大。**因此我们必须照看它们彼此相互配合的运动。**

我强调的这句话，是蒂迈欧唯一提及道德德性之灵魂论的地方（正如我们所料，它采取了物理学的视角）。在我们前文引用过的一个段落中，蒂迈欧用更长的篇幅（90a2–d7）讨论了与神相似以及纯粹理智生活的超凡幸福。这里是他对这种纯粹理智生活的最终描述（90c6–d7）：

> 对每个人而言，都有一种培育（therapeia）每个部分的方法，那就是给予每一部分适宜的营养和运动。对我们中的神性成分，与它相似的运动就是整个宇宙的思想与旋转。每个人都应当以这些运动为引导。我们应当纠正头脑中因关注生成（genesis）而被破坏的旋转，并通过学习有关整个宇宙的和谐与旋转，使思想的主体与思想的对象相似，也就是使思想的主体合于其原初自然（archaia physis）；并且，通过创造这一相似性，实现神为人现在和将来所提供的最好生活。

这里所说的最好和最幸福的人类生活，是通过将我们小宇宙中的理性旋转（即我们头脑中的思想）与大宇宙中神性宇宙灵魂在天上的可见旋转统一起来而获得的。简而言之，正如先前强调的，天文学是使我们自己的思想与神相似的过渡学科。同样在《理想国》第七卷中，天文学也是将我们的灵魂从对地上"生成"（genesis）世界的关注中解放出来的五门过渡学科之一，它帮助我们将关注对象替换为纯粹的存在（ousia）（《理想国》525b5, c5, 526e7; cf. 534a3）。因此说上面的翻译"我们应该纠正头脑中因关注生成（genesis）而被破坏的旋转"就非常可信；[①] 其含义是获得理智上的与神相似，包括脱离有关"生成"的可感世界，而代之以将我们的思想集中于纯粹的"存在"上，柏拉图一贯将后者与不变的理念世界相联。[②] 哪怕是部分致力于道德德性的人生，似乎也不能说是摆脱了"生成"。

为了确证这一点，可以对比《蒂迈欧》34b 关于工匠神最初创造旋转之天的论述：

> 圆圈转着圈，他将它设立为数量单一的、唯一的天；得益于自身的卓越，它能够与自身连接且无需他物，它满意于对自己的亲熟与友爱。由于所有这些原因，他将它创造为一个幸福的（eudaimōn）神。

这是属于宇宙神的、完美且神圣的"幸福"；在这部对话的结尾，人的幸福被称为与其相似。宇宙作为一个理智生物，是全体宇宙中的唯一居住者（31a-b），因此（听起来似乎有一点儿喜

[①] 多数学者选择如下译法："我们应当纠正头脑中的旋转，它在我们出生（genesis）时受到了破坏。"这两种翻译在语言学和哲学上都可以接受；但多数学者的译法却无益于我们理解紧接的文段，并且也没有任何明显的理由表示，蒂迈欧需要在这里强调灵魂上的混乱属于婴儿，而不是强调它是由于道德上的失调（参见 90b）。

[②] 对这种二元论的强调，参见《蒂迈欧》27d-28a。

剧效果）它没有社会性的或政治性的生命：它没有可以交往的邻居，尽管它是幸福的范型，并在其卓越的独处中享受着内在思想的旋转。这就确证了那些通过在他们自己的头脑中复制宇宙旋转而获得幸福的人，会变成沉思者，而不是社会性或者政治性的有德之人。

可资比较的还有亚里士多德在《尼各马可伦理学》X.8 中说到的诸神。我们将在下一节看到，亚里士多德的诸神仅有理智德性，没有道德德性；这倒不是因为它们必然缺乏同伴来进行道德的交往，而是因为即便有这些同伴，他们也不需要与其建立任何契约关系。有人可能会问：亚里士多德为何不考虑神由于相互交往也需要道德德性的可能，这不是指与其他神的交往，而是指与人类的交往——它们对人类表现出慷慨、正义等？亚里士多德并未就此给出回答，但回答应该是这样的：道德关系本质上是与同一种族、同一社会成员的关系。① 即便假设神对人类采取了恩惠态度，那也是居高位者向居低位者的恩惠，类似于人类对宠物的恩惠，在这个意义上并不存在严格的道德。柏拉图对宇宙灵魂道德的看法与此大致相同：如果存在这种道德，也必然是针对"宇宙"这个种的其他成员；然而并不存在这些成员。即便宇宙灵魂在某种程度上会对我们这些宇宙内部的居民行善（然而同样重要

---

① 比较克塞诺芬尼 B11："荷马与赫西俄德将一切对于人类而言需要非难和指责的事物归于神：偷盗、通奸、**相互欺骗**。"这里并没有提及神对人行不义。

的是，没有任何证据证明这一点），但认为柏拉图会将这样的内在规定当作道德活动之范型的观点，则相当可疑。

在古代，柏拉图因为一个描述人类生活目标的词组而闻名，那便是：*homoiōsis theōi kata to dunaton*，翻译过来是"尽可能变得像神"。同样的目标也为其学生亚里士多德所继承，尽管后者没有使用完全相同的表达。下一节我们将把这两位哲学家放在一起考察，并偶尔关注他们的差异，这将会是一项富有成效的工作。

柏拉图与亚里士多德论变得与神相似

柏拉图《会饮》中阿里斯托芬的故事以喜剧形式，向我们不仅展现出"与神相似"是值得欲求的，而且也包含通常与这一目标相伴的警告，即尽管我们应该渴求与神相似，但只求达到人可能达到的程度。我们的远祖享有（至少近似于）神的球形，但却亵渎性地使用了它，妄图让自己与神**相等**；他们因这一不自量力的行为而受到惩罚，从作为神之特征的球形降级为我们现在所知的人形。对"与神相似"这一母题的喜剧性戏仿提醒我们，在柏拉图和亚里士多德作品中追踪这一主题时，我们应该寻找的不仅是这两位哲学家将什么视作人一生中变得与神相似的契机，还有他们在哪里为这样的渴望设置了界限。

对于柏拉图和亚里士多德来说，一个重要的问题是神的哪些属性是人类可以现实地追求，并变得与之相似的？五个突出的候选项是：（1）不朽；（2）幸福；（3）善；（4）知识；（5）自足。这两位哲学家都接受这些是神的基本属性，而其中的大部分特征确实也属于他们之前的整个宗教传统。唯一可能的例外是选项（3），即神在道德上是善的假定，这并没有成为文化和宗教对神之描述中的明显部分。这里更稳妥的说法是，神的内在善无论如何只是一个**哲学的**设定。早在公元前6世纪，克塞诺芬尼就批评了权威诗人荷马和赫西俄德，因为他们将神描绘得热衷于人类的恶行，如偷盗和通奸。苏格拉底似乎受到克塞诺芬尼神学很多方面的影响，并将其批评发展为神在道德上善的肯定性命题。同一命题引人注目地在柏拉图的对话中重现，其代言人不仅有苏格拉底，还有其他人，如蒂迈欧：在《蒂迈欧》29e-30a，神的善是"最高的权威性原则"，在它之后才有宇宙生成论的其余部分。

在《理想国》第二、三卷，我们发现了很可能是柏拉图最早使用或预示"与神相似"主题的地方，神在道德上的善处于显著位置。主要的发言人苏格拉底为其想象中的理想城邦构建了一套教育系统，致力于规定什么样的神话适合教给年轻人。因为年轻人容易受影响，他们听到的故事会在他们的灵魂中留下"印记"（imprints，希腊文为 *tupoi*，在377b第一次出现），特别是向他们描绘神的方式，无论好坏，都很可能被证明在道德上有所影响。由于这个原因,至关重要的是神应该被描绘为完全没有恶的,因而——诉诸柏拉图"相似事物引起相似事物"的原则——神也绝不会是恶的原因,也就是说,他们不会是伤害的原因,无论这种伤害是发生在神之间还是神对人的伤害(377d–380d)。如果诸神带来惩罚,这些惩罚也必定是矫正性的,为的是让他们所惩罚者得到益处,而不是为了伤害他们。

重要的是,这里所展现的关切与确立关于神的真理之间的关系不大。苏格拉底所制定的道德上有益的神话,被他认作是出于教育的目的而故意编造的谎言。他在某个地方考虑了反事实的假设,即有些关于神之间的暴力故事或许是真的;但他仍然坚持即使是这样,这些故事也不应该讲给年轻人听,因为它们会造成伤害(378a)。因此,尽管我们在此处及接下来数页中看到了柏拉图最初致力于将神作为人效仿之楷模的观点,尽管这也正是有证可查的"神学"(theologia)一词首次出现的段落(379a),但其对教育权宜之计的关注程度,至少不比对神学真理的关注程度少。

与这一教育性强调完全吻合的是,当苏格拉底在同一文本中继续罗列对诸神的错误看法并剥夺它们的合法性时,他并未提及神人同形论。正如我们在前一章所见,柏拉图认为球形是神在科学上正确的形状,而人的结构——由于我们缺乏神的自足,因而作为必然性的权宜之计——是不对称的。如果柏拉图没有在《理想国》中拒绝神人同形论，这并不是由于他尚未得出这一观点，毕竟这在克塞诺芬尼开启的哲学传统中已经根深蒂固了。毋宁说，将神想象为人形的错误，从教育的角度看是一个良性的错误，并且该错误实际上还很可能积极地鼓励人类去效仿他们的神性楷模。

另一方面，《理想国》中不断强调神之善所基于的明显原因，这里并不包括神学真理与教育权宜之计间的任何张力：正是由于神本质上是善的，才能使他们成为年轻人适宜的楷模。

这里我再提一个《理想国》中关于神作为道德范型的例子：苏格拉底坚持认为神不得做出任何类型的欺骗（381e–383a，比较389b–d）。为了达到这一结论，他以颇为令人惊异的方式给出一个特别的形式化论证（382a–e）：

（1）灵魂中的谎言，即相信虚假，是所有人都痛恨的。

（2）外在的言辞欺骗作为一种治疗（*pharmakon*），可以有积极的价值：

（i）可以将自己从敌人中解救出来；

（ii）可以将自己从行为不理智的朋友中解救出来；

（iii）可以用来讲述由于年代过于久远而无法获知的事件（即神话）。

但神并不需要（iii）：因为他们有知识。

他们也不需要（i）：（暗含的理由在382d11）因为神不会害怕。

他们也不需要（ii）：不理智的人不会是神的朋友。

为了当下的目的，我们可以不理会大多数细节，而只关注这个论证如何隐含地与人的目标是"尽可能"变得像神这个主题相关。第三卷有一处明显重提了第二卷中关于谎言的论证，我们知道即便是苏格拉底式理想城邦中的最好公民，即作为专家的统治者，有时也必须诉诸有意的欺骗（389b-d），作为政治"治疗"；与此形成对比的是，神却能够在不使用欺骗的情况下达成其目标。在接近第三卷结尾一段声名狼藉的段落中，苏格拉底讲了关于城邦起源的"高贵的谎言"，为了城邦团结而必须以某种方式让所有公民都相信它。

对这一极其引人注目的论题的一种可能解读是：需要有选择的欺骗，说明人类的"与神相似"注定停留于不完美状态；如果是这样，我们应当期待的就是人类与神圣范型的差距很大，这不是由于追求与神完全平等是不虔诚的，而是因为这完全超出了人类可以实现的范围。

然而，另一种解读是，这里所讨论的不完美性只是在**政治**生活的语境，这些统治者在政治生活中是理想化的范本。在《理想国》第七卷著名的洞穴比喻中，我们会了解到，对于那些离开洞穴的人而言，也就是获得了通达理智世界之理智途径并借此完成启蒙的人，他们最好的选择是待在洞穴外过一种沉思生活（519c-520e）。诚然，他们通常仍然也会选择过一种政治的生活，但这是一种遵从法律的次好生活；这种他们愿意做出妥协去过的生活，带来的幸福要少于纯粹沉思的最高生活（519d-520a）。（在521b9-10明确说沉思生活"比政治生活更好"。）如果他们可以在某种程度上保持为非政治性的沉思者，就有充分的理由假定他们的沉思生活是未妥协的真理之一。如果是这样，恰如其分地过一种沉思生活，就其抓住了真理而言是完全与神相似的，并且由于这个原因（当然还有其他原因），沉思生活优于政治生活。

《理想国》第二、三卷对谎言的讨论允许这两种解读，但基于一些理由（它们将在本章剩下部分逐渐清晰），我认为后一种读法才切中了柏拉图思考的要害。至于原因，我们可以从亚里士多德开始回溯柏拉图的思考。

在《尼各马可伦理学》X.7-8，亚里士多德对沉思生活和政治生活或公民生活做了最终比较。沉思活动以知识的纯粹运用为目的，对人来说是最幸福的；实际上这也是我们有信心将其归于神的活动。沉思活动带来无与伦比的享受。它在所有活动中是最终极和最完满的，因为它的价值不依赖任何更进一步的目的。沉思活动让我们接近自足状态，正如我们在第二章中看到的，这是神的定义性特征：它只需要最小限度的物质资源，若有必要，它能够保持在与他者完全隔绝的状态中。即便沉思生活不包含公民德性（如正义和勇敢）的运用，类似柏拉图的仍在洞穴外的哲学家的情境，①这也是有利于它的标识，因为在这方面沉思生活也就模仿了神的生活。将道德德性归于神同样是不能令人信服的，因为他们之间的正义暗示了神受制于彼此间的契约关系，这是不可信的；而勇敢的属性则暗示诸神会面临危险；如此等等（1178b7-21）。

许多学者不愿意承认柏拉图和亚里士多德会将纯粹的理智生活看作高于道德或公民活动，但是在我看来，将《理想国》第七卷和《尼各马可伦理学》第十卷结合起来，就会让质疑失去余地。更进一步，我们应该毫不犹豫地辨认出在这些文本中的自传性暗流。在《理想国》第七卷，哲学家有义务参与城邦的运行，仅仅是由于他们的哲学教育归功于城邦；但它也承认在现行的、非理想的城邦中，哲学家们并没有此类责任（520b）。很难不从这个免责条款中看出对苏格拉底和柏拉图的间接暗示，因为他们在雅典追求哲学期间，都过着最小限度的政治生活。

亚里士多德的情况有些不同。他在雅典的地位属于客籍（metic），也就是说，他是移民，公民权严重受限。如果他曾经想过公民生活，那么他就会留在他的家乡斯塔吉拉。但雅典是希腊世界的哲学中心，他17岁时为了在柏拉图学园中追求哲学而

---

① 比较《理想国》VII.518d，那里洞穴比喻给我们的一个教导就是，智慧的优越性高于道德德性。

移居雅典，这实际上就牺牲了公民生活而致力于智性上的实现。虽然亚里士多德在《尼各马可伦理学》花了十卷中的九卷篇幅来力荐公民德性作为人之自然的恰当实现，但我们也不用对此感到惊讶，尤其是想到他的许多学生都来自其他希腊城邦的精英家族，并将在合适的时候返回他们的城邦去参与治理。但如果我们问为何亚里士多德本人抛弃了这样的生活，离开斯塔吉拉来到雅典，答案就必定是他选择了一种更高级的活动，这种活动不仅仅实现了人的自然，而且完全超越了后者，将人提升到神的高度。

无论如何，亚里士多德像柏拉图一样，十分谨慎地说这种理想的人类生活不过是对神圣的接近（例如 1178b25-27）。神是不间断地沉思，但人类沉思者所能做的仅仅是间断性地沉思，不时被不可避免的人类活动打断，并且大概也限制在人类生命长度的范围内。出于该原因，亚里士多德的措辞令人惊奇：这种生活使得某人"在所能做的最大限度内获得不朽"（*eph' hoson endechetai athanatizein*, 1177b33）。沉思者的行为可能是**在其发生时**才达到最高实现，但神的不朽是永久的持存，恰恰是沉思者的行为所缺乏的。要明白亚里士多德为何选择了这样一个出乎意料的说法，我们必须回到柏拉图。

获得不朽

按照柏拉图的《蒂迈欧》,你通过使头颅中的理智与球形天空中的宇宙理智和谐一致而变得幸福。这种与神相似是人在其肉身存在阶段渴望的东西,也就是当我们每个人都是由一个身体和三部分灵魂组成的阶段。在这一具身存在(embodied existence)的阶段,我们每个人都不得不决定哪部分灵魂是我们真正的自我。那些追求放纵的身体快乐的人,将他们真正的自我等同于欲望灵魂;而竞争性的人,例如柏拉图《理想国》中的军人阶级,则将他们真正的自我等同于灵魂中的意气部分;通过这样做,这两种类型都将他们的身份置于某种道德性的和转瞬即逝的东西中。那些选择理智道路的人完全相反,他们将真正的自我等同于神性和不朽的部分,即理性灵魂;这样,他们就最大限度地获得了具身化的人所可能获得的不朽。

这样我们便可以回到亚里士多德对理智生活的描述:"在所能做的最大限度内获得不朽。"阐释的关键点在于柏拉图和亚里士多德思想间非常强的连续性。亚里士多德也像柏拉图一样,不仅将理智(nous)看作人的神性部分,并且在《论灵魂》中声称这部分是不朽的(I.4.408b18-19),或者至少在理智主动性的方面是不朽的(III.5.430a23)。因此亚里士多德所说的"在所能做的最大限度内获得不朽"就精确地重现了柏拉图"尽可能变得像神"的含义及其理论前提，尽管他没有使用柏拉图的措辞。要理解亚里士多德，我们必须提醒自己他在很多方面是一个柏拉图主义者，尽管是一个非常独立的柏拉图主义者。对他来说（正如对柏拉图来说一样），人生可以获得的最高程度的不朽都在于使灵魂中的理智部分成为真正的自我。

柏拉图与亚里士多德之间进一步的一致在于，他们都将形式性的声明建立在最高形式的"幸福"，即 eudaimonia 之上。在柏拉图那里，这一点是通过一个词源上的暗示来加强的：人的理智居于我们身体的最高部分，因而最接近其属天的起源（《蒂迈欧》90a），那是我们自己常驻的神灵（daimōn）或神。前缀 eu（好）被加在 daimōn 前，形成了 eudaimonia（幸福），表示你自己内在的神灵，即理智，处于有序的良好状态。

而亚里士多德则在他自己的相应段落中明确讨论了理智生活，与建立在道德德性上的政治生活相对照。他并不否认在实践中沉思者有时会被迫做出道德行为（《尼各马可伦理学》1178b5-7），但他从未暗示这一道德行为会给与神相似的沉思生活带来任何附加价值。相反，它是某种仅仅属人的、会不可避免地打断沉思生活的活动。

那么与神相似就没有任何道德性的成分了吗？按照亚里士多德《尼各马可伦理学》第十卷的说法，确实一点都没有，正是"与神相似"将沉思生活与道德生活区分开来。在柏拉图的《蒂迈欧》

中也同样没有。这么说并不表示要否定《蒂迈欧》中归给道德之善的积极价值，而只是将其和"与神相似"的论题区别开来。一个关键文本是《蒂迈欧》41d-42e，即蒂迈欧第一次对灵魂转世的描述。他说到了一条原则：那些克服了具身阶段所出现的困难而过着"正义"（*dikēi*, 42b2）生活的人，死后就被允许返回到他们的母星，享有"幸福的生活"（*bion eudaimona*, 42b4）。这里过着"正义的"生活无疑更是一种道德实现，而不是理智实现，并且应当得到回报。但没有任何暗示表明这一回报是"尽可能变得像神"，在柏拉图和亚里士多德那里，"与神相似"都被看作是在具有肉身的人类生活中所能获得的成就；相反，此处"幸福生活"的回报是**死后**提供给理性灵魂的，也就是在理性灵魂脱离了身体之后。换句话说，柏拉图绝不是有意贬低道德自我实现的价值，但在《蒂迈欧》中他坚定地将其和"与神相似"区分开来，后者是一个达到高水平实现的人在其肉身生活中可以希冀的。

道德上与神相似？

尽管在将人的"与神相似"等同于严格的理智实现方面，柏拉图的《蒂迈欧》可以和亚里士多德结为同盟，但故事并没有那么简单。我们之前说过，至少在《理想国》第二、三卷，柏拉图无疑将神设想为道德榜样。这一想法在他的晚期著作中完全消失了吗？当然没有，因为在古代最著名的"变得像神"的段落就包括一个独特的道德线索。那便是《泰阿泰德》176a。

《泰阿泰德》176a 的上下文是在批评相对主义。主要发言人苏格拉底展示了普罗塔戈拉（Protagoras）所支持的那种整体性的相对主义，也就是他著名的"人是万物的尺度"，是经不起仔细考察的；它不能成功地应用于依赖专业知识的领域，也不能应用于自身。但苏格拉底又补充说，还有一种局部性的相对主义，也就是一种关于特定价值的相对主义，它为那些并非完全跟随普罗塔戈拉的人所采纳。这些人接受什么事物是有益的并非由每个个体决定的观点；但他们区分出第二级的、与文化相关的价值领域，在这个包括正义的事物、合法的事物、美和神圣的事物的领域中，普通人是真理唯一的尺度，这些被广泛相信的价值随本地文化而变化，并且在不同城邦之间有着根本的不同。

在随后的一段"离题话"中（172c–177c），苏格拉底的目的是表明即便是这些价值——最显著的便是正义，这是他主要关注的例子——实际上也是绝对而非相对的。他的方式是通过将正义的表面相对性描绘为公民环境（特别是法庭）的人工制品，修辞术的广泛使用以及对论证的时间限定，都没有为绝对正义留下空间。相反，他将真正的哲学家描述为真理的寻求者，他们已经完全脱离了这种公民语境，并且不受限于时间和偏狭的个人视角。这种脱离的巅峰就是哲学家的理智从败坏的公民环境中逃离，并被引向神圣领域。而这么做，理智就会变得"尽可能像神"（176a）。人们或许会认为，这种从政治和法律世界到神圣领域的逃离，与从政治德性到理智德性的转变一致。但我们得到了一个惊喜，苏格拉底是这么说的（176a-b）：

> 特奥多罗斯（Theodorus），恶是不可能被消除的——总有某些与善相反的东西存在，同样恶也不在神之中。出于必然，有死者的自然与我们的周遭都为恶所萦绕。这就是我们为什么也应该尽快从这里逃离到那里的原因。逃离也就是尽可能地变得像神，**变得像神也就是变得正义和神圣**，并且伴随着智慧。

因而逃离到与神相似的状态，绝不是要放弃作为公民德性范例的正义，而正是获得真正正义的途径。这能说明什么？

首先，我们必须注意正义与神圣之间的不对称性。为何变得像神是变得正义，其原因在于神是正义的完美范型，正如苏格拉底继续说的（176b-c）：

> 让我们这样来说明真正的原因：神绝不可能在任何方面不义，而是最大的正义；没有什么比尽可能变得正义的人更像神了。

但哲学家的"正义"为何能建立在自我疏离于法庭和其他公民机构之上？在上下文中，这个答案需要联系柏拉图在《泰阿泰德》离题部分的探索主题来看，即让正义摆脱相对主义的污染。在公民语境中，对某一党派而言、从某一视角来看或者在某一社会中的正义，注定对于另一党派、另一视角或者另一社会来说是不义的。这种相对化满足了柏拉图形而上学的一个基本原则，根据该原则，我们发现可感世界中每一个相反者的属性都相随于其相反的属性。我们通常期待当柏拉图被问及如何能够摆脱这种相对化时，会指出正义的**理念**是纯粹正义的范型。但是在《泰阿泰德》的"离题话"中，理念是缺席的（原因很复杂，也不清晰，而且必将耽搁我们目前的研究）。在这里，道德范型的位置被归于完全正义的神。正如柏拉图晚期对话《礼法》中的主要发言人在716c所说的（这一段明显指向了《泰阿泰德》的"离题话"）："万物的尺度是神，那最卓越者，而不是像有些人宣称的那样，是某个人。"柏拉图在正义问题上的具体观点，正如我们所猜测的，是真正的正义要求完全的不偏不倚（impartiality），而这绝不可能在公民环境中获得，它需要的是一种唯有神才完全拥有的疏离状态。

现在我们面临的困难是确定如此理解的人类"正义"仍然是道德德性，还是已经变成了理智德性？在"离题话"中，实现了与神相似的哲学家被描述为处在完全不问世事的状态中。他不仅不知道去法庭或公民大会的路，甚至不知道他自己不知道这一点（173c-e）。他几乎不去注意他的邻居是不是人，而专心致力于"什么是人"的纯粹理论问题。他也对"我对你行了什么不义，或者你对我行了什么不义"这样的实践性问题不感兴趣，而只对正义与不义本身的定义感兴趣（175c）。

显然，这种与物质和社会世界疏离的程度，使哲学家很难履行城邦中的任何行政角色。事实上，一方面，他毫无疑问像洞穴比喻中出逃的囚徒，他在洞穴外新发现的理念世界中能够清晰地观看，却因此在城邦中变得无用，后者由火光照亮的洞穴世界所代表；另一方面，在《理想国》第七卷我们也得到保证，出逃的囚徒最终能够使他的眼睛重新适应洞穴内部，继而也将成为政体中的真正有用之人（520c）。

那我们对《泰阿泰德》"离题话"中"与神相似"的哲学家能够说些什么呢？我们可以说，一方面，目前他与神相似的"正义"状态本质上是一种理智性的领会，不存在政治现实上的直接应用；另一方面，也正如返回洞穴的出逃的囚徒一样，至少在理论上他是能够将正义应用于政治问题的，并且这样做时他会启动自己与神相似的不偏不倚性，而这是城邦中无法摆脱相对化的"正义"不可能教给他的。这样"与神相似"首先就是去政治化的理智状态；但柏拉图也不希望我们完全忘记这种状态潜在的道德应用，即便不是在苏格拉底和柏拉图的雅典应用，至少也可以在一个理想城邦中应用。

为何真正"与神相似"的正义会要求哲学家疏离于城邦？其中一个原因无疑是由于演说家总是为时间限制所累，特别是由于水钟（water-clocks）在法庭上的使用。相反，哲学家不受这样的限制，他们用尽所需要的时间去追寻每个论证的结论。尽管这里并没有明言，但我们或许可以猜想，神之不朽性所起的作用正是提供不受时间限制的范型。

尽管如此，我们已经看到将"与神相似"的典范与特别是模仿神之不朽联系起来的充分理由。《蒂迈欧》90b-c 和《尼各马可伦理学》X.7 均提供了沉思者获得不朽的一个面向，即通过将他真实的自我等同于不朽的理智，而非等同于他灵魂的可朽部分。

但是还有另一种追求不朽的方式，亚里士多德在《论灵魂》II.4.415a26–b7 做了很好的总结：

> 生物最自然的功能……是生产出与自己相像的另一个，一个动物生出一个动物，一个植物生出一个植物，其目的是在它们所能的方面分有永恒和神圣。因为这是它们的全部追求所在，它们所有的行为都是为着这个目的……因此，既然它们不能通过持续存在来分有永恒和神圣，因为没有任何有朽的事物可以在数量上保持同一，它们就以自身可能的方式分有永恒和神圣，某些分有得多些，某些分有得少些；并且，它们所保持

的是与那个个体相似，而不是保持为那个个体本身，即不是保持数量上的同一，而是保持形式上的同一。

亚里士多德准备将与神相近的追求通过自然等级向下追踪到低于人的层面，不仅是较低的动物，甚至是植物；在其他地方，他甚至进一步将这追溯到四种简单物（即土、水、气、火）的周期性变化上。在自然中，**任何事物**，都在某种程度上模仿着神的持续存在，无论它多么弱小。这就与亚里士多德对神的因果力量的看法一致了，他将神作为**激发**了周期性变化的爱欲对象，而周期性变化则是对神的永恒现实性的接近（《形而上学》XII.7）。

柏拉图在《会饮》中借狄俄提玛之口说，动物通过生殖来追求不朽（207c-208b），这在很大程度上预示了亚里士多德的论题。然而他们关于自然世界相同的根本洞见，可以让我们将关注转回到专属于人的与神相近上。狄俄提玛继续说，一些人爱欲的目标是延续自身，但不是在粗鄙的生物学意义上，而是在获得不朽的名声上（208c-e）。灵魂的孕育高于身体的孕育，前者寻求的是生育德性、永恒的艺术作品和持久的法律（208e-209e）。这些产品有实质性的伦理和政治内涵，而这些人可以希冀通过它们获得自身的延续。但是当狄俄提玛推进到"更高的密仪"（209e-212a）时，即人类向不朽化的最后上升阶段，理智活动与道德活动的区分就变得更加难以维系了。一方面，正如我们已经看到的，最高成就者"生育真正的德性"(212a),对于这类被神青睐的人,"不朽也就属于他——如果不朽可以属于任何人的话"。另一方面,这一状态被说成不属于任何人际间的成就,而是作为一系列理智发展的结果,在与一个理念——美本身——的直接接触中达到顶峰。虽然这里有许多东西无法简单阐释,但仍然很容易得出以下结论:人类不朽化的最高形式正好就在道德成就和理智成就的边界上,这非常类似于《泰阿泰德》中"与神相似"的特征似乎首先是理智性的,但也被等同于"变得正义"。

我们或许可以将此称为与神相似的"汇合"(convergence)模式,① 它为统一柏拉图多处关于"尽可能变得像神"的说法提供了一个很好的模板。当人向"与神相似"的顶峰上升和汇合时,道德考量是第二位的,而理智的自我完成是支配性的。但是如果降低等级,一种较少程度的"与神相似"或许可以通过较少的理智途径获得。因为柏拉图确实在一些例子中(我视为非典范性的例子)论及了道德型的"与神相似"。一个著名的段落是《理想国》X.613a-b:"因为诸神,无论如何不会忽视这样的人,即那些愿意努力去变得正义的人,以及那些通过实践德性变得尽可能地像神的人。"一个平行例子是《会饮》中提到,通过创制法律可以获得某种程度的不朽。如果再降低等级,我们就会发现一种仅仅由生

---

① 可以比较 Gabriel Richardson Lear, *Happy Lives and the Highest Good*, Princeton, 2004。按照她的解释,亚里士多德认为政治生活的奖赏包括接近沉思生活。

物繁衍带来的生存意义上的不朽。

柏拉图在《斐德罗》中的神话，也展现了非典范性的"与神相似"。柏拉图在那里（252c–253c），不同寻常地将不同的神呈现为代表不同品格的范型。每个爱者都有一种品格，模仿的是（当然是"尽可能地"）他所追随的那个神。例如，阿瑞斯的追随者就是典型的报复型品格，而宙斯据说能激发哲学和领导力，赫拉则是忠诚品格的典范。这一宗教象征主义在此处被苏格拉底用来解释爱欲的选择：每个爱者所追求的被爱者，也都如此去追随和培育自己灵魂中的同样的神。此处"与神相似"的等级体系是在较低的层面运作：一方面，所模仿的对象首先是道德的，基本上是非理智性的品格，就暗示了这一点；另一方面，这个神话把不同的神区分成代表不同的，甚至是相互竞争的道德理想，也进一步证实了这一点。后一方面的观点与古典时期的宗教一致，这在欧里庇得斯的《希波吕托斯》（*Hippolytus*）中有令人难忘的展示，但却与柏拉图所坚持的哲学立场，即神之善的同质性，有很大的张力。①

---

① 这种神之善的同质性是《欧叙弗伦》强烈暗示的，并且就我所知并不与柏拉图的任何其他段落相冲突。

尾　声

　　柏拉图和亚里士多德在很多问题上意见不同，但他们师生在"与神相似"这一点上却有着重要的共识。尽管他们都支持有德性的公民生活是朝向人类幸福的首要路径，但他们也都认为自己选择的另一种生活，即哲学探究的生活，有更大的价值。他们决定将后一种生活称颂为神圣的。这可能看起来像一种不太体面的自负，但他们始终坚持的附加条件至少淡化了这种印象，这种附加条件便是我们一定不能希求与神相等，而只能希求"尽可能"与其相似。同样，我们也不应该忽略柏拉图和亚里士多德提出这一理想的原因。他们共享着两个深刻的信念：一个是理智的纯粹运用是所有活动中最完满的实现；另一个是这一理智运用不仅最小限度地使用了我们特别属人的东西——我们的身体、我们的欲望、我们对社会同胞的依赖，而且将最大价值归于与神圣相系的属性，特别是智慧和自足。根据古希腊神学思想普遍支持的标准，柏拉图和亚里士多德的生活的确接近神的生活。

第四章 无神论

无神论者的缄默

公元前399年，苏格拉底正在接受审判。对他的指控包括拒绝承认雅典所供奉/信仰的神，以及引入新神。在柏拉图对苏格拉底审判的想象性重构中，苏格拉底这样质询了他的原告梅里图斯（Meletus）：

> 我不知道你的意思是不是我教人们承认（*nomizein*）某些特定的神的存在，所以我确实承认神的存在，因此我绝不是一个无神论者（*atheos*），在这点上我是无罪的；但是这些神并不是城邦所承认的神，因而你指控我承认不同的神；还是你说我拒绝承认所有的神，并把同样的观点教给别人？（柏拉图：《申辩》26c）

梅里图斯选择了第二个选项，鲁莽地将指控转变彻头彻尾的无神论。在苏格拉底的上述说法中，我们发现了所有西方语言中

"无神论者"一词的首次出现。形容词 atheos 在此之前便有其字面含义"无神的"（godless），但自此以后它开始获得一个附加的名词功能，即表示那些支持这样信条的人，即无神存在。因而最终它就需要一个同源的抽象名词 atheotēs，即无神论。[①]

一个密切相关的用词问题关系到苏格拉底在同一段中使用的另一个希腊词，即动词 nomizein，字面含义是"相信"，在上文中勉强译为"承认"。当"神"作为其宾语时，它的语义范围无法在"供奉"神的外在实践与"相信"神的内在状态（也就是相信神的存在）之间做出区分。"不承认（那些）神"是今天我们提到无神论者时喜欢用的表达。但在当时，相较于其宗教仪式面相（即不参与敬神活动），其存在论面相（即否认神的存在）较少得到强调。因而上面引用的段落就显得不同寻常，柏拉图在其中明确加入了不承认神存在的意思。

在古希腊，不承认诸神是原则上应受惩罚的罪行。例如，公元前430年，狄奥佩提斯法令（the Decree of Diopeithes）宣布"不承认神圣存在者"（ta theia mē nomizein）非法，在那之后对神的承认就受到雅典法律的保护。据说这一时期有人依据该法律指控了自然哲学家阿那克萨戈拉，因为他竟然敢说太阳不是通常相信

[①] 我使用"无神论者"和"无神论"都是在这个意义上。假如现代作家不是在它们的现代含义上使用这些术语，而是在从前更宽泛的意义上使用 atheos，那么就有造成混乱的危险；存在这种危险的最显著例子便是 T. Whitmarsh, *Battling the Gods: Atheism in the Ancient World*, New York, 2016。

的神，而是一颗红热的石头。"某某将太阳称为石头"的模糊表达就变成了对无神论者的标志性指控。实际上，梅里图斯下一步就是这样指控苏格拉底的（《申辩》26d）。

尽管阿那克萨戈拉有关于太阳的自然哲学解释，他实际上并**不是**无神论者，至少不是公开的无神论者。甚至直到公元前5世纪末，我们都无法说出任何一个无神论者的名字。阿那克萨戈拉描述了由"理智"（nous）引发的宇宙创造过程，理智拥有神的显著特征。阿那克萨戈拉似乎确实有意避免将其称为神，但也没有任何证据表明他明确否定了其神性。从公元前6世纪早期的泰勒斯（"万物充满诸神"）到公元前4世纪初苏格拉底去世，哲学家一直默认，一个或多个神，被荷马和其他早期诗人错误地设想为神人同形的存在；如果经过恰当地重新解释，他（们）应当是宇宙中真正的因果性力量。

那么活跃在公元前5世纪晚期和前4世纪早期的原子论创始人德谟克利特怎么样呢？他认为除了无生命的原子和虚空，便**无物**存在，他是一个无神论者吗？实际上德谟克利特并不像有些人认为的那样支持无神论，他将神看作由原子组成的、模糊的生命体，它们能够造访我们的梦境，并且能够做出对我们有益或有害的事。为何德谟克利特没有成为众人中迈出最后一步，将神彻底从其存在论中清除出去的人呢？① 部分答案无疑与无处不在的宗教经验有关，正如梦中的神显（divine epiphanies），以及浸润于的宗教实践、神话叙事和圣像文化。德谟克利特可能甚至从未考虑过这些神的形象实际上是幻象的看法。另一个因素与社会性的，甚至是法律上的谴责有关，正如狄奥佩提斯法令所显示的，若未能培育那些城邦福祉所系的神祇，便会受到这种谴责。因而公开宣称无神论的就不仅是理智上的决定，而且是一项需要很大勇气的行为。

在柏拉图的最后一部作品《礼法》第十卷中，包含着对以下三种观点的长篇反驳：（1）无神论；同时还有其他两个异教立场：（2）诸神存在，但对我们毫无兴趣；（3）尽管诸神对我们感兴趣，但我们可以用祭祀和其他贿赂来买通它们。《礼法》的写作时间大致是公元前350年，但它所包含的长篇对话的戏剧时间则无法确定，可能和大多数其他柏拉图对话一样是公元前5世纪晚期，也可能是公元前4世纪中期。《礼法》表明在其戏剧性对话发生的时候，无神论正在雅典广泛流行。柏拉图的主要发言人，即那位雅典的陌生人说，在他所来的地方，无神论在青年人中很时髦，而这些

---

① S. Trépanier, "Early Greek Theology: God as Nature and Natural Gods," in J. N. Bremmer and A. Erskine eds., *The Gods of Ancient Greece: Identities and Transformations*, Edinburgh, 2010, pp. 273-317 很好地说明了这一点，他写道："如果德谟克利特自己没有公开拒绝诸神，他无疑也是第一个有办法这样做的人。大约七十多年后，当柏拉图在《礼法》X.888a 攻击那些无神论者时，如果他指控为拒绝诸神的那些人不是最初的原子论者……那么无论他指控的是谁，他们也肯定读过德谟克利特。"（p. 317）

青年人则依赖各种书面作品的权威。那么，这些无神论者是谁呢？

最早的无神论者名单

古代无神论者的标准名单的最早形式据说要归给公元前4世纪晚期的伊壁鸠鲁，这份名单包括普罗迪科斯（Prodicus）、迪亚戈拉斯（Diagoras）和克里提亚斯（Critias）。据报道，伊壁鸠鲁在他著名的作品《论自然》第十二卷中怒斥了这三位，质问他们是否精神错乱。① 很多学者认为这份名单是伊壁鸠鲁自己的发明，但这是不对的。伊壁鸠鲁的神学（正如我们将在之后看到的）部分地建立于"普遍共识论证"（*consensus omnium*）的基础上：他坚持世界上的所有人都分享着对神的信仰，因为神的知识是"自明的"。因此甚至一两个无神论者的存在对伊壁鸠鲁来说都是一种耻辱，他没有任何动机为所有人类都相信的神的普遍原则寻找例外。反之，我们必须认为确实有一种历史传统，**存在**这些自称为无神论者的极少数例外。伊壁鸠鲁试图边缘化这些反对者，并宣称他们疯了，即缺乏人类理性的某些本质特征。②

这样看来，似乎是伊壁鸠鲁之前的某个人收集了这份无神论

---

① 菲洛德穆斯（Philodemus）：《论虔诚》（*On Piety*）19栏（D. Obbink, *Philodemus, On Piety, Part I*, Oxford 1996, pp. 142-143）。

② 关于这一点，参见 Obbink, *Philodemus, On Piety, Part I*, p. 356。

者的名单。尽管我们没有直接证据，但一个明显的候选人无疑是特奥弗拉斯托斯（Theophrastus），他是亚里士多德的弟子和继任者。伊壁鸠鲁在同一部作品的其他地方似乎引用过他的学述作品（doxography，即关于哲学与科学著作的收集与分类）。① 是什么促使特奥弗拉斯托斯去收集无神论者的名单呢？柏拉图在《礼法》中曾坚持无神论有很多信徒，特别是在雅典，因而一些领头的无神论者已经以某种方式得到了确认。这份以普罗迪科斯、迪亚戈拉斯和克里提亚斯（这三位都活跃于雅典）为首的名单，或许是特奥弗拉斯托斯所能收集到的最佳名单；尽管这份短名单中每位的无神论者身份，都并非毫无争议。②

只有很少的证据支持智者普罗迪科斯宣称过自己是无神论者。③ 他被纳入这份名单原因在于他的理性化猜想：他认为诸神的起源是对一些有特别价值的用品的神明化（deifications），如谷物和酒；同样，也起源于对伟大的人类施恩者的神明化。对前一个论题，即神明化的用品，我们不必解释为否定神的存在。因为比伊壁鸠鲁年轻些的同时代人斯多亚主义者波尔塞乌斯（Persaeus），也采纳了普罗迪科斯的同一论题，但他同时坚持有

---

① 参见 Sedley, *Lucretius and the Transformation of Greek Wisdom*, Cambridge, 1998, ch. 6。
② 参见 M. Winiarczyk, "Methodisches zum antiken Atheismus," *Rheinisches Museum*, vol. 133 (1990), pp. 1-15 中的看法。
③ 参见 C.H. Kahn, "Greek Religion and Philosophy in the *Sisyphus* Fragment," *Phronesis*, vol. 42 (1997), pp. 247-262。

神论哲学。这种将用品神明化观念的遗产，在公元 1 世纪的斯多亚神学作家康纳图斯（Cornutus）那里也依然存在。比如说，我们先辈在将作物等同于女神德墨特耳（Demeter）时，是承认真正神性力量的表现。色诺芬和柏拉图在作品中讨论普罗迪科斯的方式，使我们很难相信普罗迪科斯在他的时代就已经被看作无神论者了。而更容易让人信服的是，普罗迪科斯是在死后才被纳入无神论者的，为的是帮助填补这份名单的空白。

　　无神论名单中的第二位是迪亚戈拉斯。在他的时代（公元前 5 世纪晚期），迪亚戈拉斯就已经作为 *atheos* 而为人所知了。然而，这个词的基本含义是"没有神的"（godless），学者们越来越倾向于同意，人们最初说迪亚戈拉斯是 *atheos* 正是在这个意义上的，即反对他嘲笑密仪时所表现出来的缺乏宗教性，而不是任何关于神之存在的正式立场。

　　名单中的第三位是克里提亚斯，他最著名的身份是柏拉图的舅舅，也是公元前 404 年雅典邪恶的军事集团"三十僭主"的成员，并因此臭名昭著。伊壁鸠鲁作品中包含将无神论者归给克里提亚斯（而不是归给欧里庇得斯）的最早证据，那便是我们所称的《西西弗斯》残篇（Sisyphus fragment）。在该戏剧片段中，发言者解释了宗教作为政治手段的起源：神被发明出来，为的是让潜在的不法之徒相信他们正处于 24 小时的全天候监视下。一些人正确地指出，不能认为剧作家赞同他们笔下角色所表达的所有观点，因而要给克里提亚斯贴上无神论者的标签，单靠这个证据就是不够的。我认为情况要比这复杂得多，并且取决于有关《西西弗斯》残篇作者身份问题的争论，我之后还会再回到这一点。

早期无神论者的名单中不再有其他名字了。但开头的这三个名字至少也让我们对无神论在公元前 5 到前 4 世纪已经是一个正式确立的哲学立场感到沮丧。伊壁鸠鲁的名单中可能还有伟大的智者普罗塔戈拉，这更加剧了我们的沮丧之情。根据后来的伊壁鸠鲁主义者奥伊诺安达的第欧根尼（Diogenes of Oenoanda）①的说法（16 II-III Smith），普罗塔戈拉宣称的宗教不可知论（agnosticism）让他被等同于无神论者。将不可知论等同于无神论并不像初看上去那么愚蠢：因为对于一个伊壁鸠鲁主义者而言，神都是自明的，任何声称不知道**是否**有神存在的人都足够精神错乱，因而才会去否认这一人类觉知的基本事实；这种精神错乱为十足的无神论者所共享。无论如何，如果普罗塔戈拉也被列入了伊壁鸠鲁的无神论者名单，那么就再次凸显了这份名单缺乏证据确凿的无神论者。

---

① 奥伊诺安达的第欧根尼是公元 2 世纪的希腊人，他将一份关于伊壁鸠鲁哲学的总结刻在了古希腊利西亚（Lycia，今土耳其西南部）奥伊诺安达城的门廊墙上。现存的墙体残片最初延伸约 80 米，碑文用希腊文写成，原长约有 25000 字（现在已经复原的不到三分之一），阐述了伊壁鸠鲁关于物理学、认识论和伦理学的理论，构成了我们如今认识伊壁鸠鲁哲学的重要来源。如今我们阅读这些内容的基本资料是由史密斯（M. F. Smith）编辑和翻译的 *Diogenes of Oinoanda: The Epicurean Inscription,* Napoli, 1993。——译者注

柏拉图的证据

柏拉图在《礼法》第十卷将无神论作为破坏公民共同体的主要来源，用大量篇幅讨论如何用立法来反对它，如何用形式化的论证来打击它时，他难道是在攻击一个稻草人吗？我们很难这么认为。我们来考察一下《礼法》中无神论的靶子是如何被引入的（885e7-886c1）：

[克（克利尼亚斯）（Clinias）] 陌生人，真心实意地说诸神存在，难道不是很容易的事吗？

[雅（雅典陌生人）] 如何容易？

[克] 首先，大地、太阳、星星与所有那些东西，还有季节的更替，都是精心安排的，并以年和月标记。事实上，每个人（无论是希腊人还是野蛮人）都相信神的存在。

[雅] 恐怕——我并不认为这么说令人难堪——无耻之徒会嘲笑我们。因为你俩不知道他们争执的原因，你们得想象正是由于他们不能控制快乐和欲望，他们的灵魂才过上了不虔诚的生活。

[克] 除了这些，还有其他原因吗，陌生人？

[雅] 某种你们几乎完全不会意识到，逃脱了你们注意的东西，因为在你们的生活中没有它。

[克]你指的是什么？

[雅]一种可怕的无知类型，将自身表现成最大的智慧。

[克]你是什么意思？

[雅]在我们那里有成文的谈论诸神的文本，其中一些有特定格律，另一些则没有。照我的理解，拜优良的制度所赐，你们的城邦中不存在这些东西。

请注意在对无神论者的刻画中，有三个特征反复出现。

第一，克里特的克利尼亚和斯巴达的麦吉鲁斯（Megillus）在各自的家乡没有遇到过这一运动或作品。但雅典人在雅典遇到过这些无神论者，这点在随后他对青年无神论者的评论中得到了明确（888b6-c3）：

你和你的朋友并不是第一个对神有这样看法的人。患这种病的人总是有多有少。我遇到过许多这样的人，因而有资格告诉你们，没有任何一个在青年时期认为神不存在的人，会一直坚持着这样的看法到老。

很难怀疑柏拉图是有意将无神论描绘为一种在雅典特别盛行的信念。①

---

① 《礼法》XII.948b-c 也确认了无神论近来在雅典的兴起，它被归因于神的存在不再"显而易见"（948b5）；但在上古时代，大多数人自己就是神的后裔。

第二，我们看到无神论将自身展示为一种新的"智慧"，雅典陌生人带着嘲笑的口吻多次提到这一点（886d3, 7; 888d8-e2, e8; 890a3）。

第三，一个令人好奇的细节是，这种新"智慧"的权威们以散文或诗歌传播他们的观点（886b10-c1）。

在这里（从886c2开始）出现了短暂的离题。雅典陌生人将谈话从新兴的无神论思潮转向对古代人做出温和的批评，也就是批评赫西俄德和其他神谱（关于神圣家族的神话历史）的作者。他认为这些古代作者的价值颇富争议，那是因为他们写出了诸神伤害和侮辱父母的故事，而这些故事是错误的并带有道德上的破坏性，所以这些作者必须受到批评。因此，前面提到的散文和诗（至少是诗歌作品）就很可能是指这些早期神学作者。然而，情况并非如此。这些在散文和诗中传播的观点，之后伴随着无神论的新思潮被再次提及，正如在890a2-3所说："所有这些观点，我的朋友，都能在年轻人中找到。他们来自有智慧的人，既有散文作家，也有诗人。"

因而陌生人就明确地回到了无神论者，现在的焦点不是这场运动的支持者或同情者，而是其权威（886c8-e2）：

> 关于古代人，我们就谈到这里，我们要按照神喜爱的方式谈论事情。但对新一代智慧者的作品，要让它们作为众害之肇

因经受批评。这就是这些人所说出的话的效果。当你们和我陈述诸神存在的证据,并提到太阳、月亮、星辰和大地这些东西是神且有神性时,如果人们被这些智慧者说服,他们就会说这些东西是石头和土,并且没有关照人类事务的能力;他们还会说,这些信念是由于乔装打扮才有说服力的。

陌生人在这里和其他地方都强调了这群无神论者是晚近的。比较是在他们与古人(如赫西俄德)之间进行的,但这并不必然暗示比较的双方是真正的同时代人,相反,给人的印象是他们的影响首先是一种当前的影响。我们不知道《礼法》的戏剧时间,但即便有,它能告诉我们的也不过是柏拉图所说的无神论权威活跃于公元前5世纪晚期或者前4世纪上半叶。但这本身就是相当重要的证言。

当这位雅典陌生人提到无神论者数量众多时,我们可以允许其中有某些夸张的成分,但却很难认为这完全是柏拉图的虚构。在我看来,他很明显是在描述一种在雅典亲历的思想潮流。但最强有力的支持还是来自他所引用的无神论理论的内容;那些理论完整清晰且充满哲学上的复杂性,并且在某些地方也具原创性。把这些证据放在一起,让我们很难同意学界的一个共识,即认为归于无神论者名下的理论是柏拉图自己兼容并蓄的作品,是柏拉图从各种哲学材料中拼凑而成、便于攻击的靶子。① 我将很快回到这一归于无神论者名下的理论的内容。

的确，在之前如《普罗塔戈拉》《高尔吉亚》《会饮》《理想国》和《斐德罗》等作品中，柏拉图展现了他在创作固定套路讲辞（set-piece speeches），并将其放入他极不同意的知识分子口中的才能。但是，归于无神论者的理论不在这一传统中；相反，它由柏拉图的代言人以总结的形式呈现出来，并且以鄙夷的表达完成。即便对于那句柏拉图为加强无神论者的观点而插入的不太可能的假设，② 也毫无疑问表达了一个得到实际宣扬的观点。

匿名性

尽管柏拉图为毋庸置疑存在一场无神论运动提供了明确的证据，但我们仍然无法叫出其拥趸和权威的名字。这并非偶然。在古典时期的雅典，宣称无神论对公众知识分子来说是很危险的；在这个时期以外无疑也是如此。不虔诚总是让敌人有起诉的可乘之机，而否认诸神存在则相当于公然欢迎这种指控。在

---

① 持这一观点的例子太多，无法一一列举。有些学者认为《礼法》891c8–9 处"所有研究自然的人"表明这个靶子是不同思想家的混合；但是这些措辞并不是严格指向无神论者，而是指向一个更大的群体，即所有认为灵魂后于（posterior to）物理元素的人。

② 指上引《礼法》段落中最后的假设句："如果人们被这些智慧者所说服，他们就会说这些东西是石头和土，并且没有关照人类事务的能力；他们还会说，这些信念是由于乔装打扮才有说服力。"——译者注

雅典，公元前 430 年的狄奥佩提斯法令给那些不敬诸神（τὰ θεῖα μὴ νομίζοντας）的人，甚至是提出天体现象科学理论的人（参见普鲁塔克［Plutarch］：《伯利克里》［*Pericles*］32.2），带来了不虔诚指控的风险。关于雅典对不虔诚审判的各种报道——如对自然哲学家阿那克萨戈拉、智者普罗塔戈拉、剧作家欧里庇得斯的审判——无论是真实的还是虚构的，这些轶事的大量存在仍显示出，即便在启蒙时代，一个人也可能由于挑战甚至只是**某些**传统神祇的存在而被起诉。公元前 399 年苏格拉底被成功起诉正是这样的例证，对他的指控包括否认城邦的神。

因此我们就有充分的理由认为，即便存在持无神论的理论家，他们在宣称之前恐怕也都会反复斟酌。这样看来，如果无神论是通过戏剧人物的言辞来探讨的，而不是由某个哲学家以自己的名义来捍卫，我们一点儿也不应该感到惊讶。这进而要求我们去重新审视《西西弗斯》残篇中的无神论叙述。被当作这部作品作者的克里提亚斯被纳入无神论者的名单是一种信号，与其说这显示出这份名单的编纂者是多么不称职，不如说暗示出借助戏剧角色发声确实是古代世界最安全地探索无神论观点的媒介。宣称自己持无神论的理论家可能凤毛麟角，但无神论的暗流似乎确实存在。在雅典，无神论者的声音已经大到让柏拉图忧虑的程度，并促使他支持对马格尼西亚（Magnesia）的无神论颁布禁令。

在假设存在这一无神论的"暗流"时，我主要想到的是这些权威作者的谨慎，也就是被柏拉图的代言人嘲讽为"智慧人士"的作家们的谨慎态度。但更进一步的问题是，在雅典那些无神论的追随者需要隐秘到什么程度？柏拉图并没有给人他们的无神论是完全隐秘的印象。例如，我们更可能想到的是与柏拉图同时代的雅典社团 *Kakodaimonistai*（或"不幸俱乐部"），它通常会给据说有不祥征兆的日子制定私人晚餐，目的是拿诸神和法律开心。① 不难想象这类团体为上述无神论观点的交流和发展提供了一个半私人性的环境。

关于这场运动的作品以什么样的形式传播，是个棘手的问题。柏拉图心里肯定想着某些文本，因为他明确说它们有散文和诗歌的形式。认为《西西弗斯》残篇或包含它的更长文本（甚至可能是整部作品）是这些诗歌中的一部是很稳妥的。此外，由于其作者身份的归属在克里提亚斯和欧里庇得斯之间摇摆，说明这部作品很可能是以匿名形式传播的。而关于他们中的谁才是这部作品的真正作者，有一场旷日持久且至今悬而未决的争论。我自己的怀疑是，他们两人可能都不是作者。归属不明的作品很容易被认为是出自欧里庇得斯之手，特别是任何表达了某种危险宗教观点的作品，因为这被认为是他的特点。而将其归给克里提亚斯

---

① 参见"吕西阿斯"（Lysias），来自阿特奈乌斯（Athenaeus）:《智者之宴》（*Deipnosophistae*）12.76.15-29.（阿特奈乌斯是活跃于公元 2 世纪晚期和 3 世纪早期的希腊 - 埃及作家，他的大部分作品都佚失了，只有 15 卷的《智者之宴》流传下来。——译者注）

则可能源于这样的感觉,即认为如此具有煽动性的作品,除了必然是一个年代相称的剧作家外,还应该是一个道德上的坏人。很可能还有很多其他因素在发挥作用,因为其他很多关于不同主题的残篇的作者归属问题,同样也在欧里庇得斯和克里提亚斯之间争论不休。不过很重要却非常容易被忽视的一点是,这两种猜测都不对。

如果我的这个怀疑是有根据的,那么这个戏剧文本就很可能是以匿名方式流传的,并且这很有可能也是柏拉图的代言人提到的散文作品的来源。我提到这一点,倒不是由于雅典陌生人在《礼法》第十卷没有提供这些作者的名字,因为整部《礼法》对哲学家的名字也保持着同样的缄默;① 而是由于实际上就算是公元前4世纪无神论者名单的编纂者,也不知道任何这类散文作品的作者。这些无神论者的名单即便存在,也是政治上的烫手山芋,它们的作者身份或许不大容易确定。

让我以最简要的方式表述我的论证。我认为在公元前4世纪中叶,柏拉图熟悉那些在雅典传播的支持无神论的散文和诗歌;但不久之后(最多也就是几十年光景),特奥弗拉斯托斯或者是编纂第一份无神论作者名单的人(无论是谁),却找不到散文作者的名字了,因而只能诉诸一些相当不合情理的猜测。在我们所知

---

① 例如在《礼法》IV.716 对普罗塔戈拉"人是万物的尺度"的引用就是匿名的,还有在 X.899b9 引用泰勒斯的"万物充满诸神"时也是匿名的。

的被看作无神论宣言的诗歌——也就是《西西弗斯》残篇——中，编纂者不得不依赖推测来确定作者身份。综上所述，这一证据有力地表明无神论作品是以匿名形式流传的。

但是我在这些匿名作品以什么形式发表的问题上则保持开放态度。我们的残篇所源自的剧本（如果有这样一个剧本的话），很可能不是在雅典年度的戏剧节（即狄俄尼索斯节）上演的；① 否则应该很容易找到关于作者的记录。相应地，流传的不一定是一个完整剧本，很可能只是节选——不管是作为独立的文本保存下来，还是作为引文嵌入某个文本之中，或者是包含在某种汇编中。我不认为有证据表明这些可能性中的哪一种更好。但无论采用哪种形式，我认为都有很强的间接证据说明文本的匿名性。我们当然也不需要排斥这样的想法：在古代希腊世界确实有一些完整的文本是以匿名方式流传的，需要后世的学者或图书管理员根据猜测去决定它们所归属的作者。大量流传下来的作品要么是匿名的，要么有明显的署名错误，这很可能就是它们在古代世界的流传情况。

---

① 参见 K. J. Dover, "The Freedom of the Intellectual in Greek Society," *Talanta*, vol. 7 (1976), pp. 24-54（重印本收于 Dover, *The Greeks and their Legacy*, Oxford 1989, pp. 135-158）。根据多弗的观察，如果该剧不是出自欧里庇得斯，那么就必须考虑该剧本是为读者而不是为剧场观众创作的可能性（重印本 p. 151）。

划定安全区域

有学识的历史学家们太容易认为,哲学家的神学观点像他们的伦理学或者逻辑学观点一样,能够简单地从他们的文本中读出来。但实际上,能够拥有完全神学透明度的文化相对来说是极少的。关于神的怀疑论或其他异端看法,在公开表达时都面临危险。神学史通常是一门只有通过字里行间的阅读才能最好地进行研究的学科。无神论正是一个特别突出的例子。不管无神论的法律地位如何,在整个历史中接受它或者公开宣称它,都是典型的边缘化立场。甚至在当今美国,也没有任何政治家会公开承认自己是无神论者,因为这么做无疑是竞选上的自杀行为。

因此一个重要的问题是,在古典时期的希腊世界,能够在多大程度表达神学怀疑,却又不招致麻烦?宗教的政治起源理论,正如我们在《西西弗斯》残篇中看到的,就是一个很好的试验案例。

讲话者在那里对法律的历史做了明显是无神论的历史重构:

(1)起初,人的生活是无政治的(1–4):

> 人类曾经有一段时期生活是无序和野蛮的,臣服于暴力,那时善不被颂扬,恶也不被惩罚。

（2）一旦引入法律的惩罚，便对恶行有了部分的威慑作用（5-8）：

接着，在我看来，人类颁布法律来实施惩罚，让正义独自统治……并将滥用法律作为她［即正义］的奴隶。谁做错了事，谁就受惩罚。

（3）但这对于隐秘的犯罪是无效的（9-11）：

在此之后，因为法律阻止了人们公开实施暴行，他们便秘密地实施它们……

（4）既然这样，一位杰出的改革者便有了一个想法，即发明一个任何事都无法向其隐瞒的超人（11-24）：

……我认为正是在这一点上……一些有智慧判断的精明人士发明了有死之人对神的恐惧，如此恶人即便隐蔽地行动、说话或者思想，也都应该感到某种威慑。因此他引入了那个神圣者，说有一个被赋予了不朽生命的神存在，他能够用心灵去听、看、理解和考虑这些事，并且有神圣的本性——它能听到在有死之人中所说的一切，能看到他们所做的一切。如果你打算鬼鬼祟祟地做些不端行为，那也无法逃脱神的注意，因为他们有某种（超乎寻常的）理解能力。

（5）然后为了使诸神令人畏惧，他把他们安置到天上，同样尽可能使他们对人类生活有益（24-36）：

> 他在这样论述时，引入了最受欢迎的教义，但却用虚假的故事来掩盖真相。他说诸神居住的地方，控告最让人畏惧，这里是有死者恐惧的来源，也是那些有益于他们悲惨生活的东西的来源：从头顶的苍穹，他们看到那里有电光石火，有令人畏惧的雷声轰鸣，有天上繁星点点——那是时间这个智慧的工匠的绚丽织品，从那里发射出星体的发光纱锭（*mudros*, 35），湿润的雨水飘落大地。

（6）最后是总结（37-42）：

> 这就是他用来笼罩人的恐惧；借着伴随精彩故事而来的恐惧，他选择适宜之地确立了神，用法律来消灭不法行为……我认为，这就是一些人最先用于说服有死者相信有神族存在的方式。

根据这一经典文本，诸神是立法者的发明，旨在促进政治上有用的虚构，即我们所有人都处在天上绕我们旋转的高级存在者的不间断监管之下。我们不必惊诧作者采取了特殊的措施来保护自己免受该观点后果的影响。如果前面的解释正确的话，他不仅隐瞒了自己的名字，而且将这一冒犯性的理论放入剧中的大反派西西弗斯口中。根据希腊神话，西西弗斯以受到诸神的惩罚告终：他否认诸神存在，却遭到了他们的惩罚，在冥府经受折磨，永远推一块大石头上山。这种超乎寻常的自我保护，是衡量无神论理论极端敏感的标准。

现在我们对比一下亚里士多德的做法。亚里士多德在讨论了作为天球的不动的推动者的数量后，加上了下面一段话（《形而上学》XII.8.1074b1-14）：

> 这一传统从我们最早的祖先那里传下来，以神话的形式传给后世，那便是这些都是神，并且神性包围着整个自然。余下的细节现在已经被添补成神话，作为大众的劝导，为着法律和权宜的效用……假定有人挑出并只接受了第一点，即认为第一实体是神，人们会判断说这个说法是神圣的……只有在这个意义上，源于我们第一代先人的古老信仰才显而易见。

我们要注意，亚里士多德虽然只是顺便提及，但他在很大程度上认可了《西西弗斯》残篇中所勾勒的宗教溯因论：在他看来，当今宗教的几乎所有细节都是为了政治上的权宜之计。但他的不同之处在于坚决认为政治表面背后，隐藏着一个真正来自我们遥远祖先的洞见：那些为政治目的而被人形化重构的天体，确实是神圣之物，也就是不动的推动者。尽管亚里士多德同情《西西弗斯》残篇的论题，他却从未被归入无神论者的阵营。他措辞谨慎地认为，真正的神性隐藏在政治动机的虚构背后，这说明他不同于《西西弗斯》残篇的作者，他大体上停留在安全区域。

这几乎同样适用于大多数哲学家，他们的理性神学（无论是以多么激进的方式）都被认为是对传统神学的重新确认，而不是对后者的拒斥。你可以相对安全地说，传统的神实际上等同于元素性的火、气和/或水；也可以说它们是完全自我、对我们人类漠不关心的理智；甚至可以说宇宙本身是原初神（primary god）。只有明确否定传统神的神性时，才会出现麻烦：当阿那克萨戈拉说太阳是一团巨大的红热石头或铸块，他就被认为在否定传统神的神性。正如我们在开始看到的，对太阳的这种不虔诚的物理化（physicalization）成了无神论的标签；按照柏拉图在《申辩》中的说法，这一角色甚至在梅里图斯针对苏格拉底的指控中再次出现（26d）。因此，《礼法》第十卷针对无神论者的主要论证是以证明太阳的灵魂是神（a divinity）告终（898c9-899b2），就并非偶然。同样，正如我们已经看到的，柏拉图在同一卷勾勒无神论者立场时，提醒读者注意阿那克萨戈拉的异端学说（886d4-e1），也并非偶然：他的代言人说道，当我们指出太阳、月亮等是显而易见的神时，无神论者会回敬说它们只是土和石头，因而无法关心人类事务。

我认为这是阿那克萨戈拉的不幸。他物理学中的一点晦涩难解之处，在西西弗斯的段落中被那位臭名昭著的无神论代言人公然利用。因为提到阿那克萨戈拉称太阳是一块红热的石头（*lithos*）与他称太阳为一块红热的铸块或金属块（*mudros*）频率相当，而后者正好是臭名昭著的《西西弗斯》残篇里所使用的明显指太阳的词（35）。如果是这样，不难想象这一巧合把不受欢迎的公众焦点转向了阿那克萨戈拉。因此就有一种可能，假如阿那克萨戈拉在雅典因涉嫌不虔诚而被提审是事实，其原因便是《西西弗斯》残篇的灵感来源可以追溯到他。但对于这一围绕文本发生的丑闻来说，阿那克萨戈拉本人关于太阳的物理主义解释似乎是无害的，至少是并不引人注意的。正是在无神论的风暴眼里，我们又一次窥见了这个匿名戏剧文本所带来的冲击。

柏拉图的无神论者

柏拉图在《礼法》第十卷引用或重述的对无神论的匿名辩护，很明显已经越过了安全边界。它建立在一种因果力之依存关系的特定理论上（图表见本章末的附录）。① 我们也能在这里识别出在《西西弗斯》残篇中见过的宗教溯因论（正如雅典陌生人隐含确认的那样，他在提及散文来源的时候同样提到了诗歌），但除此之外还有很多可以说。

下面是该理论对相关因果性原则的引入性解释（888d8-889a8）：

［雅］……我们没注意我们刚才偶然发现了一种非凡的理论。

［克］你说哪一个？

［雅］那个在很多圈子中被看作最智慧的理论。

［克］请用更清楚的方式告诉我。

［雅］在我看来，有些人说所有的事物——过去的、现在的和未来的——都可以分为自然的、技艺的或者偶然的。

［克］他们说的不对吗？

［雅］我认为智慧的人应该说正确的话。但是让我们跟随他们一起去看看，这样进行说服的人到底在想什么。

［克］无论如何请这样做。

---

① 柏拉图自己的隐含起点是因果优先性的秩序，它与无神论者的顺序正好相反，即神—技艺—自然。神（无论单数或复数）是万物之最初原因（primary cause）；技艺直接依赖神，而神自己就是最高级的工匠；自然不是一种独立的力量，相反它自身就是神的技艺。

［雅］他们说的很可能是，事物中最重要的和最好的是自然的和偶然的，而较低等的则来自技艺。他们说技艺从自然中接受了伟大的首要产品的创造，并形成和塑造了所有我们称之为"技艺"的较低等的事物。

自然和偶然在原因上都是首要的，技艺来源于它们。该理论的核心正在于这条原则：技艺在自然之后，从前者派生而来。在亚里士多德对这一原则的著名使用（《物理学》II.8）前，这里是它唯一一次在哲学语境中出现。凡是从自然开始的东西，技艺的介入都只是在模仿或加强它。①

现在雅典人开始勾勒宇宙史的第一阶段（889b1-c4）：

他们说火、水、土、气的存在是自然的和偶然的，它们中没有任何一个来自技艺；正是从这些全然无生命的东西中，才诞生出接下来的一系列物体：大地、月亮、太阳、星星。它们每一个都按照属于自己的偶然性运行，正是由于这些力量它们才共同处于某种恰如其分的和谐模式中——热与冷，干与湿、软与硬，所有这些出于必然的东西都借助相反者的混合物，以偶然的样式交融在一起。它们以这样的方式，依据这些原则产

---

① 亚里士多德：《物理学》II.8.199a15-17。人们可能会拿烹饪作为例子，它只是加强了自然界已经提供的食物和营养。

生了整个天和居于其中的所有事物，同样产生了整个动物王国和植物王国。所有季节也都从它们之中产生。他们说这并非由于理智，或者由于任何神或技艺，而是如我所说，是自然的和偶然的。

按照这一分析，自然和偶然便是宇宙的基本力量。正是由于物质的偶然混合——物质由自然自动的自组织能力（automatic self-organizing powers）规律化——无生命的物质元素才最初地组合起来，形成宇宙及其主要内容，从天体直到有生命的有机体。神、理智、技艺都不在其中扮演任何角色。

把最初的因果性（primary causality）归于无心灵的物质，这可能在很大程度上要归功于公元前5世纪晚期原子论的出现，但该无神论理论并没有明显地站在前苏格拉底哲学家关于物质结构争论的任何一方，而是更中立地使用惯常的火、水、土、气四元素，却不对其做进一步分析。

正是有了后来技艺的插入，这一理论才显示出其原创性和力量（889c6-d4）：

> 他们说，技艺是这些①的后来产品。技艺后来才产生，它

---

① "这些"（toutōn, 889c7）的指涉是不清楚的，但我认为相比于"技艺和自然"（c6），它更像是指回到前面的自然产品，例如植物和动物。

自身是有朽的，且有着有朽的起源，它后来产生的特定形式的游艺（paidia）几乎与真理无关，而只是各种各样的与每种技艺有关的影像，例如由绘画、音乐和同类技艺所产生的影像。

在这里，获得真理被作为一种新的技艺分类标准。两类技艺被区分出来。**单纯**技艺（mere crafts），即创造性技艺，其功能主要集中于玩耍（paidia），它们只分享少部分的真理，如绘画或音乐。而作为对照组的技艺——尽管隐含的意思是，它们相较于自然仍然是小角色——则有着"严肃的"产品（889d4-6）：

> 那些同样制造某种严肃事物的技艺，他们说是那些将自己的力量与自然结合起来的技艺，如医术、务农与健身。

之所以医术、务农与健身是获得更多真理的技艺，是因为它们和其他创造性技艺不同，它们是在与自然的合作中发挥作用的，如使病更快得到缓解，使庄稼长得更高，使身体变得更强壮，而不是单靠自然。像医术和务农这样的技艺，能够教给你关于自然的真理，这是基本的虚构技艺所不可能做到的。

这组对比为评估另一种技艺——政治——做好了准备（889d6-e1）：

至于政治,它也在很少的程度上与自然合作,但主要还是与技艺合作。这样一来,他们便说立法作为一个整体,不归于自然而归于技艺,而其法律颁布也与真理无关。

政治更近于哪一类型的技艺?无神论者的回答是,政治技艺与医术和务农相比,只是在非常有限的范围内与自然合作。而立法,作为政治技艺所承担或政治技艺所合作的首要工作,并不体现自然真理:法律制定本身就是一种虚构。

这种对政治技艺的降级有着极端的后果。因为是法律在颁布法令,特别是颁布承认和崇拜什么神,以及什么算是正义(889e3–890a2):

[雅]神最初的存在,我的朋友,这些人说是由于技艺,不是由于自然而是由于某些法律,而且这些法律因地而异,依赖每群立法者在他们之中达成了什么共识。他们说,自然的好是一回事,法律的好是另一回事;而正义的东西,根本不可能依据自然存在,立法者一直在对正义进行争论,还总是变来变去。他们说,无论立法者颁行的法律有什么变化,一旦颁布,就具有绝对权威;这种权威是由技艺和法律带来的,而不是由于任何自然。

根据无神论者的理论，神和正义同样都只是立法者的虚构，没有任何与自然相关的客观性；这点同样为下述内容所证实，即各地不同的神**以及**不同的正义规范都是由地方的 nomoi（即法律、法规、惯例、习俗）所强加的。这里隐含的意思是，假如制定法律是与务农和医术相近的技艺，体现了自然真理，那结果便会展现出某种规律性，但这恰恰是它实际上所缺乏的。

诸神与正义之规范的密切联系表明，《礼法》第十卷引用的无神论权威拥有《西西弗斯》残篇中的观点，即宗教与正义一样是政治虚构，旨在恐吓全体大众，迫使他们做法律所允许的行为。正如我们在前面看到的，亚里士多德为这一潜在的危险想法找到了安全的方式，并将其吸纳到自己的神学中，但《礼法》第十卷中的这位匿名的无神论者，则任由这一想法释放出完全的煽动力量，他明确说诸神不过是虚构的人工制品。

这一理论还有一个细节值得进一步研究。政治"主要"是一种虚构技艺，但在很少的程度上与自然合作（889d6-8）。这种区分具体指什么？很明确的是，政治中立法的部分与真理完全分离（889d8-e1："他们说，立法**作为一个整体**，不是由于自然而是**由于技艺，而它的颁布也与真理无关**"）；文本也清楚地表明，正义同样整个属于这一纯粹虚构的领域（889e6-7："正义的东西，根本不可能依据自然存在"）。看上去真理领域剩下的只有自然的"好"（kalon），因为我们被告知，与正义不同，好不完全取决于法律（*nomos*）：有些事是法律的好，另一些事是自然的好（889e5-6，好或美［*kala*］的事，"自然的好［或美］是一回事，法律的好［或美］是另一回事"）。从这些线索很容易推论出，政治技艺所处理的那少部分的真，是关乎自然上好和美的东西。

这与柏拉图早期对话《高尔吉亚》中非道德主义（amoralist）人物卡利克勒斯（Callicles）所支持的自然主义（naturalist）论点，有着明显的相似性（特别是482c4–484c3）。与这些无神论者一样，卡利克勒斯也区分了自然的好（*kalon*）和法律或习俗（*nomos*）的好。前者是他所热衷提倡的强者对弱者的统治，后者则特别指弱者通过政治手段来控制强者的共谋。事实上，无神论的卡利克勒斯式后果，是由雅典陌生人自己在他的无神论案例大纲的附加部分提出来的（《礼法》890a7-9）：

> 内乱就是由于这些信念，即归于"自然地"正确生活的牵引，这在现实中是支配其他公民的生活，而不是在法律中受他人奴役。

尽管如此，《高尔吉亚》中的卡利克勒斯并没有像无神论者所做的那样，将正义和好区别对待。他坚持说，对正义和好这两种价值，人们必须区分出法律的和自然的两类。在此背景下，我们可以看到无神论者修正了卡利克勒斯的论题，保留了自然的好，但排除了自然的正义。为什么要这么做？

要回答这个问题，我们可以首先观察到，好（kalon）的二元性已经为生成图式（the genetic schema）所满足。在宇宙史中，好或美决定性地出现在技艺出现前的阶段。我们被告知（《礼法》889a4-5），宇宙**最大和最好的**产品是那些自然和偶然联合的产品，包括宇宙自身、宇宙的主要组成部分、四季的轮回，以及所有生命形态（889b3-4, c2-5）。为什么这些自然产品是好的（kala）？一个明显的原因是，它们最初都是在物质中存在的对立面大规模地（889a4）和自然地组织成和谐模式时产生的（889b6）。诸种生命形式的出现也可以被解读为同一过程的顶峰，因而同样是大规模的自然的好之所在。那技艺的美或好呢？由技艺产生的事物，规模要小得多（889a5）。这里我们不去谈论这些事物的美或好，是否也必定较为低等。毫无疑问的是，自然的好和技艺的好是不同的两类。

鉴于此，我们再回到政治技艺及其与自然合作的有限程度上来。我们可以猜测政治技艺的主要关切是将技艺的好（kalon）制度化，但它做到某一个程度时，至少在某些特定政体下，可以交由自然的好来控制，也就是通过使强者能够像在自然中那样去支配弱者。①

---

① 比较柏拉图《高尔吉亚》中关于正义的相似案例（483d2-6）。另外，或许无神论者的意思是，政治技艺——就其传播的虚构而言——也部分地建立在对人之自然的真正理解上。

那么，既然好分为自然的好和技艺的好，为何这位无神论者不把相似的二分也用于正义？大概是因为如果承认有某类自然正义，那么无神论者把神和正义作为立法技艺共同设计的虚构加以否定，就会有迫在眉睫的危险。可能出现的情况是，诸神是**自然**正义系统的一部分，因而先于并独立于人类立法。

现在应该很清楚了，我们面对的是一种习俗/法律（nomos）与自然（physis）这一对立模式的运用，这个对立建立在全面的宇宙论和人类学之上。也许最引人注目的是，这里 nomos 完全被限制在狭义的立法意义的"法律"含义上，而排除了"习俗""惯例"和对这个词的其他片面翻译。这里无神论者的理论与西西弗斯残篇完美接续，按照无神论者的说法，nomos 在神的出现中所发挥的作用，从一开始就完全是通过立法者的技艺来实现的。①

无神论的起源

就像我刚刚讨论过的卡利克勒斯的观点可以进行修正，无神论也有其他很多可识别的成分，其中不少成分都指向将公元前5世纪晚期的雅典作为无神论的发源地。一方面，该理论坚持宇宙的组成成分及第一因是完全无生命的，这反映了那一时期原子论

---

① 继而我们也就更能明白，为何柏拉图认为有必要在他自己的《礼法》中用如此多的篇幅来驳斥无神论者。他自己关于礼法（nomos）的神权概念正好与无神论者的相反。

的兴起：如此直白的唯物主义在此之前没有先例，但我们却在色诺芬的文本中发现，这正是苏格拉底要回应的论题。另一方面，与此相应的是这一理论依赖一个单一的生成故事，它从宇宙起源开始，但持续进入人类文化的前史（包括正义的习俗性起源）；这意味着该故事不大可能早于苏格拉底的时代，因为据他自己说，他的雅典老师阿基劳斯（Archelaus）似乎是第一个以这种方式将宇宙生成论和人类学结合起来的人（DK60 A1–2, 4, 6）。我们可以假定无神论出现的时间大约是公元前 420 年，也就是普罗塔戈拉去世的大致时间。因为普罗塔戈拉在其著作《论神》（*On Gods*）中那个著名的不可知论观点，暗示了当时已经有人提出了神不存在；他说："关于神……我不知道他们存在还是不存在……"但无论如何，我们都很难将无神论追溯到早于公元前 5 世纪下半叶。

根据这个时间表，梅里图斯在《申辩》中（时间是公元前 399 年）很轻易地指控苏格拉是彻头彻尾的无神论者（26c）时，就正是那个时代的标志；在上下文中，atheos 前所未有地被作为"无神论者"引入，而不只是作为宽泛意义上的"没有神的"。诚然，我们在《礼法》中看到雅典陌生人说"患［无神论］这种病的人**总是**有多有少"（888b7–8），但他的意思并不是说历史上一直存在着无神论者。相反，正如他接着挑明的那样，他说的是一再发生在自己这代人身上的事，即人们会在经历过一个无神论阶段后,最终(如他所说)从该立场上退缩。无论他自己这代人被定位在公元前 5 世纪晚期还是前 4 世纪上半叶,这种无神论的起源都是在公元前 5 世纪下半叶。

柏拉图在较晚的对话中确实提到了一种观点,尽管他没有提及这种观点的具体归属,但还是很强地指向了原子论者;根据这种理论,万物来源于偶然的和 / 或必然的、没有心灵参与的运作(《智者》265c;《斐德罗》28d–29a)。但在《礼法》第十卷之前,他都没有直接将无神论者作为靶子。这表明柏拉图是在晚年,也就是公元前 4 世纪中叶,才初次严肃意识到无神论正在雅典作为一种信条扩散。但这与认为无神论的理论构建可能起源于公元前 5 世纪并不矛盾。

简而言之,无神论反映了雅典在公元前 5 世纪晚期的思想氛围,那个时期的雅典也为无神论作为一种综合性理论的首次繁盛提供了不可或缺的温室。无神论的出现需要两个独立性的突破:其一,需要一种无需借助某种有生命的原因,就能对宇宙结构做出解释的物理学;其二,需要一种人类学,它能够通过类比于其他文化领域中的法律(nomos)的兴起,来解释宗教信仰的起源。

尽管原则上所有这些东西都可能是柏拉图的发明;但该理论有整体的连贯性,它与柏拉图自己的青年时代相适宜,它包含有超出直接论战语境需要的可信细节,以及柏拉图明确提到在雅典发生的这场运动有文本和真实的信奉者,这些都使得该理论极不可能是柏拉图自己的发明。

最能让学者们产生无神论乃是柏拉图杜撰印象的，可能是我们无法讲出支持者的名字。在其他语境中，这种没有名字的做法也许确实让人有理由怀疑作者是在虚构一个目标。但是如果考虑到无神论是一种政治上非常敏感的理论时，匿名性的外衣就不应当使我们惊讶，也不需要特别的解释。

柏拉图论无神论的无道德性

正如我们看到的，无神论在《礼法》中作为颠覆道德的一方出现，因为它强化了那些激进道德主义者的呼吁，他们主张放弃"习俗"或"法律"的价值（*nomos* 包含习俗和法律的含义），恢复"自然的"规范，即强者不受任何限制地支配弱者。我们无法知道《礼法》第十卷所针对的无神论者是否都会得出这一结论，但他们中的一些人很可能会这样。确实，我们可以确信在无神论者的经典文本之一《西西弗斯》残篇中，反派西西弗斯（后来被罚在冥府中永无休止地推石块上山）正是用无神论者的宣言，来为自己一生的错误行为辩护。希腊宗教的发展与法律携手并进，因而如果脱离宗教被广泛看作带来了脱离法律的后果，我们也不必感到惊讶。

柏拉图在《礼法》中的主要发言人，提出了无神论与无法纪

（lawlessness）之间非常紧密的关联（885b）：

> 根据法律，相信神存在的人不会有意做出不虔诚的行为或者说出无法纪的言辞；这么做或这么说的人，下述三点才必占其一：一、正如我所说，不信神；或者二、认为神存在但不关心人类；或者三、认为祭祀和祈祷很容易平息他们的怒火。

鉴于这部作品的主题是为一个想象中的城邦立法，而且这个马格尼西亚将被建构成神权统治（theocracy），即法律作为神圣理智本身的代表；因此神在这一法律系统中的角色自然就是柏拉图关注的焦点：神既作为法律授权的宗教团体的主体，同时也是加强法律权威的神圣力量。

除此之外，柏拉图给出的完整图景还包括确认天体神（单数或复数的）是灵魂，它们以完美的有序性推动天运行，并因此宣称他们是人类在各自生命中所模仿的范例。柏拉图在较早的作品《理想国》中，关心的是教育问题：神话中的诸神和英雄是年轻人的楷模，所以必定不能描写他们行骗、施暴等等。在他晚期的作品中，传统的奥林波斯神祇大多为天体神所取代，但这些天体神的行为并不具有公认的"道德性"，而是理性秩序的典范；即便是在这样的伪装下，天体神也确立了一种标准，若将其合适地内化，便将对人类道德做出重要贡献。但如果无神论占据主导，那么在柏拉图看来，这一切就都会受到威胁。

柏拉图的主要发言人对各种形式的不虔诚提出了确切的惩罚措施，其中也包括对彻头彻尾的无神论的惩罚（908b-909d）。在制定相关法律时，他承认可能存在这样的无神论者，他们拥有自然正义的性情和行为。但是立法者认为即便这些人也是社会的威胁，因为他们必然会嘲笑宗教仪式，因而会颠覆共同体成员对宗教仪式的信仰。这让我们再一次想起据说会拿神和法律开心的"不幸俱乐部"。柏拉图似乎认为即使是这些不大发声的无神论者，无论他们在其他方面的品性多么好，也会对公民风纪造成同样的隐患。对他们的惩罚是把他们放在城邦的 *phrontistērion*（"健全心智中心"，即该城邦中的三座监狱之一）隔离至少五年，在此期间只允许城邦管理者为了治疗性的教学目的与他们接触。在这最初的惩罚结束后，他们将有机会证明自己的心智已恢复正常；但如果缺乏此项证据，他们将面临死刑。

根据《礼法》第十卷的说法，另一种更恶劣的彻头彻尾的无神论者，是将不信神和恶劣的道德品质结合起来的人。这类人典型地受到激情的强烈驱使，并使用欺骗（甚至包括愤世嫉俗地利用宗教欺骗来操纵他人）以获得和窃取权力，甚至还可能会变成僭主。对他们的惩罚是将其完全隔离在远在郊区的另一所监狱中，除奴隶外不得有任何人与他们接触。这显然是一种无期徒刑，死后他们的尸体必须被抛弃在公民边界之外——没有任何仪式,也不得埋葬。

在柏拉图的青年时代,他的老师苏格拉底因宗教异端和败坏青年的道德被处决。而柏拉图却在自己的老年时期,支持以死刑来处置那些与苏格拉底曾被起诉的罪行差不多的行为,这可真有点讽刺意味。①

附录:无神论者的"神谱"

(向下的箭头表示因果关系;向下的线表示种类)

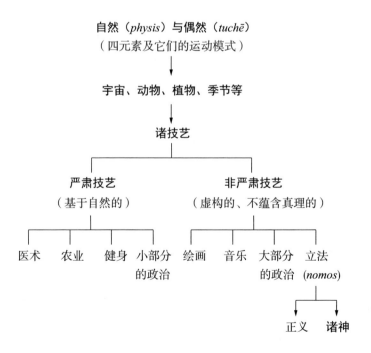

---

① 关于这种反讽,参见 M. Burnyeat, "The Impiety of Socrates," *Ancient Philosophy*, vol. 17 (1997), pp. 1-12。

第五章 不可知论

安 全

上一章在伟大智者普罗塔戈拉的《论神》开头，我们遇到了有记载的最早的宗教不可知论，该作品大致写于公元前420年：

> 关于神，一方面，我不知道他们存在还是不存在，或者他们在形式上与什么东西相似。因为有许多障碍阻止我们知道这些：物质之晦暗，人生之短暂。（B4）

这种对神的不确定性声明，很大程度建立在克塞诺芬尼的神学基础上，后者我们在第一章中已经遇到。因为克塞诺芬尼同样曾经质疑过神的形式，提醒我们认识他们的普遍困难，特别是找到答案所需的时间。但当普罗塔戈拉公开承认神甚至有不存在的可能性时，他便进入到了危险地带。因而如果听说这些骇人听闻的句子，招致了起诉的威胁和公开焚书之类的故事，我们也不必感到惊奇。

但还有一种可能性：普罗塔戈拉这里的真正目的并不在于宣传无神论可能是真理，而是像某些人主张的那样，将关注点从神转向人。因为他的第一个分句以希腊小品词 men 开头，翻译过来就是"一方面"，这让我们期待另一个由小品词 de 引导的起平衡作用的分句，也就是"另一方面"。（现已遗失的）下一句有可能暗示了普罗塔戈拉著名的信条"人是万物的尺度"。如果是这样，那么这本书开篇的要点就可能是"关于神，甚至是关于它们是否存在，我一无所知；但所幸的是，不是神的而是人的视角，向我们提示出通向真理的道路"。如果是这样，就没有必要假定普罗塔戈拉要继续为他宣称的不可知论奠基；更有可能的假设是，他把注意力转向了人类关于神的文化和/或道德视角，同时把关于神的客观自然与实在的进一步问题放在一边。

至于普罗塔戈拉不可知论宣言的开头，我在上一章已经引用过了。那里我将其作为当时（可能是公元前 420 年）无神论已经成为一种公认立场的证据。我也论证了在公元前 5 世纪的雅典，任何一位公众知识分子宣称无神论都是一种危险立场。普罗塔戈拉斯关于诸神可能不存在的不慎言辞据说掀起了抗议风暴，就很好地说明了这一点。

一个晚得多的不可知论版本，出现在塞克斯都·恩皮里柯（Sextus Empiricus）幸存的著作中。塞克斯都是"皮浪主义"（Pyrrhonist）怀疑论的主要代表，这种怀疑论在公元前1世纪到公元2世纪相当兴盛。关于神学风险的问题，塞克斯都在系统处理神学问题的开头这样写道（《驳学问家》[Against the Professors] 9.49）：

> 或许，在我们将怀疑论者与其他哲学的拥趸进行比较时，会发现怀疑主义者的立场更加安全。因为他遵循先辈的习俗与法律，说诸神存在，做一切有助于崇拜和敬神的事；但考虑关于诸神的哲学问题时，却不急于做出判断。

塞克斯都这样说，无疑是指四种相互联系的实践之一。他在其他地方援引过这些实践，以解释为何一个怀疑主义者尽管完全缺乏信念，却仍然能够过一种积极的生活。塞克斯都说，这四种相关实践中的一种是依赖"法律与习俗的传统，我们依据它们将自己生活中的虔诚行为看作好的，而将不虔诚行为看作坏的"（《皮浪主义纲要》[Outlines of Pyrrhonism] 1.24）。将这两个段落连起来，我们便可以清楚地看出在敬神问题上，怀疑主义者能够做出任何依据当地宗教习俗决定的行为，但同时又完全摆脱了关于神圣事物的教义信仰。

为何这使得怀疑主义者比其他哲学家"更安全"？看上去（至少部分原因）可能是，塞克斯都在把自己不张扬的不可知论和普罗塔戈拉非常危险的公开策略做对比,他在几页之后描述了后者的神学异见以及因此招致的从雅典放逐(《驳学问家》9.56-57)。但这仍然不能完全解释他的话,因为我们看到他所声称的是这一方式比**所有**其他哲学家都安全。这样,在描述普罗塔戈拉的命运时,他对皮浪主义学派的早期先锋——弗里乌斯岛的诗人提蒙(Timon of Phlius)——的引用就可能很重要;因为提蒙将普罗塔戈拉因宗教异端导致的放逐与苏格拉底由于宗教革新招致的起诉相提并论。因而那些把皮浪主义者衬托得相对安全的危险,就不仅由不可知论或无神论激起,而且也包括其他哲学(例如苏格拉底的)关于神的离经叛道的看法。由于这个原因,我们或许可以这样理解塞克斯都:他警告我们,关于神的哲学探讨本质上是危险的,只有怀疑论者可以避免这些危险。这在塞克斯都的《皮浪主义纲要》3.11得到了进一步支持,在那里值得特别注意的是,即便神意学说(the doctrine of divine providence)也可能会招致不虔诚的指控。

最后一种可能是,怀疑论者所避免的危险是那些潜在地来源于神自身的危险。可以设想我们在塞克斯都这里预见到了"帕斯卡尔的赌局"(Pascal's wager)。对于一个对神的客观实在性持保留态度的人来说,谨慎的做法是把神当作真的存在。如果结果是神确实存在,这个人便将从对神的崇敬中获得很多益处;如果结果是神不存在,那他也没有什么损失。

新学园和斯多亚学派

我在这一章的主要目标不是关注皮浪主义有关神的怀疑论，而是其先驱，即时间上更早、表述更清晰，但也更容易被忽视的神学怀疑论版本，即新学园的神学辩证法。在公元前260年（或该年前后），柏拉图建立的学园，被阿凯西劳斯（Arcesilaus）接管，后者放弃了学园之前对柏拉图理论的信奉而转向苏格拉底风格，转向一种辩证法的哲学进路。通过对所有现行理论立场的系统反驳，这些"新"学园派成了"悬搁判断"（*epochē*）的倡导者，因而很快获得了哲学怀疑论者的名声与立场——即使那时真正的（后来为皮浪主义者所用的）"怀疑主义者"术语尚未出现。

那个时代最重要、声望最高的有确定教义的学派是斯多亚主义，所以在这些新学园派所批评的立场中，斯多亚立场就必定占有很大比重。结果便是，历史记载通常表达了一种误导印象，认为新学园派的辩证法主要且根本上是反斯多亚的。我们这里关心的议题是新学园派的神学探讨。

斯多亚神学之所以著名，特别在于它与其批评者之间旷日持久的辩证对抗。这其中最清楚的例证，与斯多亚学派创始人季提昂的芝诺（Zeno of Citium，约前334—前262）的神学三段论有关。这些三段论遭到同时代批评者阿莱克西努斯（Alexinus）无情的嘲讽（*parabolai*），但在合适的时期又为后来的斯多亚派学者复兴，尤其是在公元前 2 世纪中期来自巴比伦的第欧根尼（Diogenes of Babylon）那里。①

卡内阿德斯的逐步添加论证

学界有一个普遍同意的假设，认为大约在巴比伦的第欧根尼采取辩护性行动的时期，当时新学园的大掌门卡内阿德斯（Carneades）发起了新一波对斯多亚神学的攻击。这正是我打算挑战的假设。但我要论证的并不是卡内阿德斯那些有案可查的神学批评完全与斯多亚学派无关，而是论证它们并非特别针对斯多亚神学。一旦摆脱上述误导性的假设，我们便可以从这些文献中了解许多关于卡内阿德斯的哲学方法论。

塞克斯都与西塞罗都记录了一系列关于神学分界点的或"逐步添加"的论证（theological sorties or "little by little" arguments），这类论证起源于卡内阿德斯，都是以某种方式表明很难找到神圣与非神圣事物之间的分界点。典型的论证指出：如果有神存在，那么显然波塞冬是神，同样显然的是一股水流不是神；但在这两个极端之间假定存在着海神、河神、泉神，这便使得在这一范围内找到神性停止存在的那个点非常困难（即便不是完全不可能

---

① 特别参见 M. Schofield, "The Syllogisms of Zeno of Citium," *Phronesis*, vol. 28 (1983), pp. 31-53。

解决）。

这类分界点论证特别是从 1941 年法国学者皮埃尔·库桑（Pierre Couissin）的一篇经典论文开始，引起了很大关注。[1] 但实际上，它们在塞克斯都和西塞罗那里都被记录为一个更大、更有趣的神学论证家族的一部分，这些论证作为一个整体可以追溯到卡内阿德斯。因此处理该问题更合适的方式是将它们放在那个家族的整体而非部分中看待。

我还是从分界点论证开始，因为这个论证整体首先是关于分界点的论证，并且特别是因为在库桑的论文之后，大家不断重申卡内阿德斯的攻击目标是斯多亚学派。实际上我只找到了一条反对的意见，由沃尔德玛·格勒（Woldemar Görler）在他 1994 年关于希腊化怀疑论的章节中简要但颇有洞见地提出过。[2]

学者们如此意见一致的理由很容易辨认，它缘于西塞罗的对话《论神性》（*On the Nature of the Gods*）中的说法。这部对话的第三卷是对斯多亚神学的批评，由科塔（Cotta）引导，而科塔混合了罗马祭司和新学园支持者的双重身份。这里要讨论的是，科塔在解释卡内阿德斯的分界点论证时这样说：

---

[1] P. Coussin, "Les sorites de Carnéade contre le polythéisme," *Revue des Etudes Grecques*, vol. 54 (1941), pp. 43-57.

[2] W. Görler, "Fünftes Kapitel: Älterer Pyrrhonismus. Jüngere Akademie. Antiochos aus Askalon," in H. Flasher ed., *Die Philosophie der Antike 4: Die hellenistische Philosophie*, Basel, 1994, pp. 717-989，我提到的内容在 pp. 886-887。

卡内阿德斯曾经说过这些,并不是为了消除神(对于一个哲学家来说,还有什么比这更不合适的呢?),而是为了证明斯多亚学派在解释神的事情上是失败的。(《论神性》3.44)

令人惊讶的是,这种解释经常被人们接受。我反对它部分是出于历史原因,部分是出于哲学原因。先说说怀疑的历史原因。

卡内阿德斯对学园的影响非常深远,几乎被当作学园的重建者,其后继者为争取对他哲学立场的正确解释而竞争。在后继解释者中,克里托马库斯(Clitomachus)在建立其师论证的书面记录方面扮演了主要角色,并且我们也很有理由同情他所持的解释。克里托马库斯将卡内阿德斯解释为一个不遗余力反对"同意"(assent)的人,换句话说,是"悬搁"(*epochē*)的大力提倡者。在这种解释下,卡内阿德斯认识到每个哲学争论的双方都有同样强的论据,因而他选择让事情均匀平衡。

这一策略在西塞罗的《论命运》(*On Fate*)中能够找到例证,在那里我们了解到卡内阿德斯如何着手加强伊壁鸠鲁反决定论的自由意志立场,将它从伊壁鸠鲁充满争议的原子"偏转"理论——关于原子运动较小程度之不确定性的假说——中解放出来。通过展现这一立场如何能够在没有"偏转"的情况下发挥作用,西塞罗说,卡内阿德斯使伊壁鸠鲁主义的反决定论立场足够有力,足以对抗斯多亚学派的决定论(《论命运》23)。尽管西塞罗和其他人无疑都乐意将卡内阿德斯首先与反决定论的立场联系起来(这毕竟是他最有原创性的哲学贡献),但卡内阿德斯有案可查的言论都强烈表明,他的目的实际上是保持平衡,可能的预期后果是"悬搁"。

证实卡内阿德斯系统性地主张"悬搁"的一个重要证据,是公元前155年他与斯多亚学派的掌门巴比伦的第欧根尼,以及漫步学派的掌门克里托劳斯(Critolaus),一起在罗马进行外交访问的著名轶事。据报道,卡内阿德斯第一天聚集了一波听众慷慨激昂地为正义辩护,转天就召集第二次集会并发表谴责正义的演讲,这令罗马公众大为震惊。这种对正义价值所持的丑闻一般的开放态度,很自然地被认为是为了宣传"悬搁",这也符合克里托马库斯对卡内阿德斯的一般性阐释。

在西塞罗《论共和国》(*On the Republic*)的一个遗失片段中,拉克唐修(Lactantius)这样评论卡内阿德斯这场表演的目的:

> 以反对亚里士多德和柏拉图这些正义的支持者为目标,卡内阿德斯在他第一次演讲中收集了所有支持正义的论证,为的是可以推翻它们,正如他所做的……但这并非由于他认为正义应当被贬低,而是为了展示正义的辩护者并没有提供关于正义确定的或稳固的论证。

注意西塞罗的两个解释在策略上是一致的。根据《论神性》，卡内阿德斯批评神的观念并不是想要否定神的存在，而是为了展示斯多亚学派并没有提供哲学上前后一致的神的定义；根据《论共和国》，卡内阿德斯批评正义也不是由于他想要贬斥正义，而是为了展示柏拉图和亚里士多德并没有提供在哲学上前后一致的正义辩护。压倒性的可能似乎是，我们在两个例证中目睹的都是一种辩护（apologetics）的演练，这使罗马听众对卡内阿德斯的论证不会感到过于震惊。系统辩护是克里托马库斯阐释卡内阿德斯哲学意图时的主要替代策略。

诚然，学园派哲学进入罗马世界的方式，很大程度上确认了与之竞争的、非克里托马库斯的卡内阿德斯阐释的最终胜利，后者是由学园领袖拉里萨的斐洛（Philo of Larissa）提出的。[①] 斐洛在公元前110年成为学园领袖，之后学园受到斯特拉托尼西亚的梅特罗多鲁斯（Metrodorus of Stratonicea）的影响；梅特罗多鲁斯与斐洛不同，他认识卡内阿德斯，并声称自己知晓大师的内心想法。按照梅特罗多鲁斯的讲法（也是斐洛在某些特定时候的讲法），卡内阿德斯对认知确定性（cognitive certainty）的攻击并不是一种强怀疑主义，而是一种反斯多亚策略。他们解释说，卡内阿德斯事实上认可智慧者能自由地持有哲学信念，只要他意识

---

① 关于斐洛的思想传记，参见 C. Brittain, *Philo of Larissa: the Last of the Academic Sceptics,* Oxford, 2001, 特别是第一至四章以及附录。

到这些信念的可错性（fallibility）即可（西塞罗：《卢库鲁斯》[*Lucullus*] 78）。

很明显，这种对卡内阿德斯的可错论阐释（fallibilist interpretation），可以支持我们在西塞罗那里看到的对卡内阿德斯公然攻击神和正义的辩护演练解释。按照梅特罗多鲁斯－斐洛学派的想法，在这两个例子中，卡内阿德斯的批评旨在摧毁的并非作为目标的概念本身，而是所谓权威（在一个例子中是斯多亚学派，在另一个例子中是柏拉图和亚里士多德），这些权威公开声称自己从哲学上为这些概念提供了证明性的论述。根据同样的解释思路，卡内阿德斯这样做也完全符合他持有诸神存在、正义是好东西这样的真诚信念。事实上，还有什么比否认神存在或贬损正义更不值得一个哲学家去做呢？

然而，从历史的角度讲，克里托马库斯对卡内阿德斯的阐释，即将他看作悬搁的提倡者，要比斐洛提出的最终取代了前者的可错论描绘更为可信；这绝不是我一个人的发现。但在神学论证中，其实并不需要依赖这样的历史偏好。我认为非常容易证明，这些论证的反斯多亚解读是斐洛主义者系统修订的结果。

让我再一次从分界点论证开始。塞克斯都是这样引入它们的：

> 同样有一些论证，卡内阿德斯是以分界点的方式提出的，

他的同伴克里托马库斯将其作为他最严肃和有效的论证写下来。它们采取了如下形式。

卡内阿德斯并没有写下什么，主要是留给克里托马库斯来编写他的论证，后者确实写了不少。塞克斯都的导言给我们充分的理由来假定，我们正在阅读的卡内阿德斯的分界点论证，是克里托马库斯记录下来的形式。那么，请观察第一个论证是如何进行的（《驳学问家》9.182–183）：

如果宙斯是神，那波塞冬也是神。

"因为我们三兄弟都是克罗诺斯之子、由瑞娅所生，
我、宙斯，还有老三哈德斯，他在死者中称王。
万物已在我们之中划分为三，我们每一者都享有荣光。"
　　　　　　　　　　　　　　［荷马《伊利亚特》15.187–189］

因此，如果宙斯是神，那么波塞冬作为其兄弟也是神。但如果波塞冬是神，[河流]阿基鲁斯（Achelous）也会是神。但如果阿基鲁斯是神，那么尼罗河也是。如果尼罗河是神，那么所有河流都是神。如果所有河流是神，那么溪流也将是神。如果溪流是神，那么洪流也是。但溪流不是神。因此宙

斯也不是神。但如果有神存在，那么宙斯就会是神。因此，没有神存在。

首先值得注意的是，这个论证有一个明显的无神论结论：没有神存在。这是塞克斯都这部分文本中每一个论证的共同结论（《驳学问家》9.138-190），这些论证中有的被明确说是卡内阿德斯的，剩下的则有理由怀疑是他的。无论如何，准确地说这是我们透过克里托马库斯之眼所期待的卡内阿德斯的论证。那让我们与克里托马库斯一起假定，卡内阿德斯的目的是确保在神是否存在的问题上悬搁判断。赞成诸神存在的大批论证都是现成的，不仅有斯多亚学派的，还有苏格拉底、柏拉图、漫步学派和伊壁鸠鲁学派的，不需要更多的补充。① 而就我们所知，整个哲学传统至此还未曾留下任何**反对**诸神存在的论证。甚至最早的无神论者，也就是我们上一章提到的柏拉图在《礼法》第十卷中提到的那些人，尽管他们给出了前后一致的科学的和人类学式的解释，但柏拉图并没有记载他们任何反对神存在的严格论证。这一空白直到卡内阿德斯才被填补，但那已经是两个世纪或者更久以后的事了。卡内阿德斯确实这样做了，尽管因此"为无神论辩护"的谴责很可能会加之于他和他的学派。而我们看到，西塞罗笔下的学园派代

---

① 这实际上正是塞克斯图斯在《驳学问家》9.137 所说；这些评论本身则很有可能是他所接管的学园派材料的一部分。

言人科塔想极力去纠正的也正是这些谴责。

卡内阿德斯的不可知论

这组三段论构成了整个西方正典中有据可查的最早的无神论证明，这是我们非常容易忽视的事实。当然，设计和提出它们并没有使卡内阿德斯成为一个无神论者，因为他承认在另一立场上的论证具有同等分量，因而才鼓励听众们悬搁判断。他的总体立场，至少根据高度可信的克里托马库斯的阐释，是一个神学不可知论者。一旦人们看到他将无神论的形式论证和悬搁神是否存在的总体判断结合起来，卡内阿德斯就会成为宗教怀疑史上的重要人物，比他目前为止被认识到的程度要重要得多。而我认为，斐洛式对卡内阿德斯论证的再阐释，即将它们读作反斯多亚学派的论证，是阻碍我们认识到卡内阿德斯这一重要地位的主因。

当然，即便按照这个解释，卡内阿德斯所持的也是一种特殊类型的不可知论。与大多数不可知论者不同，他并不是挑选出神的存在作为怀疑的特殊领域；相反，他的策略是鼓励在**所有的**哲学争论上都悬搁判断，神的存在只是其中之一。无论如何，他对神学辩论的开创性贡献，都使他成为第一个系统的不可知论者。

斯多亚学派不是攻击目标

至此为止,关于卡内阿德斯的分界点论证,我只提到了其典型的无神论后果。第二点要注意的是,它不包含任何特别的斯多亚前提。开头的前提是"宙斯是神",这当然是斯多亚主义、柏拉图主义、诗人和大众信仰的共同基础。第二步"波塞冬也是神"也无需诉诸斯多亚派或者其他学派的哲学命题,而只需借助令人信服的内在前提(即神的兄弟必然也是神)和引用荷马的证据(即宙斯和波塞冬确实是兄弟)。之后,经由阿基鲁斯河和尼罗河的世系,同样也无需诉诸任何哲学命题,而是大概依赖一个文化事实,即这两条河(分别是最长的希腊河流和最长的异邦河流)都是宗教团体所崇拜的对象。随后添加的其他河,即溪流和洪流,都建立在简单的相似原则之上——这是分界点论证的基础。总之,所引用或假定的前提里没有任何一点是特别属于斯多亚学派的;而就此论题来说,关于神不存在的结论中也没有任何一点是特别反对斯多亚学派的,因为神的存在是哲学、文学和大众信仰中的普遍现象,并不是斯多亚学派的特别理论。

也许有人仍然会认为,即便前提不是斯多亚的,结论也并不是特别反斯多亚的,但分界点论证确实针对斯多亚神学的真正软肋,即该学派的多神论信念。这正是库桑的观点,并且就在他1941年发表的那篇论文的标题里,即《卡内阿德斯反对多神论的分界点论证》。现在学界有一场关于合法性的辩论，即讨论将"多神论"（polytheism）和/或"一神论"（monotheism）这样的术语归给斯多亚神学是否合适。我更愿意坚持"单一神论"（henotheism）的说法。因为这种神学为神的多样性留有余地，但在某种意义上又都归于一个单一且至高无上的神。即便绕过这个争论，我们也可以很快看到，这个三段论不假定任何特别的斯多亚立场。斯多亚学派的至高神是宙斯，他与其他较低的神区别开来，是一个完全坚不可摧的神，甚至在"大火"时期也存在——根据斯多亚学派的物理学，"大火"标志着一个宇宙向下一个宇宙的过渡期。较低的神通常可以看作宙斯的某个部分，例如，根据卡内阿德斯同时期的斯多亚学派掌门巴比伦的第欧根尼的说法，波塞冬是宙斯与海的共生部分（《早期斯多亚学派残篇》[SVF] 3，"第欧根尼"[Diogenes] 33）。这样就很清楚了，卡内阿德斯开头从宙斯的神性到波塞冬的神性的推论，绝不是同时期斯多亚学派所假定的两个神之间特殊的整体－部分关系；而是如我们所看到的那样，是借助荷马"宙斯和波塞冬是兄弟"这一证据的简单推论。诚然，斯多亚学派由于允许第二级甚至随后各层级的神存在，很容易受到卡内阿德斯的挑战，但也不比柏拉图或者习俗宗教更容易，因为后两者也同样承认不同层次的神存在者。假如斯多亚学派将神仅限于宙斯，他们就可以让自身免受分界点论证的困扰；但在古代异教思想中，这种严格意义上的一神论是相当罕见的立场，①因而基于历史可信度的考虑，我们也不能说卡内阿德斯攻击的是斯多亚学派没有采取这一立场。

到目前为止，我们有理由相信，卡内阿德斯神学论证的最初来源是克里托马库斯，而且极有可能是卡内阿德斯自己有意将其作为一个反对神存在的独立哲学论证。完全没有理由认为这个论证是针对任何特定哲学或特定信条的攻击。

现在，让我们来比较一下在西塞罗那里发现的（大概是斐洛式的）改写。尽管塞克斯都挑选的分界点论证与西塞罗挑选的任何论证都不是完全对应，但毋庸置疑它们都属于一组更大的论证，并且有许多重合。因此我们就有理由拿西塞罗开头的两个例子，与我们在塞克斯都那里看到的例子进行比较。我在这里引用西塞罗的版本时，要充分考虑它们的上下文，以凸显出他添加到克里托马库斯原始版本上的反斯多亚色彩。我们应当记住科塔是在向一位斯多亚主义者巴尔布斯（Balbus）说话。下文我将使用神祇的希腊名，而非科塔所用的拉丁对应名，以强调与塞克斯图斯所记录的材料的共同基础。

既然我的讲话把我带到这个话题上，我就要表明，在供奉

---

① 在我看来一神论立场唯一可能的候选者是安提斯提尼（Antisthenes），关于他参见第六章的讨论。更普遍的评价，参见 Michael Frede, "The Case for Pagan Monotheism in Greek and Graeco-Roman Antiquity," in *One God: Pagan Monotheism in the Roman Empire*, eds., S. Mitchell and P. Van Nuffelen, Cambridge, 2010, pp. 53-81。

不朽之神的问题上,我从主教的律法和祖先的习俗,从努马国王(Numa)遗赠给我们的小坛子,从莱利乌斯(Laelius)那些谈论它们的短小金句中获得的教益,要比从斯多亚学派的论证中获得的教益多。因为假如我跟随你们这些斯多亚主义者,请告诉我该如何回答提出如下问题的人:

"如果诸神存在,那么宁芙(Nymphs)①女神们也存在?如果宁芙们存在,那么潘们和萨提尔们(Pans and Satyrs)②也存在?但后面这些不是神。所以宁芙们也不是女神?但我们有她们的神庙,公开尊她们为神,并且为其献祭。那么其他有庙宇供奉的也都不是神了?"

或者还有:

"你[巴尔布斯]将宙斯和波塞冬认作神。因此他们的兄弟哈德斯也是神。但那些在地下流淌的河流——愁苦之河(Acheron)、悲叹之河(Cocytus)、火焰河(Pyriphlegethon),更不用提卡戎(Charon)和卡尔柏洛斯(Cerberus)③——也要

---

① 宁芙们是古希腊神话中的仙女,是一种次要的女性自然神,等级低于神。这些仙女们一般被认为是自然的化身,通常与特定的地点或地貌联系在一起,例如掌管着泉水、云朵、树木、洞穴、草地和海滩等。——译者注
② 潘和萨提尔在古希腊神话中是一种自然界的男性精灵。萨提尔是酒神狄俄尼索斯的伙伴,被认为居住在偏远的地方,如林地、山脉和牧场。他们爱好酒、音乐、舞蹈和女人,经常试图引诱或强奸仙女和凡人妇女,但通常很少成功。——译者注
③ 前句列举了五条冥界河流中的三条,后句分别是冥河船夫和看守冥界入口的恶犬。——译者注

被算作神吗？回答必然是否定的。但如果这样，哈德斯就**不是**一位神。这样的话，你们［斯多亚主义者］又该如何说哈德斯的兄弟们呢？"

卡内阿德斯曾说过这些，并不是为了消除神（对于一个哲学家来说，还有什么比这更不合适的呢？），而是为了证明斯多亚学派在解释神的事情上是失败的。

虽然如我刚才所说，这些论证与我们在塞克斯图斯目录中看到的论证都不完全对应，但第二个论证几乎是塞克斯都论证的孪生兄弟。它也依赖荷马的权威（尽管这一次只是隐含的），即宙斯、波塞冬和哈德斯是兄弟。但在塞克斯都的版本中强调的是波塞冬，而这里强调的则是三弟哈德斯，因而结果就不是在水的地表形式中一路减少神性，而是在**地**下水系及其存在者中做几乎同样的事。塞克斯都与西塞罗的论证显然来源于一对紧密相连的论证，因此我们可以在这个基础上对其进行合理比较。

我们需要注意西塞罗如何重新处理这些材料，从而使论证特别以斯多亚学派为目标。

第一，科塔所攻击的显然是斯多亚神学——这并不意外，因为在西塞罗的虚构对话中，他讲话的目的正是回应巴尔布斯在第二卷对斯多亚神学的详细阐释。科塔将斯多亚神学与他担任祭司时所习的传统宗教进行了不利于斯多亚学派的对比，以加强他的批评。他在此书中的学园派立场是某种形式的信仰主义（fideism）：在他眼中宗教信仰高于理性运用，而斯多亚学派正是未能将宗教建立在理性之上的失败典型。而且，这种信仰主义立场显然是作为柏拉图传统的正确使用提出的。在《论神性》III.5-6，科塔以骄傲的语气强调，在宗教上他更依赖先辈的教诲，而不是跟随斯多亚学派的芝诺、克里安特斯（Cleanthes）和克吕西波（Chrysippus）的指引；他以这样的词句为自己的发言作结：

> 好了，巴尔库斯，你已经明确了我科塔——一位祭司——的观点。现在让我了解了解你的观点吧。因为从你——一位哲学家——那里，我应该得到一个关于宗教的合理解释，同时我也应该相信我们的祖先，即便他们没有给出理性的论述。

这里与柏拉图《蒂迈欧》40d-e 遥相呼应（我将在下文中做完整引用），在那里柏拉图的代言人建议我们接受传统诗人关于奥林波斯诸神的论述，即便他们并未就星体神和其他宇宙神的存在给出过任何推理。在斐洛时期的学园中，信仰主义策略无疑部分建立在《蒂迈欧》的权威之上，并依赖其作为"可能论述"（*eikōs logos*）的说法；而这里我们也可以觉察到某种暗示，即在关乎传统神祇这一独特的微妙主题时，他们如何解释柏拉图对话。

第二，以斯多亚学派为攻击目标，对论证本身的风格和内容产生了显著影响。原有论证中的三段论形式结构变得松散，甚至被完全放弃，这样做的一个后果是，无论是西塞罗报道的这两个论证还是其他论证，都不再有明显的无神论结论；但在塞克斯图斯那里，这些论证的每一个都会得出无神论的结论。相反，这些论证的措辞，就是为了给斯多亚学派带来内部问题。例如，**斯多亚主义者**要如何解释他们将具有神性的宁芙与不具神性的萨提尔进行区分？如何解释将神性的宙斯、波塞冬和（有争议的）非神性兄弟哈德斯进行区分？

但是，即便是这种修正过的论证形式，也并没有特别攻击斯多亚神学的理论要点。它们并没有援引任何斯多亚学派或者反斯多亚学派的前提。斯多亚学派易受攻击的原因仅仅在于，他们认为神学是可以找到理性论证的领域，而可错论者和／或信仰主义者科塔则打算展示，这种看法会把他们置于怎样棘手的困境中。①

至此，我们得到了如下主要结论。一方面，在塞克斯都那里，我们看到了一些可信的卡内阿德斯的神学分界点三段论，它们来自克里托马库斯的最初版本；这些三段论始终被作为无

---

① 斯多亚学派成为科塔特别攻击的目标，在某种程度上是历史的偶然。我们知道，梅特罗多鲁斯在解释一些卡内阿德斯的论证时，至少是按照对抗斯多亚学派的需要来塑造论证的；因此可能出于这个原因，西塞罗在继承这些材料时就已经是我们所见到的反斯多亚形式。当然，这也能最好地服务于他在《论神性》第三卷的目的，因为这一卷正是为学园派回应斯多亚神学而写的。

神论的辩护提出,并没有明显以斯多亚学派或者任何其他学派为攻击目标。另一方面,我们在西塞罗那里看到的似乎是同样论证的改写版,但它们不再作为无神论立场的证明,而是被用于指出宗教诸范畴在概念上的不清晰性,而指出这种不清晰只是为了在一般意义上让信奉理性神学的斯多亚主义者难堪。从新学园的角度看,西塞罗的这种改写有其益处,就是把卡内阿德斯从显得支持无神论的印象中拯救出来,就像他需要从公元前155年发表的臭名昭著的演讲给人带来的贬损正义的印象中被拯救出来一样。我的结论是:任何试图复原卡内阿德斯自己哲学立场的历史性尝试,使用塞克斯都的证据,都要比使用西塞罗的证据好得多。

其他的神学三段论

现在我将转向几组更宽泛的论证,到此为止我选取的都是其中的一小部分样本。下面是塞克斯都整个段落的整体结构,我同时标明了它们在西塞罗《论神性》中的对应部分(见表5-1):

表 5-1

塞克斯都·恩皮里科《驳学问家》IX.138-190	西塞罗《论神性》第三卷
138-147 一切生命体都会受损和分解(提到了卡内阿德斯,140)	29-34 一切生命体都会受损和分解(明显来源于卡内阿德斯,29)

(续表)

148-151 两难论证 148-150 神是有限的还是无限的？（是运动的还是静止的？） 151 神是有形的还是无形的？	
152-175 为了幸福，神需要拥有所有德性，但他无法拥有…… 152-157 忍耐 158-160 勇敢 161 豪迈 162-166 智慧 167-170 思虑上的明智（euboulia） 171-173 技艺（technē） 174-175 节制（sōphrosunē）	38-39 神不能拥有的德性： 明智、理智、正义、节制、勇敢
176-181 更多两难论证 176-177 神是否有德性？ 178-179 神是否有语言？ 180-181 神是否有身体？	
182-190 分界点论证（选自克里托马库斯对卡内阿德斯的记载）	43-52 分界点论证

塞克斯都在《驳学问家》138-190 的整个三段论序列似乎形成了一个连贯的整体，由它们各自的无神论结论统一起来。他在 138-147 的第一组三段论都从神是一个生命体的前提出发，通过发现他易损和分解的中项，得出他是可朽的，因而根本不是神的结论。在西塞罗对同一组论证的简要概括中（《论神性》3.29），这些论证被明确归给卡内阿德斯；因而我们可以认为塞克斯都那组论证的作者也是卡内阿德斯，这点也从该组第一个三段论的前

提被点名归给卡内阿德斯得到了证实(《驳学问家》140；稍后会详细讨论)。

现在跳到塞克斯都的无神论三段论系列的最后，我们发现这组论证以选录分界点论证作结，在这里塞克斯都两次直接将论证归给卡内阿德斯(《驳学问家》182、190)，并特别提及了克里托马库斯的抄本。此外，当塞克斯都在《驳学问家》182过渡到这些论证时，他是这么说的："这类论证就是这样。**同样**，还有一些论证卡内阿德斯是以分界点的方式组织的……"①希腊文中"同样"(καὶ)放置的位置，也暗示前面那些论证来自卡内阿德斯，现在他的分界点论证又被加到这一系列论证中。因此我们就可以很有信心地说，伴随着开头对卡内阿德斯的提及，整个夹在中间的论证全都属于卡内阿德斯。②中间的论证，确实包括一系列关于神之德性的三段论，这个主题正好与西塞罗论证系列中的相应部分匹配(《论神性》38-39)。由于我们几乎可以肯定西塞罗的材料

---

① τοιοῦτον μὲν δὴ καὶ τὸ τῶν λόγων τούτων εἶδος ἐστίν· ἠρώτηνται δὲ ὑπὸ τοῦ Καρνεάδου καὶ σωριτικῶς τινές ...

② A.A.Long, "Scepticism about Gods in Hellenistic Philosophy," eds. by M. G. Griffith and D. J. Mastronarde, *Cabinet of the Muse*, Atlanta, 1990, pp. 279-291 (Reprinted in *From Epicurus to Epictetus*, Oxford, 2006, pp. 114-127) 通过细致比较塞克斯图斯的和西塞罗的论证顺序，朗也得出了与这里相似的结论。R. Bett, *Sextus Empiricus, Against the Physicists*, Cambridge, 2012 的讨论则更为小心，他说："看上去似乎是，塞克斯都实际上在这部分大量使用了学园派的材料……然而，尽管塞克斯都明显将之归于学园派，他也只是不经意地在1.140处提到了卡内阿德斯，并只在1.182-190承认是借鉴自卡内阿德斯"(p. xiv, n.15)。但事实上，按照塞克斯都的标准，这样明确承认其资料来源，已经是很不寻常的强调了。

来源是学园派，那么至少有一个合理的看法是认为塞克斯都的材料就整体来看，其来源也是卡内阿德斯时期的学园。

我之所以请大家注意这个范围更广的材料，是为了加强上文得出的"卡内阿德斯的神学论证并不特别以斯多亚学派为攻击目标"的观点。下文我将主要考虑第一节（《驳学问家》138-147），这主要是因为该段落比余下的论证更确定地来自卡内阿德斯。正如我们将要看到的，其辩证法特质也与分界点论证非常契合。

开头作为整个论证组的序言，是为了得到如下结论：如果诸神存在，那么它们是生命体（ζῷα）（《驳学问家》138）。这个结论可以由一个准斯多亚式的三段论来建立：有生命者高于无生命者；没有什么比神更高；因此神是一个生命体。无论如何，神是生命体的前提是一个普遍基础，能够得到普通人和知识分子的共同支持。前一个提议是准斯多亚式的证据，即神是生命体，这是整个段落中明显提到斯多亚主义的地方。后一个提议则诉诸权威，特别是来自"日常生活、诗人和大多数最好的哲学家"的信念。我们可以说这些是"标准的"或"被接受的"观点，或者说是"有声望的意见"（*endoxa*）——这是亚里士多德对它们的称呼，接下来的论证将主要依赖于这些观点。斯多亚学派无疑属于最后一组"大多数最好的哲学家"，但正如我们将看到的，他们在其中并没有特权。

接下来第一个实质性的论证是认为神作为一个生命体，必定至少有五种人所拥有的感官：

> 因为如果人的感官比神丰富，那人就比神还要好了。相反，正如卡内阿德斯说过，除了人人都有的五种感官之外，我们还应该将一种额外的丰富性归于神，这样神才能够领会更多的事情，而绝不能剥夺神的五种感官。

不难解释为何这个论证被点名归给卡内阿德斯。正如我们所见，当大多数前提都是从有声望的意见推出来时，那个富有想象力的观点——神应该拥有五种感官外的**额外**感官——就是一项创新，是卡内阿德斯自己的正面看法，塞克斯都有理由给予其充分的注意。

这个论证和之后的三个论证（《驳学问家》139–147），继续从中间前提——神至少有五种感官——中推导出反神学的结论。多种感官形式的使用，在其本性中包含了不受欢迎的和受欢迎的感官经验，例如同时包含了苦和甜；而不受欢迎的感觉则包含扰动（ochlēsis），是一种变坏的变化；而能够变坏的东西终将毁灭。因此神是可毁灭的，这就与我们通常关于神的概念相矛盾。因此，神不存在。①

---

① 这一论证阶段与西塞罗《论神性》3.32 的论证高度相似。

至此，考虑的因素都是相当一般性的。但在《驳学问家》144-145，塞克斯都处理了一种具体的感官形式：视觉。我们可以识别出他所援引的哲学理论，而它们并不是斯多亚学派的：

> 同样，也可以把论证更有效地建立于单一感官上，例如视觉。因为如果神圣者存在，那么它是一个生命体。如果它是一个生命体，它就能看——"他作为整全看，他作为整全思，他作为整全听"［克塞诺芬尼，B24］。如果他看，他就能同时看见黑和白。但如果白是视觉的划分（division），而黑是视觉的压缩，那么神在视觉上就既是被划分又是被压缩的。但如果他易于受划分和压缩的影响，那么他也就容易毁灭。因此如果神存在，它就是可毁灭的；但神是不可毁灭的；因此它不存在。

之前提到的选定权威"诗人和大多数最好的哲学家"，在这里得到了充分肯定：克塞诺芬尼诗句的引用，被作为"神能看"这一最初前提的补充性支持；接着他引用了柏拉图对白和黑正式的物理定义，即白和黑分别是视觉的划分和压缩（《蒂迈欧》67e）。

这个哲学的权威团体在紧接着的论证中得到了进一步扩大（《驳学问家》146-147）。首先从一个公认的亚里士多德前提开始，即知觉是"某种变化"（heteroiōsis tis），这立刻让人想起亚里士多德的《论灵魂》II.5（*alloiōsis tis*, 416b34）。由此论证继续推进：如果神易于变化，他就易于退化，因此最终易于毁灭。这个原则——假如神改变（这是不可能的），他就会退化——可能看起来需要辩护，但需要注意的是，柏拉图在《理想国》II.381b-c 和亚里士多德在《形而上学》XII.9.1074b25-27 支持这一原则时，也都没有添加额外的论证。

与此相对，神的不可改变性并不是，也不可能是斯多亚学派的信条，因为所有斯多亚学派的神，除宙斯外，实际上都经历了彻底的改变。在宇宙遭受的周期性大火中，这种彻底改变其实就是毁灭。这本身就是另一个理由，让我们认为斯多亚学派并不是卡内阿德斯这里攻击的重要目标。我们这组论证的目的是一致的，即表明一个有生命的神必然是可毁灭的，而这与通常的观念相反。假如卡内阿德斯的主要攻击目标是斯多亚学派的话，他的工作就容易多了，实际上是太容易了，他只要指出他们所承认的神的可毁灭性与神的基本观念直接冲突就可以了。①

我将快速地讨论下一组论证（《驳学问家》148-151），它们以两难困境的形式呈现：神是有限的还是无限的？神是有身体的还是无身体的？每个困境的两方会引起问题。例如，一个有限的神只是整个宇宙的一部分，因而也就在等级上低于后者；然而一

---

① 参见普鲁塔克在这点上对斯多亚学派的批评（《驳斯多亚论共通观念》[*Against the Stoics on the Common Conceptions*] 1075A-C），他的批评是学园式的或者说受到了学园的启发。

个无限的神是不可能有生命的,因为灵魂通过两种运动(即中心与端点间的运动)将一个生命体聚集在一起,而一个无限者既没有中心也没有端点。这里我们终于有了对斯多亚学派前提的真正引用。根据斯多亚学派的物理学,双向拉伸运动的表现是普纽玛(*pneuma*,即"呼吸")的部分将分离的物体聚集起来。① 尽管这里提到的特殊的普纽玛等级很高,即灵魂的普纽玛,但同样的观点也可以说成:"自然"把一株植物聚集在一起,或者甚至是习性(*hexis*)将一块石头聚集在一起。他们说外部运动产生性质,而内部运动则产生聚集。

因此在这个被认为是卡内阿德斯的文本中,即便斯多亚学派没有高于其他人的特权,他们也没有被完全遗忘,他们也被作为有声望的意见的一种来源。但这些论证本身的灵感,看上去更像来自亚里士多德而不是斯多亚学派。关于神是有限的或无限的两难论证,来源于亚里士多德《物理学》VIII.10 和《形而上学》XII.7.1073a5-11,虽然亚里士多德自己所倾向的解决方案——神不是延展的——在塞克斯都提到的论证中被抹去了。

类似的在亚里士多德和斯多亚学派之间进行分工的做法,在紧接的一组论证中重现(《驳学问家》152-175)。这是一组关于神之德性的论证。这些论证似乎同样受到亚里士多德的启发,特别是受

---

① 证据参见 A. A. Long and D. N. Sedley eds., *The Hellenistic Philosophers*, Cambridge, 1987,47I-J。

《尼各马可伦理学》X.8.1178b7–18 的启发,在那里亚里士多德坚持,神不能被赋予道德德性,因为使用道德德性将降低神的存在,使其低于它沉思的最佳状态。然而这些论证的具体前提,却大部分借鉴自斯多亚学派。让我们来看看这部分的第一个论证(《驳学问家》152–157):

> 如果神存在,他必定同样是一个生命体。如果他是一个生命体,必定既是完全有德性的,也是幸福的(如果缺少德性,幸福是不可能的)。但如果他是完全有德性的,他同样就拥有所有德性。但事实并非如此,因为在他所拥有的所有德性里,并不包括自制(enkrateia)和忍耐(karteria)。事实并非如此,因为它拥有这些德性,但是没有什么对神来说是难以戒除的,也没有什么对它来说是难以忍受的。因为自制是一种如果按照正确的理性行事便不可逾越的状态,或者说是一种使我们凌驾于被认为难以戒除的事情之上的德性。因为他们所说的自制行为,不是离开一个濒死边缘的老妪,而是本可以与拉伊斯(Lais)、芙里尼(Phryne)① 或这类女子一起快活,却放弃了这么做。而忍耐则是对可忍耐和不可忍耐的事物的知识,或者说是一种德性,它使我们凌驾于被认为难以忍受的事物之上。

---

① 拉伊斯与芙里尼都是公元前 4 世纪希腊著名的妓女,以美貌著称。——译者注

因为行使忍耐的人，是那种被割伤或灼伤后能够忍耐的人，而不是正在喝蜜酒的人。因此如果是这样，那就会有某些事是对神难以忍受或者难以戒除的。因为除非有这样的事，否则神就不会拥有自制和忍耐这些德性。但如果他没有这些德性，因为没有介于善与恶之间的状态，他就会有与这些德性相反的恶，即软弱与不自制。这就像一个人没有健康就拥有疾病，同样一个人没有自制和忍耐就处于相反的状态，即恶的状态中，而这对于神来说是荒谬的。但如果有些事对神来说是难以戒除或难以忍受的，那就是说有些事能把神变坏，并且对其产生扰动。如果是这样，那神就易于被扰动、易于变坏，因而同样也就易于毁灭。因此如果神存在，它就是可毁灭的。但第二条是不可能的，因此第一条也不可能。

这段复杂的推理，特别是在结尾的步骤，与我们前面看到的卡内阿德斯的论证有足够多的共同点，这鼓励我们将这里的论证也归给卡内阿德斯。① 然而，尽管这段论证与前面的论证是连续的，尽管它所处理的问题受亚里士多德的启发，但在当前的论证序列中它仍然代表了一个新的出发点，因为它的前提完全地、毫无疑问地取自斯多亚学派。

---

① 同样可以回想一下，在西塞罗那里这些关于德性的论证只是被简要重复，证明它们可能也来源于学园派。

将具有犬儒特质的自制（enkrateia）与忍耐（karteria）纳入德性，这本身就是一个斯多亚学派的论题，代表了一种被亚里士多德严厉拒绝过的观点（《尼各马可伦理学》VII.1.1145a35-b2）。并且关于这些德性的定义，也几乎一字不差地来源于斯多亚学派的确切表达（《早期斯多亚学派残篇》3.264-265）不存在善与恶的中间状态，同样也是典型的斯多亚学派原则。

甚至那个让人颇有兴味的关于用德性节制性爱的例子，也用了一个斯多亚学派喜爱的例子。但非常重要的是，这个例子被改编成了一个反对斯多亚的论断：真正的斯多亚悖论是说，如果所有道德上好的行为与所有的罪过都有同等价值，那么放弃与一个丑陋的老妪发生性关系的自制，实际上就和放弃与一个像拉伊斯或芙里尼那样美貌的妓女发生性爱关系的自制一样，有着同样的德性。[①] 我认为对斯多亚学派立场的这一倒转，非常符合卡内阿德斯从有声望的意见开始的论证策略。这个斯多亚悖论无法拥有合适的可信度，因而卡内阿德斯便从它所颠覆的、通常无争议的信念出发。因此我们应该说这里卡内阿德斯使用了斯多亚学派的"材料"，而不是斯多亚学派的前提。甚至还有一些特别属于斯多亚学派的修饰被加到了这个论证的逻辑形式上：例如，通常的条

---

① K. Algra, "Chrysippus on Virtuous Abstention from Ugly Old Women (Plutarch *SR* 1038E-1039A)," *Classical Quarterly*, vol. 40 (1990), pp. 450-458；阿尔格拉表明，这里所用的前提，是对真正斯多亚悖论的倒转。

件句被代之以两个否定并列句;① 又如,结尾的缩写形式("但第二条是不可能的,因此第一条也不可能"),在斯多亚逻辑学中的术语是 logotropos。总之,这里的关注点毫无疑问被转向了斯多亚学派。在之后整个关于神之德性的论证过程中(即《驳学问家》152-175),都保持着这种对斯多亚学派的关注。

这种明显排他性的与某个学派进行辩证法交锋的做法,与我们在其他论证中遇到的对"有声望的意见"的宽泛使用形成了鲜明对比。假定基于神之德性的一组论证也源于卡内阿德斯,那我们就必须要问,这种专注于单个学派的做法在方法论上做了多彻底的改变?在我看来,这一改变也并不像看起来那么彻底。例如,其结果并不是特别为了攻击斯多亚神学,而仍然是在攻击如此这般的有神论。毕竟神如何能拥有道德德性的普遍问题,对柏拉图神学和伊壁鸠鲁神学的威胁,和对斯多亚神学的威胁是一样的。这无疑也是同组余下论证针对如勇敢和节制等德性的原因之一,因为这些德性为所有这些学派所承认,并且也受到流行道德观的庇护。我们可以推断,从斯多亚伦理学中援引定义和其他前提的效果,并不是要把目标锁定在斯多亚神学上,而是将论证建

---

① 关于同一组论证中的另一处否定并列句,比较《驳学问家》169;关于斯多亚在三段论中否定并列和条件句的连用,见阿芙罗蒂西亚的亚历山大(Alexander of Aphrodisias)的《论命运》207.5-21(《早期斯多亚学派残篇》2.103)。(正文所说的两个并列否定句,指《驳学问家》152-157 中的"事实并非如此……事实并非如此……"——译者注)

立在卡阿德斯时代那些可用的、最新的和最精确的伦理定义上。

这一解释得到以下事实的证实：开篇的论证选择了完全用斯多亚学派的材料，而这组论证中后面的一个论证，尽管在其处理的德性的实际定义上更多依赖斯多亚主义，但也掺杂了伊壁鸠鲁学派的前提。该论证是从这样的观察开始的：如果神拥有所有德性，那么他就拥有明智（φρόνησις），后者被定义为"关于好、坏及中性物的知识"（《驳学问家》162-166）。因此，如果痛苦是中性物，神就必然知道痛苦的本性。到目前为止，我们先拥有了一个斯多亚学派的定义，然后是一个可辨识的斯多亚学派的评价，即痛苦是中性物。①

论证在第二个阶段是按照如下方式推进的：如果神知道痛苦的本性，他就曾经历痛苦；否则他就只有痛苦的概念，好像一个生来失明的人也有颜色的概念一样，或者就好像我们可以知道痛风的感受如何却没有亲身经历过一样。显然这一中间步骤依赖的是其内在合理性，而不是任何学派的理论。

现在我们来到了第三步，也是最后一步。我将它们完整引用如下（165-166）：

---

① 正是斯多亚学派的定义起了真正作用，以表明智慧必须要包含关于痛苦的知识；无论痛苦被认为属于三类知识中的哪一类，都会得出同样结果。然而从方法论的角度说，重要的是在两个并列前提中，第二个前提与第一个前提一样，都借用自同一学派；这里如果第二个前提是借用一个来自其他学派或通俗信仰的"痛苦是坏的"，会使论证更容易。

"诚然,"他们说,"尽管神并没有经历痛苦但却经历了快乐,正是从快乐中他有了痛苦的概念。"但这是幼稚的。因为首先,若不经历痛苦就不可能获得快乐的概念,因为快乐的本性就是由去除一切引起痛苦的东西构成的。其次,即便承认神经历快乐不需要痛苦,这也将再次引起神是可毁灭的结论。因为如果神易于遭受这样的融化(diachusis),那么他就同样易于变坏,因而就是可毁灭的。但最后这点不对。因而原来的假设也不对。

斯多亚学派的痕迹如其突然出现一般稍纵即逝,现在"有声望的意见"的来源无疑换成了伊壁鸠鲁学派。神享有纯粹的快乐这个说法完全是非斯多亚学派的,它听上去已经非常像是伊壁鸠鲁主义了。尽管它同样也有亚里士多德的支持(例如在《形而上学》XII7.1072b16-18),但接下来的论证则无疑将其哲学来源确定为伊壁鸠鲁主义:"因为快乐的本性就是由去除一切引起痛苦的东西构成的(κατὰ γὰρ τὴν παντὸς τοῦ ἀλγύνοντος ὑπεξαίρεσιν συνίστασθαι πέφυκεν)。"将快乐确认为对所有痛苦的去除,是伊壁鸠鲁学派独有的信条,而且在这里还特意使用了伊壁鸠鲁《基本要道》(*Key Doctrines*)第3条的语言(ὅρος τοῦ μεγέθους τῶν ἡδονῶν ἡ παντὸς τοῦ ἀλγοῦντος ὑπεξαίρεσις)。但同时,卡内阿德斯的改写去掉了伊壁鸠鲁声明中最有争议的地方——去除痛苦是快乐的"界限",即没有比完全没有痛苦更快乐的了,这样就扩大了其前提作为有声望的意见的吸引力。① 因此我们再次见证了从既定学派中借用辩证法的**材料**,同时将那些学派里最自相矛盾的或最具争议的学说最小化,以达到最大限度的可接受性。

最后,论证结尾将快乐确认为"融化",这一做法非常巧妙地将两个学派(斯多亚学派和伊壁鸠鲁学派)联合在一起。将 *diachusis* 作为术语用于快乐的是伊壁鸠鲁主义者(普鲁塔克:《跟随伊壁鸠鲁不可能快乐地生活》[*Non posse*] 1092D),但它同样也为斯多亚学派所接受。② 伊壁鸠鲁当然将这种融化状态看作一种好的状态,而斯多亚学派则将其消极地归为一种激情,并解释说融化掉的无非是德性本身(第欧根尼·拉尔修:《名哲言行录》VII.114)。虽然这里将享乐主义的"融化状态"归给神,无疑主要是伊壁鸠鲁的精神气质,因为它被表现为某种可敬和神圣的东西;但术语的选择表明,该论证从整体上看,其材料的来源是卡

---

① 伊壁鸠鲁在《基本要道》中的 ὅρος τοῦ μεγέθους τῶν ἡδονῶν ἡ παντὸς τοῦ ἀλγοῦντος ὑπεξαίρεσις,可译为"最大的快乐的界限/定义,是去除所有痛苦"。塞克斯都在《驳学问家》完全借用了其对快乐定义的后半句 ἡ παντὸς τοῦ ἀλγοῦντος ὑπεξαίρεσις(去除所有的痛苦),但改写了有争议的前半句,尤其是去掉了"界限"(ὅρος)的说法,因为大众一般认为快乐不限于痛苦的消除,尤其最大的快乐就更应该比消除痛苦要快乐得多。——译者注

② 比较盖伦:《希波克拉底与柏拉图的理论》(*The Doctrines of Hippocrates and Plato*) 4.2.4-6,在那里盖伦将快乐等同于融化过程(*diachusis*)的观点共同归给了伊壁鸠鲁和季提昂的芝诺。

内阿德斯对同为对手的斯多亚学派和伊壁鸠鲁学派所做的别有用心的联合。

卡内阿德斯的辩证方法

这种策略超越了但也完全符合我们在卡内阿德斯论证中一再观察到的东西：他的论证不是为了攻击某个学派的神学，而是为了攻击有神论本身，论证的前提则借自哲学的或其他来源的有声望的意见的混合。

在一个论证中，只要各种来自有声望的意见的前提实际上不相互矛盾——就我所见确实如此——这种方法就明显是可行的。卡内阿德斯的最终目的是为神的存在找到同样有力的支持论证和反对论证。正是在这种工作性质中，并且也确实出于卡内阿德斯自己的基本认识论立场，（持相反论点的）任意一方都无法达到认知上的确定性。我们或许可以期待的是，他应该认为这两种相对立场展现了同等的"说服力"（希腊文称作 pithanon，拉丁文称作 probabile）。为此，卡内阿德斯需要从一些自身有一定说服力的前提开始。上面我们看到他所采用的各种"有声望的意见"，看上去确实是十分符合这项工作之需要的。

尽管还有更多这类神学论证可以检验，但就支撑我的案例来说，至此我似乎已经说得足够多了。总而言之，卡内阿德斯的神学论证并不是为了攻击斯多亚学派，而是一种对无神论的辩证法式的辩护；他的材料来自各种各样"有声望的意见"，其中只有一部分来自斯多亚学派；卡内阿德斯的神学论证，目的是鼓励悬搁对神存在的判断。一言以蔽之，卡内阿德斯的神学论证是不可知论。

第六章　伊壁鸠鲁主义神学

德谟克利特

在第四章论述无神论的早期历史时，我曾提醒大家注意一个最早的原子论者的惊人事实。一方面，原子论的论题似乎没有给神性存在留下任何空间，因为根据原子论，说到底只有无生命的粒子（或者说"原子"）与虚空存在；如果这些神性事物存在，它们也必然要由原子和虚空构成，也就不可能施展出超出原子本身的因果效力。但另一方面，最早的原子论者，尤其是前5世纪晚期到前4世纪早期的德谟克利特，却并不认为自己是无神论者。下面（很可能）是对德谟克利特论诸神的最好记载：①

> 德谟克利特说，某些影像来到人们面前，它们中的一些是有益的，另一些是有害的。因此他祈祷遇到有利的影像。他说那些影像是巨大的、惊人的、难以摧毁的——尽管不是不可毁

---

① 塞克斯都·恩皮里科：《驳学问家》IX.19 = 德谟克利特残篇 B166。

灭；它们①通过呈现自身与言说，向人们预报未来。

德谟克利特的神是生命体，以显像（epiphanies）出现在我们面前，并且能以有益或有害的方式影响我们，也许尤其是通过预言未来的方式。准确地说，它们并非三维的立体，而是"影像"（希腊文 *eidōla*，拉丁文 *simulacra*）。一般的"影像"是细微的薄膜（films），从肉眼可见的物体之表面流出，作用于眼睛并引发视觉。但这些特别的影像似乎不是（至少不直接是）从物体流出的，而是作为独立的生命体长久存在（即便不是永远存在）。它们极其细微，可以成为视觉和梦的材料，我们并不是在日常清醒时遇到它们。

尽管我们对德谟克利特的神学所知甚少，但有必要在开始时提及，它是晚期原子论（即伊壁鸠鲁主义）的直接背景，也是伊壁鸠鲁神学立场的直接背景。伊壁鸠鲁主义是公元前4世纪最后20年出现的新哲学。该学派的创始人伊壁鸠鲁接受过原子论理论的训练，年轻的时候曾自称德谟克利特主义者，尽管后来在一些议题上他开始批判那些先行者。当后来的伊壁鸠鲁主义者批评德谟克利特时，我们有理由相信他们直接或间接地反映了伊壁鸠鲁本人的异议。

---

① 由于本章论证伊壁鸠鲁神学是观念论的，也就是说，诸神是我们思想自己的构造物，而非真实存在，因而尽管有的会用拟人的语言描述，神我们的代词还是选用"它""它们"。——译者注

公元 2 世纪的伊壁鸠鲁主义者，来自奥伊诺安达的第欧根尼（Diogenes of Oenoanda），对德谟克利特提出的那种有生命的影像（living images）进行了如下批评（残篇 10.4.10–10.5.6 Smith 编译）：

> 另一方面，假如它们〔即梦中和视觉中的影像〕不是空的，它们就不可能如德谟克利特所想，有感觉和理性，并对我们说话。因为这些属性不可能属于如此细微的薄膜，它们缺乏深度，而深度是立体的本质特征。

以这一文本为基础，可以推论伊壁鸠鲁反驳德谟克利特的神学理论，认为只有一个原子厚度的"影像"不可能具有生命力。这种分歧的原因不难推测：德谟克利特认为一个有生命的有机体是身体原子和极其细微的灵魂原子的结合，两种原子通过彻底混合，以并置的方式贯穿有机体；这就暗示即便是来自一个生命体表面的原子薄膜，也包含与整个有机体一样比例的灵魂原子成分，并且原则上是有生命的。我们知道伊壁鸠鲁和德谟克利特在关于灵魂原子的分布上针锋相对（卢克莱修：《物性论》3.370–395），因而我们可以推测，该分歧是拒绝影像——实际上是二维物体——可能有生命的观点的一部分。

尽管如此，我们仍将看到有很强的证据显示，伊壁鸠鲁——

伴随着这样或那样的修订——仍旧将神看作某种影像，很可能不是单个的影像，而是整个影像流（streams of images）。简而言之，这里就与德谟克利特有某种连续性，尽管伊壁鸠鲁至少有一处对德谟克利特的理论做了修订，那便是他坚持认为单个的影像不可能有生命。

伊壁鸠鲁：有神论者还是无神论者？

如果神是影像或者由影像构成，并且影像没有生命，伊壁鸠鲁不就成了无神论者了吗？他的批评者就经常这样推论，例如斯多亚学派的波希多尼乌斯（Posidonius）（西塞罗在《论神性》I.123中的说法）：

> ……波希多尼乌斯在《论神性》第五卷论证，伊壁鸠鲁认为神并不存在；他关于不死之神的言论，只是为了避免敌意。

这里可以对比一下塞克斯都·恩皮里科在《驳学问家》IX.58中的说法：

> 按照一些人的说法，以大众视角看，伊壁鸠鲁允许神存

在；但就事物本性而言，他坚决否定神存在。①

我将在本章论证，这些批评者基本上是对的。尽管伊壁鸠鲁确认神存在——他甚至非常强调这一点，但如果仔细考察，更准确的表达应该是：神不是作为客观的生物存在，而是存在于人的思想中。

伊壁鸠鲁为什么不自我标榜为无神论者？我认为原因正是那些批评者给出的，他对这么做的后果心有余悸。正如我在前面（尤其是在第四章）试图强调的，在古典时期，正如在其他很多时代和文化中一样，公开承认无神论有极大的风险，即使这未必引发迫害，也可能导致在政治上被边缘化。伊壁鸠鲁主义的共同体依赖于他们所居住的城邦中的统治权威的善意，在这些城邦中他们甚至参加了当地的宗教团体。如果可以将他们的观点表述为有神论而非无神论，是很有实际意义的。正如我将要论证的，伊壁鸠鲁可以理直气壮地说"神存在"，即使他的意思是，神是作为真正的道德范型，而不是作为客观的生命体存在。

无疑，伊壁鸠鲁宣称神存在，导致他更晚世代的追随者们认

---

① 但是另参见《驳学问家》IX.64："……或许花园哲学家们同样允许神存在，正如伊壁鸠鲁明确声明的那样。"怀疑伊壁鸠鲁在"事情的本性上"承认神存在，即作为一种实在论神学（a realist theology），这种怀疑在《驳学问家》IX.58 已经得到了承认；但在这里（即《驳学问家》IX.64），为了完成一份哲学家一致支持神存在的目录，就暂时把伊壁鸠鲁肯定神存在的明确断言归入了此列。

为他所相信的是客观上有生命的神,他们居于诸宇宙之间的空间(拉丁文 intermundia)中。这个假说可以在三种公元前 1 世纪的伊壁鸠鲁学派史料中找到。①一个来源是菲洛德穆斯(Philodemus),18 世纪的发掘者从赫库兰尼姆(Herculaneum)古城的废墟中部分复原了他私人的伊壁鸠鲁学派藏书,也包括菲洛德穆斯本人论神学的三卷残篇。第二个来源是伊壁鸠鲁学派的代言人维莱乌斯(Velleius),对他的刻画来自西塞罗《论神性》的第一卷。第三个来源是卢克莱修,一位拉丁世界的伊壁鸠鲁学派诗人,也是我们关于伊壁鸠鲁物理学唯一且最重要的史料来源。卢克莱修一方面认为客观存在的诸神生活在我们宇宙之外的某个地方(《物性论》V.146-155),诸神的影像从客观存在的诸神那里来到我们这里(VI.76-77);而另一方面,他并没有兑现稍后将向我们解释诸神存在方式的承诺(V.155),我们或许可以猜测,这是因为他在自己参考的伊壁鸠鲁文本中,无法找到对这一问题的论述。尽管所有这些来自公元前 1 世纪的材料都背叛了它们的假定,即认为伊壁鸠鲁的神客观地存在于我们这个宇宙之外的空间中,但我们同样将看到,它们也都给了我们至关重要的学说证据,说明该假定很可能本身就是站不住脚的。

一些现代的阐释者论证,既然伊壁鸠鲁忠实的追随者们完

---

① H. Essler, *Glückselig und unsterblich: epikureische Theologie bei Cicero und Philodem*, Basel, 2011 也证明了这一点。不过我认为他夸大了将同一观点回溯到伊壁鸠鲁本人的根据。

全拥有伊壁鸠鲁的作品，他们就不可能不知道他的真实观点，并将其接受为自己的观点，因而我们也必须接受这些忠实追随者们的阐释。① 我认为这个推论并不安全。在所有学科中，神学应当是我们最少期待透明性的学科。这里我们或许可以特别与柏拉图的《蒂迈欧》做比较。在柏拉图死后的千年中，绝大部分追随者都将柏拉图解释为与亚里士多德一样，相信宇宙实际上并没有一个开端，而《蒂迈欧》中对原初神圣创造的描述仅仅是为了说明性的目的。相反，是柏拉图的批评者们（包括亚里士多德和伊壁鸠鲁主义者），首先将柏拉图阐释为给宇宙设定了一个时间性的开端。如今，包括我在内的很多学者（参见本书第一章）都认为这些批评者是对的，而那些作非字面阐释的柏拉图主义者是护教士，他们的部分动机是希望保护柏拉图免受字面阐释引发的批评。与此类似，伊壁鸠鲁的批评者对他神学的理解，很可能也要比辩护者的理解更加清晰。除此之外，正如我已经提到的，甚至伊壁鸠鲁的追随者那里所保留的他对神的技术性论述，也为我要捍卫的阐释提供了最有力的证据，也就是我称为"观念论"（idealist）的阐释。这种阐释是怎样的呢？

---

① 例如 M. Santoro, *Demetrio Lacone, La forma del dio: PHerc. 1055*, Naples, 2000, pp. 63-65; D. Babut, "Sur les dieux d'Epicure," *Elenchos*, vol. 26 (2005), pp. 79-110。

实在论与观念论

最近几十年伊壁鸠鲁神学成了两派阐释者的战场,即实在论者和观念论者。实在论者[①]认为,伊壁鸠鲁将神作为生物学意义上不死的生命体,处在我们的宇宙之外;由于从神那里发出的"影像"经过很长的距离进入我们的心灵中,因而在思想中我们有与神连接的认知通路。观念论者[②]则认为,伊壁鸠鲁主张神是我们所设想的、对自己所希求生活的理想化,神的影像通过一个标准的伊壁鸠鲁主义的视觉化过程(稍后我会对此详论)获得,是我们的心灵为了享有这样的完美影像而选择去聚焦的东西。后者是我在这里想要捍卫的阐释。

伊壁鸠鲁关于神的一贯说法是,它们是"被赐福的"(blessed,即享有最高级的幸福)和"不朽的"(imperishable)存在。他不断强调,这些基本属性足以保证,神绝不会有动机来创造一

[①] 例如 J. Mansfeld, "Aspects of Epicurean Theology," *Mnemosyne*, vol. 46 (1993), pp. 172-210; G. Giannantoni, "Epicuro e l'ateismo antico," in G. Giannantoni and M. Gigante eds., *Epicureismo greco e romano*, Naples: 1996, pp. 21-63; Babut, "Sur les dieux d'Epicure, *Elenchos*"; M. W. Schwiebe, "Sind die epikureischen götter 'thought-constructs'?, *Mnemosyne*, vol. 56 (2003), pp. 703-727; D. Konstan, "Epicurus on the Gods," in J. Fish and K. R. Sanders eds., *Epicurus and the Epicurean Tradition*, Cambridge, 2011, pp. 53-71。

[②] 例如 J. Bollack, *La Pensée du plaisir*, Paris, 1975, pp. 215-238; Long and Sedley eds., *Hellenistic Philosophers*, §23; D. Obbink, *Philodemus On Piety*, Oxford, 1996, part 1; J. Purinton, "Epicurus on the Nature of the Gods," *Oxford Studies in Ancient Philosophy*, vol. 21 (2001), pp. 181-231; T. O'Keefe, *Epicureanism*, Berkeley, 2010。

个宇宙或者统治我们的生活。就像伊壁鸠鲁主义的圣贤为了他们自己的幸福而回避获得或者使用政治权力，神也无意于统治普遍层面的宇宙或者具体层面的我们的生活：在这两种情形中，这样做都会破坏至福状态的宁静。

现在让我们与柏拉图做个比较。柏拉图为神赋予了双重角色：宇宙统治者和人类仿效的理想对象。伊壁鸠鲁猛烈反对第一种角色，但他认可第二种角色。要满足统治者的角色，神自然就需要是一个客观的真实存在。这个统治性的角色一旦被取消——这正是伊壁鸠鲁在一系列论证中所做的，那么神对我们的意义就被缩减为一种理想范型，而对它客观存在的需要也就不那么急迫了。观念论阐释认为，伊壁鸠鲁相应地把神缩减为人类思想的投射，代表我们的自然目标。这就是说，我们直觉上追求摆脱对死亡的恐惧从而达成宁静的生活，神正是这一生活的范型。大众宗教的神通常是这同一个范型的曲解版本，因为人们会将他们自己错误的道德理想（比如行使权力）投射到神身上。而真正的虔敬，则始于对基本观念的回归。

天赋观念

西塞罗的伊壁鸠鲁代言人维莱乌斯，全面解释了这一基本概念的本性和内容（《论神性》，1.43–45）：

（1）只有伊壁鸠鲁看到，首要的是诸神存在，因为自然本身就将神的观念印在每个人的心灵中。（2）因为哪个人类种族或国家没有某种无需教授的关于诸神的"前识"（preconception）呢？伊壁鸠鲁使用的词语是 *prolēpsis*，意思是由心灵预先构想的（preconceived）对事物的某种描画，没有它便没有任何事物能被理解、研究或者论辩。（3）我们已经从伊壁鸠鲁关于标尺和准则的天赐之书中了解过这一推理的力量和效用。（4）最终我们能清晰地看到，我们当下研究的基础已经明确显现出来。（5）因为既然信仰诸神还未被某种权威、习惯或法律所确立，且关于神的一致认同非常牢靠，那么就必须认为诸神存在。（6）因为我们拥有被植入的，或者毋宁说天生的对它们的认知（*insitas eorum vel potius innatas cognitiones*）。（7）每个人本性都认同的东西必然是真的。因此就必须同意诸神存在。（8）既然这或多或少是所有人达成一致的问题，不仅包括哲学家，也包括未受教育者，（9）我们就承认另一个一致之处，即我们有一种关于诸神的（如我之前所称）"前识"或"前观念"（prenotion）（因为新的事物需要新的名字，正如伊壁鸠鲁自己将其称为 *prolēpsis*，这是一个之前从未有过的称呼）——正如我所说，我们有这样的前识（*prolēpsis*），才使我们将神视为永恒的和享有至福的。（10）因为那同一个给予我们关于诸神自身之"描画"的自然，也在我们的心灵中刻下［这样的看法］：

> 我们应当视诸神为永恒的和享有至福的。

首先考察一下我标为（6）的部分："因为我们拥有被植入的，**或者毋宁说天生的**对它们的认知。"除非我们将"天生的"理解为对知识的描述，否则这个自我修正就毫无意义，因为在西塞罗看来后者是两者中更正确的说法。既然西塞罗明确传达了自己的意图，那么将"天生的"（innatus）作宽泛的理解就是错误的，即便在其他语境中该词很可能是作宽泛使用的。根据西塞罗对材料的理解，关于诸神的知识确实是天生的，而非在出生后被植入的。

来自维莱乌斯的这个段落分成两个主要阶段，二者均瞄准宗教信仰的天赋性（innateness）。第一部分（1-8）关于一个存在论题：诸神存在。第二部分（9-10）是描述性的，增加了神的本质属性：不死与享有至福。对这个顺序，我或许可以比较一下伊壁鸠鲁在《致梅诺凯乌斯的信》（Letter to Menoeceus）123-124 中对自己神学的总结：

> 因为尽管诸神存在——关于它们的知识是自明的；但它们却与大众想的不同……大众关于诸神的断言不是"前识"（prolēpsis），而是错误的假说……

这里和西塞罗的文本一样，对神存在的断言明确建立在我们对它们的认知上（鉴于下面的内容，间接地建立在我们对它们的"前识"中），联合了一个单独的、关于它们本质属性的描述性论证。

尽管西塞罗将论证分为两个阶段，然而，他的伊壁鸠鲁主义代言人维莱乌斯却特别强调，这二者同样依赖于"前识"的标准；在这两个阶段（2-3, 9），"前识"都被誉为伊壁鸠鲁对认识论的卓越贡献。它首先被当作非技术性的"观念"（拉丁文 *notio*）（1）初次引入；随后被技术化地确定为"前识"（希腊文 *prolēpsis*）（2）①，并伴随着对伊壁鸠鲁认识论著作《准则》（*Canon*）的引用（3），也包括对其他一些拉丁翻译的推测重述（2, 9）。作为使用这一伊壁鸠鲁术语的指南，我们还需要记住第欧根尼·拉尔修记录的如下论述（《名哲言行录》X.33）：

> 前识，他们［伊壁鸠鲁主义者］说，仿佛是某种感知，或者是正确的意见，或者是概念，或者是普遍的"被储存的观念"（即记忆），它们通常以外在方式变得明晰：例如"如此这般的事物就是一个人"。因为一旦说出"人"这个词，由于有感官引导，他的轮廓就通过前识立即进入心中。因此在每个名字下

---

① 这里是用拉丁文写作的西塞罗，通过其笔下伊壁鸠鲁学派代言人解释伊壁鸠鲁所用的希腊文概念 *prolēpsis*。——译者注

面最首要的东西，是某种自明之物。如果我们没有关于它的先验知识，我们就不会探寻我们所探寻的。举个例子："站在那儿的东西是一匹马还是一头牛？"一个人必须在某个时刻已经通过前识知道了一匹马的或一头牛的形式。如果我们没有通过前识提前知道个大概，我们就无法命名任何东西。因此，前识是自明的。意见也依赖某种先验的和自明的东西，这就是当我们说"我们怎么知道这是一个人"时所指的。

这一段话很好地刻画了伊壁鸠鲁的学说，即前识是真理的标准：如果你想知道一些关于牛、马或者人的事，相关前识的丰富经验内容，结合过去所遇到的相关种、属，就使它成为待考察的自然事项。但关于神的前识是否能起到同样的作用，如果能的话，如何起到同样的作用，就是一个我们不得不保留判断的问题。

在西塞罗的文本中，第一个论证诸神存在的阶段，其结论来自如下一系列前提：

I. 所有人都有关于神的前识（1-2）。

II. 前识是自然赋予我们的（1）。

III. 对于神存在的信念不是由文化强加给我们的，因此通过推论可知，它也是自然的（5-8）。

IV. 对于神的认知是天生的（6）。

V. 所有人都相信神存在（7-8）。

VI. 所有人依据自然相信的东西一定是真的（7）。

V-VI 似乎采取了不同的标准来证明神存在，我们应该将他们的论证归结为普遍共识（universal consensus）。尽管通过诉诸普遍的人类认同来论证神存在，已经为柏拉图所知（《礼法》X.886a），但这里的问题是，在怎样的理论基础上，像伊壁鸠鲁这样的极端经验主义者才会接受这样的标准？①

对该段落的一种可能解读，依赖一个近乎等价的关系，一边是前识，另一边是前识蕴含的任何信念，因此诉诸普遍分享的关于神的前识，就和诉诸关于神存在的一致意见，共同构成了一个推理。其中缺失的前提是，对神的普遍前识就是对一个存在者的普遍前识。因而如果前识是普遍分享的，那么相信神存在也必定是普遍分享的。

所有前识都是自然的，但并非所有前识都可以普遍持有，因为所有经验获得的东西都依赖于一种或多种偶然。无疑，每个人都有关于人的前识，但是出于地理的原因，并非每个人都可能有关于大象的前识，而盲人或许尤其缺乏关于各种色彩的

---

① 类似的怀疑参见 D. Obbink, "What All Men Believe Must be True: Common Conceptions and Consensio Omnium in Aristotle and Hellenistic Philosophy," *Oxford Studies in Ancient Philosophy*, vol. 10 (1992), pp. 193-231。

前识。① 尽管如此，幸运的是我们的段落不是关于普遍意义上的前识，而是关于一种天生的前识。很容易论证如果存在这样的前识，那么作为人性中不可或缺的一部分，它必然为所有人所拥有。此外，（5）或多或少明确论证了关于神的前识是一种自然禀赋：关于诸神存在的信念——大概不同于关于它们具体特征的信念——具有跨文化的普遍性，这完全独立于地域性的规范。

关于实际上什么是和什么不是神的前识的不可还原特征，是有争论的；在这个争论中，如果伊壁鸠鲁主义者诉诸这样的人类学根据，原则上他们能取得一些进展。② 通过研究不同文化中的各种宗教信仰，他们有希望能区分神本质的且不可消除的特征，和那些由文化所附加的特征。

有人问过，伊壁鸠鲁主义者如何协调这个一致同意论证和他们对哲学家及其他人对神的错误想法的批判。③ 无论如何，就神的实际存在而言，文化间认同唯一重要的例外就是公开的无神论者，但后者在古代十分少见。这些屈指可数的例外，如普罗迪科、迪亚格拉斯、克里提亚斯（我们在第四章讨论过他们）和其他一些被推定为无神论者的人；伊壁鸠鲁处理他们的策略，就是

---

① 参见卢克莱修：《物性论》II.741–745。
② 参见普鲁塔克：《驳斯多亚学派论共通观念》1075E。
③ Obbink, "What All Men Believe Must be True," p. 200.

给他们贴上"疯狂"的标签,① 以此化解这些人对人类普遍想法的背离——无论是事实背离还是表面背离:也许他们至少在这一点上,并不是完全的人类。西塞罗的文本也符合同样的策略,因为文本一开始就确认了相信神的普遍性(1-2),这一确认在后面由一个限定所缓和(8),即它"或多或少地"(拉丁文 fere)得到了普遍认同。

现在,让我转入维莱乌斯论证的第二个描述性的阶段。他说,从对神存在的一致同意,我们可以继续确立一个进一步的普遍原则(8-9),即关于神的前识将我们引向视它们为享有至福的和不死的存在。同一自然给予我们关于神的前识,也"在我们心灵中刻下"下面的信息,即我们应该相信神是永恒的且享有至福的(10)。这也是一种为天生倾向(innate predisposition)量身定制的说法。我们无法想象维莱乌斯这里说的是与通常来自经验同样的前识,如自然"在我们心灵中刻下"我们必然将马视为四条腿的、将鸟视为有翅膀的。毋庸置疑,第一阶段的先天主义在第二阶段仍发挥着作用。

我的结论是,维莱乌斯在我们正在讨论的这个西塞罗的段落

---

① 伊壁鸠鲁:《论自然》12 = 朗和赛德利编《希腊化哲学家》23H,正如菲洛德慕斯《论虔敬》519-533 所引:"同样在[伊壁鸠鲁《论自然》]第七卷,他批评了普罗迪科、迪亚格拉斯、克里提亚斯和其他人,称他们为疯狂的,并将他们与酒神疯狂中的人们相比。"更进一步的讨论参见 D. Obbink, "The Atheism of Epicurus," Greek, Roman and Byzantine Studies, vol. 30 (1989), pp. 187-223, 具体讨论在 pp. 215-221。

中，彻底而明确地持有下面的观点：所有人都拥有关于神的天生前识，并且这是字面意义上的天生。然而，说我们关于神的前识是天生的是什么意思呢？是我们在出生的时候就已经有某种对神的意识，尽管是以被压抑的形式，就像柏拉图主义者认为我们在出生时就有潜在的理念知识吗？我们可以迅速排除这个想法，因为伊壁鸠鲁主义者不会接受它：柏拉图主义版的天赋论因为依赖灵魂在今世之前就存在，并在那时已经获得了知识而臭名昭著，所有的伊壁鸠鲁主义者都对这个学说非常反感。毋宁说，当维莱乌斯说自然已经在"我们的心灵中刻下：我们应该将诸神视为永恒和享有至福的"（10），我们应该解读为，所有人类生下来就有一个天生的**倾向**（predisposition），随着它们的成熟就形成了关于神的概念。但这是伊壁鸠鲁的看法吗？①

为了回答这个问题，我们需要首先检验一下伊壁鸠鲁主义者们对早期人类宗教经验的历史重构。他们之所以对人类文明的早期阶段特别感兴趣，无疑是因为唯有通过重构它，我们才可以追问当完全不受现存宗教偏见和其他文化影响玷污时，宗教经验究竟应该是什么样的。伊壁鸠鲁认为，现今对神的认知可能具有相同的基本内容，但无论这些是直觉还是我们对神的理解，都可能因为加入文化产生的宗教信念而被扭曲。根据伊壁鸠鲁，

---

① D. Scott, *Recollection and Experience*, Cambridge, 1995 批评了把神的倾向性天赋论归给伊壁鸠鲁的做法（pp. 190-201）；同时参见他对各种天赋论非常有价值的评论（pp. 91-95）。

将神视为享有至福和不朽的基础性观念，是一个自然的和普遍的人类"前识"，其真实性因此得到保证。将行使统治宇宙的权能错误地归于神——它已经成为人类不幸的某种来源——是在人类文明史较晚近的时期才被添加进去的，① 这种认识并不是神的基本概念。

关于神正确的知识核心，以下是卢克莱修为我们提供的关键诗行（《物性论》V.1169-1182）：

> 因为在那些日子里，有死之人种族已经习惯用清醒的心灵去看诸神的形象，甚至在睡眠时更是如此，它们有着奇妙的外观和惊人的尺寸。他们将感觉归给它们，因为它们似乎［或被看到］移动四肢；并且给予它们尊贵的嗓音，以匹配它们恢宏的外观和伟大的力量。他们赋予它们长生不老的生命，因为它们的外观永远是充盈的，形体始终是不变的；更普遍地说，因为他们认为有这样力量的存在者，绝不会轻易被任何强力所征服，因此，他们认为诸神是最幸福的，因为它们似乎不会受到死亡恐惧的压迫，还因为他们在梦中看到诸神毫不费力地行了许多奇迹。

---

① 卢克莱修：《物性论》V.1183-1225。

与大多数阐释者相似,我也聚焦于梦的经验,而不太担心相对少出现的清醒状态里可能包含什么内容。在梦中这些神的形象如何存在、如何行动呢?它们看起来是活的、美的、巨大的、不老的、不畏死的。它们也移动肢体,以威严的方式说话,展现强大的力量,轻松地施行惊人的行为。事实上,所有这些特征都有助于(无论多么原始)将神视为不死的和享有至福的。不死性的第一个标识是它们有生命,还有它们显然不会变老,具有超人的力量和不担心死亡。而享有至福则表现为缺乏对死亡的恐惧,更一般地说,是免于被扰动,这表现为它们能够毫不费力地实现自己所欲求的任何目标。通过这种可视化,很显然,原始人类已经在通过对它们而言最具有意义的影像(imagery),形成了关于神是不死且享有至福的生命体的前识(prolēpsis),或者说自然概念。

我们的问题是:为何一个前识,无论是关于神的还是其他任何事物的,当它通过一系列出生后的经验被建构起来的时候,我们仍旧应该称之为"天生的"。一旦我们开始问这些梦的经验是如何产生的,答案就变得清晰了。

让我们看一下,是什么证据让这些原始的做梦者一开始就确信他们看到的形象是有生命的?是因为这些形象移动它们的肢体。那么根据伊壁鸠鲁的理论,为何这些梦中的形象在移动肢体?卢克莱修提供了详细解答这一问题的第一手材料(《物性论》

IV.722–822, 962–1036）。①

空气中永远充满了极其细微的"表象"，它们太过稀薄因而无法对视觉施加作用，但却能直接进入心灵，并在上面留下自己的压印（《物性论》IV.724–731, 744–748）。它们中的一些保留了由之发出的立体物的外部形式；而其他一些则是自己形成的，因而并不表征任何实际物体，尽管它们很可能是由两个或多个物体影像组合形成的怪异的混合物（IV.732–743）。甚至当我们清醒的时候，心灵也能随意从影像中汲取想象活动的材料，有意从无数可用影像中选择自己所需的影像（IV.779–787, 794–815）。在睡眠中，正是这些同样的影像进入我们，并为梦提供影像（IV.757–767），通常是由于白天的经历已经为我们的心灵作好了调试，以适应这些影像所表征的事物或活动（IV.962–1036），但有时显然也是由于其他原因使它们成为我们关注的主题，例如当我们认为死者造访自己的时候（IV.757–767）。梦中的形象为何显得是有生命的，其原因就在于心灵一旦首先承认了某个影像，就会紧跟着出现另一个影像，后起的这个影像一方面与第一个影像相似，另一方面又在姿势上略有不同。一系列影像所产生的电影效果，就构

---

① 对于《物性论》IV.722–822，我按照《希腊化哲学家》15D 给出的文本，同时将 768–776 接在 815 之后，这一有说服力的转接参见 E. Asmis, "Lucretius' Explanation of Moving Dream Figures at 4.768-76," *American Journal of Philology*, vol. 102 (1981), pp. 138-145。

成了身体运动的错觉（IV.768-776, 816-822）。① 这些序列让我们在梦中相信我们正在目睹立体生命的运动，而卢克莱修反复强调它们是欺骗性的（IV.762-767, 816-822）。②

我们的资料来源并没有完全清楚地说明，是哪些因素决定了我们梦境的内容。当然最突出的原因是：我们白天的经验通过在我们之中开启合适的通道，使我们倾向于在梦中接受相似的影像（奥伊诺安达的第欧根尼，9 III 6-IV 6, Smith；《物性论》IV.973-977）。但我们的"欲求与愿望"（《物性论》IV.984）也被列为进一步的原因，我们必须要认为它们在像死者复生这样的梦中占主导地位。如果我们梦境的内容有时受我们的欲求影响，那么这些情境中的影像必然就是被选择的（《物性论》IV.794-815 描述了这个过程），因此在无数可供选择的影像中，我们只承认那些自己所选择聚焦的影像。在早期人类梦境将神可视化的例子中，受欲求影响似乎是比白天经验延长更可能的解释，因为很难看出相关的白天经验是什么。如果自人类历史伊始，尽管实际上有无限的作为替代的图像可供选择，但每个人都曾梦见某种超人类的

---

① 现在我被普林顿（Purinton）（见前引文章 "Epicurus on the Nature of the Gods"）说服，认为西塞罗在《论神性》I.49 中，诸神可视化所包含的过渡（transitio）过程，体现了菲洛德穆斯称作 ὑπέρβασις τῶν μεταξύ（通过居间者）的东西，而不是我在《希腊化哲学家》中所认为的 μετάβασις（转变）。正如普林顿主张的，如果前者是单个连续实体从一系列相似"影像"中浮现的过程，我认为它就应该普遍适用于明显有生命的梦中形象，而不只是神的梦中形象。

② 参见奥伊诺安达的第欧根尼，9 IV 2-VI 3, Smith。

存在，那就很可能是因为他们有意或无意地想要如此。

当我们梦中神的形象似乎在移动肢体时，我们不可能是在目睹任何事物的现实身体运动。是我们自己的想象从图像中构建出了那些运动，即便最后证明那些影像来源于现实的有生命者，这也不代表那些存在者实际上在做或做了那些运动。一旦在身体运动上承认了这点，就不难发现这些神性形象的其余活动也都是我们自己的创造。如果它们看上去在发挥超人的力量，比如举起高山，那些景象的实际作者其实是我们自己，伴随着巨大物体的移动，我们利用现成的影像，编排了肢体弯曲的一系列动作。如果我们看到它似乎对死亡无所畏惧，情况也与此类似。它们不会变老只需要发挥我们自己的想象力就可以办到：想象力只需要通过它们承认的影像，将其描绘成日复一日、年复一年都一样就可以了。正如卢克莱修说的，早期人类能够从他们睡梦中（最可能的是他们醒来以后）对神的描绘中读出不死和享有至福的特征，并因此丰满他们对神天生的"前识"，这并不是因为早期人类曾经见证诸神清楚地显示了这些特征，因为根据伊壁鸠鲁关于梦的理论，这是不可能的；而是因为他们一开始就以那样的方式对其进行了**可视化**。

至于天生的宗教倾向，我们已经看到了相关的证据，这种倾向当然有其解释作用。人类不可能全都将这些超人形象设想为毫不费力地从事英勇行为和蔑视死亡，除非他们已经倾向于想到拥有这些能力的存在者。我们并不清楚，这种倾向是基于设想这种存在者的在先愿望，还是基于人类某种天生的物理结构，使身上合适的"通道"保持开放，还是这二者的混合。但因为某种程度上，该倾向似乎出现在每个人身上，且独立于所有在先经验，所以它被称为"天生的"也就不足为奇了。

对诸神的认知进路

在这个语境中，我们需要讨论一个密度和难度都很大的段落，在这里西塞罗清楚地说过（通过第一个句子后面的插入语），他正在翻译伊壁鸠鲁一个非常技术性的，关于对神进行构想的心理过程，但却没能完全弄懂它。下面便是伊壁鸠鲁的代言人维莱乌斯说的话（《论神性》I.49）：

> 但是，[作为拥有人形的神的]外观并不是身体而是准身体，它有的不是血液而是准血液。（尽管这些伊壁鸠鲁的发现由于太锐利、用词太模糊，无法为任何人所理解，然而我信赖你的理解力，对它做简短的解释，甚至比我这里需要给出的解释还要简短。）伊壁鸠鲁不仅用自己的心灵看到了隐藏的、极其晦暗的东西，并把它们当作触手可及的东西加以处理；他这样教诲道：诸神的强力和本性属于这样一类事物，观看它们主

要不是用感官,而是用心灵;这类事物既不拥有立体性,也不拥有那些事物在数量上的区别——那些事物由于其具体性而被伊壁鸠鲁称作 steremnia。我们领会影像,是通过它们的相似性和一个过渡过程,因为一个无穷尽的、由极其相似的影像组成的序列,是来自无数原子,并流向诸神的;而我们的心灵通过专注于那些影像,伴随着最快乐的感受,便获得了对享有至福且永恒之本性的理解。

请注意这个段落有四点很好地契合了观念论阐释。

第一,诸神并不是立体(steremnia 是一个技术性的希腊术语),而只是由"影像"流构成。它们是否拥有肌肉、血液和其他生物性的构成成分?答案是没有。它们仅仅是**看上去拥有这些**:它们拥有的仅仅是"准身体"和"准血液",这很可能意味着它们**被描绘成**有血有肉的生物,但实际上它们是二维的,没有这些成分。

第二,诸神并不是在数量上有区别的存在者:"……既不拥有立体性,也**不拥有那些事物在数量上的区别**……"这虽然不完整,但却与保存在伊壁鸠鲁《基本要道》1 的一个古代注释(scholion)中的晦涩证据吻合:

> 在其他著作中他[伊壁鸠鲁]说,诸神是通过理智被看见的,有的在数量上可以区别,其他的具有形式统一性,后者由

于相似的影像不间断地涌入同一地方而形成人形。

这段话的后半部分与西塞罗的段落吻合：有些神不是个体，而是**像某种类**型，正如观念论解释会引导我们期待的那样。但前半部分却有些出人意料，它表明有些神**确实是**数量上可区别的个体。如果把这两个文本结合起来，我们可以推断，西塞罗集中于将神当作可理解的（intelligible）而非可见的；同时将神当作类型而非个体，这是他心目中诸神的主要状态。如果同样存在可见的、数量上可区别的神，那它们在某种程度上就是次一级的。我的最佳猜测是，后者是作为楷模的人类个体，由于它们的生活享有伊壁鸠鲁式的宁静而获得了榜样的地位。无论如何，这就是后来的伊壁鸠鲁主义者说伊壁鸠鲁本人是神的意思。

第三，影像并不是从诸神流向我们：它们来自无数原子，并**流向诸神**。大多数学者认为这不可理解，或者在某种程度上与观念论阐释冲突，因而便假定西塞罗的文本有损毁，并对这种读法进行修正，通常将其改为影像"从诸神流出"。这又引出两个回应。一个是正如我们所说，西塞罗本人就发现这个翻译自伊壁鸠鲁的技术性讲法很难理解，而他不理解的东西很可能也包括影像"流向诸神"。如果是这样，他的困惑让我们有更多的理由认为他的翻译准确捕捉到了伊壁鸠鲁所写的内容。另一个回应是，如果诸神是我们自己的思想构造物，正如观念论者所认为的，那它们的空间定位可能是**在我们自己的心灵中**，在这种情况下，说我们构造出的影像"流向"诸神就是正确的。

至于这些影像"来自无数的原子"也非常符合观念论解释。我们用来构造神的观念的影像，并不是从现实的神那里流出的特殊影像，而是从漂浮在我们周围空气中的无数的多样的随机生成的影像中选出来的。大量原子保证了这些影像供应充足。如果这些影像是由神传递过来的，那么原子的数量为什么与此相关反而变得不那么明显了。

需要注意的第四点是其高潮部分，将我们的思想集中在诸神上会带来认识上的报偿，也就是获得"什么是享有至福且永恒之本性的理解"。这当然同时与实在论与观念论的解释都吻合，因为伊壁鸠鲁的神拥有典范的幸福是毫无争议的。但因为观念论的解释坚持认为，拥有对神的知识**就是**获得什么是享有至福且永恒之本性的理解，那么归于伊壁鸠鲁的结束语就对观念论特别有利。

现在让我们回到卢克莱修关于宗教信念之起源的论述。我们知道，神的形象似乎出现在我们梦中并且在做着无比英勇的行为，这本身不可能作为在我们心灵之外存在做这些事情的现实生命体的证据。尽管构成梦之经验的影像来自外部，并且像其他影像一样真实，但它们并不是外部立体物（steremnia）的直接证据，后者由清醒时不断重复的关于马的经验，真实地提供出关于马作为客观生命体的形状和运动等信息。所有人借助如此这般的梦境经验，获得了相同的关于神的基本前识；这一基本前识不由他们在有生之年接触到的共通经验对象（类似于马）所决定，而是由他们共同的倾向决定，即形成囊括某种特定类型存在的梦境影像。因此在这一特殊案例中，决定前识的不是对象的本性，而是人类主体的天生倾向。因而西塞罗坚持认为在某种恰当的意义上前识是"天生的"，也就得到了证明。

接下来的问题是：鉴于伊壁鸠鲁认为天生的前识不可能是神性造物者硬塞到我们之中的，那么我们是如何拥有它的呢？对这个问题的回答应该是如下这样的。根据伊壁鸠鲁，所有动物都有天生的欲求去最大化它们自己的快乐，这是自然的而非由神设计的。对人而言，这种最大化是享有至福的平静生活，不沾染对死亡的恐惧。而诸神，如果依据基本前识将它们正确地理解为享有至福的和摆脱了死亡恐惧的，那么它们便是这样一种生活的理想范型。我们每个人都有一种天生的倾向去设想，特别是梦到我们理想中想变成的那种幸福之人；或者用西塞罗所记载的伊壁鸠鲁的说法，就是去理解"什么是享有至福且永恒之本性"。正是因为这样做了，我们给了关于神的前识一个具体的实现。因此我们形成神之前识的天生倾向，很可能等同于我们以自然和直觉的方式去把握自己天生的道德目标。

伊壁鸠鲁主义者在这点上引用伊壁鸠鲁自己的权威（《论神性》I.46-48），坚持认为神是与人同形的，根据他们的说法，人的形式是理智与德性能够被实现出来的唯一形式。从克塞诺芬尼开始,神人同形论就饱受哲学家们的诟病,伊壁鸠鲁主义者也因复兴这一理论而遭到嘲笑。然而按照观念论的解释,这种复兴完全合理且必然:如果神是我们自己对所渴望成为的幸福之人的心灵投射(mental projections),那么除了人形,很难看出它们还能拥有什么形式。

不朽性

诚然,诸神"不朽"(imperishability)的普遍共识更难以解释。困难在于,一方面不死性(immortality)确实是希腊诸神普遍存在和不可否认的特点,这是伊壁鸠鲁无法轻易忽略的;但另一方面,伊壁鸠鲁主义也强调人类死亡的必然性和可接受性。那么如果人类的自然目标包含有死性,一个不朽的存在怎么能够作为人类自然目标的理想化呢?观念论阐释对这一挑战的回应是,援引伊壁鸠鲁在其追随者面前承诺"不死"的段落,例如,[①]《致美

[①] 两个进一步的例子来自普鲁塔克:第一,《驳克洛特斯》(Against Colotes)1117C,在伊壁鸠鲁对克洛特斯的话中,他把自己与克洛特斯都称为"不朽的";第二,《驳伊壁鸠鲁式的幸福》(Against Epicurean Happiness)1091B-C(Usener 419,部分):"这些人[即伊壁鸠鲁主义者]拥有的是多么大的幸福,他们享有的是怎样的至福,当他们沉浸在不经受恶、悲伤和痛苦的喜悦中!难道这还不能保证他们思考和说出如下言论吗?他们将自己标榜为'不朽的'和'与神相当的';他们在快乐的影响下——出于自身的超凡丰沛与最大化的善——疯狂地叫嚣着,叫嚣他们蔑视所有一切,因为他们独自发现了那伟大的和神圣的善,即恶的缺失。"

诺凯乌斯的信》的最后一句话（135），听从了道德劝勉的人"将在人群中像神一样生活，因为生活在不死的善中的人，最不像一个有死者"。现在无论这种"有死性"是什么，它都肯定不是免于生物死亡的前景。相反，我们可以把伊壁鸠鲁式的圣贤理解为免于死亡的**恐惧**，就像一个字面上不死的存在者一样。我们可以继续推论，我们直觉上将神设想为不朽的原因，是我们将自己无惧死亡的目标投射到了它们身上。

即便是在观念论的阐释下，也还有第二种将伊壁鸠鲁的神理解为不朽的方式，即作为一个永恒的概念。伊壁鸠鲁强烈偏好于将神称为"不朽的"，而不是使用传统的"不死的"（immortal），伊壁鸠鲁的现存著作以及身后的传统都给出了不容置疑的证据。"不朽性"是一个属（genus），而不死性（即免于死亡）是其下的种（species），后者甚至在理论上也只属于有生命者。因此在诗歌的隐喻之外，"概念"就不应该被称为不死的，而应该更恰当地被称为不朽的。伊壁鸠鲁对这个"属"的明显偏好，可能就为如下看法提供了另一条线索：伊壁鸠鲁同样关注神作为一个永恒的（eternal）范型概念，而不只是关注将神作为一个体现了该概念的一直活着的（ever-living）范型。

相反，我们可以考虑一下不朽性给实在论阐释带来的巨大难题。伊壁鸠鲁主义物理学的核心要点是，每一个由原子组成的混合物都终将分解。为了展示我们的宇宙（全有中无限多的宇宙之一）有一天终将毁灭，卢克莱修写下了下面的话：

> 此外，所有持存的东西必须要么是借助拥有立体来反抗冲击，并且不允许任何东西穿过它们，从内部分解其排布紧凑的部分，例如，我们早先证明过其本性的物质粒子（即原子）；要么它能够持存是因为它们免于打击，就像虚空，它保持着原样，不为冲击所影响；或者是因为它们周围没有处所，因而没法让这些东西分散到其中和分解，以这种方式诸多总体的总体［即全有］是永恒的，在它之外既没有事物可逃逸的处所，也没有任何物体可以冲进它，或者在冲击力下瓦解它。

三个析取的分句清楚地表明，伊壁鸠鲁主义物理学中确实只有三类不朽的东西：原子、虚空和全有。① 如果神是此类项目的第四个，并且是一种不可毁灭的混合物，那就破坏了单个宇宙会在未来毁灭的论证：既然诸神能够免于毁灭，为何单个宇宙不能呢？除此之外，也很难想象神可能是怎样的混合物——甚至是像神

---

① 《物性论》V.351–V363 关于灵魂不朽性的讨论，基本重复了 III.806–818 的表述，只做了很少改变。那里在对后一文本的延续中似乎列出了（部分是在缺损处）第四个选项，即灵魂或许也能存留，因为某种程度上它被保护免受伤害。康斯坦（Konstan）在上引文章（"Epicurus on the Gods," pp. 56–57）中认为，缺损部分提到了神能够避免死亡的方式。但这与该段落的逻辑相冲突，在这个段落中前三个选项穷尽了不可毁灭性的可能样式（V.351–363），而第四个选项一开始就是作为反事实条件句引入的。

这样特别的混合物，也必须基于实在论的解释——以至于在遥远的未来都永远不可能遭到致命损坏，例如经历了与巨大物体的撞击。

更糟糕的是，伊壁鸠鲁主义者致力于时间上的对称原则。柏拉图的《蒂迈欧》，如果按照字面意思理解（参见本书第一章），认为宇宙有一个时间上的开端，但将在未来持续存在。伊壁鸠鲁主义者与他们之前的亚里士多德一样，认为这种不对称性是无法忍受的，因此西塞罗的伊壁鸠鲁主义代言人维莱乌斯问道："你是否认为这个人［即柏拉图］在自然哲学上有所建树……当他认为有起始的东西也能够永恒？"（《论神性》I.20）可以肯定的似乎是，伊壁鸠鲁的神（无论是按照实在论还是观念论阐释），不仅将在未来永远存在，并且在所有过去时间都**已经**存在。认为存在一个从过去无限的时间起就保持着现有状态的原子混合物（而非在最初开始时生成），在逻辑上并非不可能，但是要在伊壁鸠鲁主义的宇宙中证明它可能性极低；至少在现有的资料中，找不到任何证据。

如果另一方面，认为神在时间上向过去和未来无限延展，只是我们**构想**神的方式——这是观念论解释所坚持的，那么就不会出现任何明显的问题。神如果是一个范型，便是一个永恒的范型。换句话说，宁静是最大的善，这是一个不变的真理。这似乎也是理解下述段落的一个可能方式，在其中塞克斯都·恩皮里科记载了关于神的概念如何形成的伊壁鸠鲁主义论述。神的概念的形成大概不是在梦中，而是在与最初的梦境遭遇后，通过调整和增强局部产生的普通概念而形成的（《驳学问家》IX.45—46）：

> 神作为永恒的、不朽的、在幸福上完美的观念，是经由人的过渡① 产生的。正如我们获得的关于基克洛普斯（Cyclops）[神话中的巨人]的观念……是通过放大我们对普通人的印象得来的一样。同样，我们从幸福的人的观念开始，赐予他全套的善，之后在神（即它们的最高实现）的观念中增强这些特征。再者，在形成了关于一个长寿之人的印象之后，通过将过去和未来合并到现在，我们将年长者的时间跨度增加为无限；在因此获得了永恒的概念后，他们说神也是永恒的。

很明显，神的持存被构想为对称的无限，也就是说，同时在过去和未来都无限。这种构想时间之对称无限性的方式，正如神的极度幸福一样，是人概念化的产物。

---

① 关于这里的"过渡"过程的理解，参考本书第226页注释①，作者现在认为对此的正确理解是"通过居间者"，而这里"人"就是这个居间者，具体可包括下文提到的"普通人""幸福的人""长寿之人"等，伊壁鸠鲁主义的神的观念都是从加强和放大这些观念而来。——译者注

伊壁鸠鲁的神学立场

到这里，我们已经清楚地看到，根据伊壁鸠鲁主义灵魂学说的原则，形成我们关于神的观念的过程不可能等同于我们通过梦境的接触，见证了现实存在的不朽之神在过着它们的实际生活。它甚至也不要求，在宇宙中的某处真有这样的存在者。事实上，如果诸神的存在通过我们关于它们的天生且自明的认知得到证明，正如伊壁鸠鲁被认为说过的那样，那么这种认知几乎不可能超越我们对某种影像的可视化理想（a graphically visualised ideal）的直觉把握，也不可能是（或依赖于）心灵感应通路（telepathic access）通达一种享有特殊地位的超越尘世的不可毁灭的生命形式。因而实在论阐释最基本的认识论支柱，事实上都不能服务于任何这样的目的。

或许，伊壁鸠鲁的确相信在宇宙某处存在着某种由原子构成的生命体，它们与我们对神的普遍前识一致，确确实实免于死亡；也就是说，它们不仅确实不会消亡——无论什么外来物体①在它们所在的空间碰撞或积聚——而且从过去的无限时间开始就一直活着。虽然我自己仍然怀疑伊壁鸠鲁严肃地持有这个看法，但我不否认他关于"诸神存在"的坦率声明确实可以做实在论阐

---

① 根据伊壁鸠鲁自己的说法（《致皮托克勒斯的信》[*Ep. Pyth.*] 89），intermundia 是诸宇宙能够在其中形成的空间，这使得它很难被当成诸神永远安全的港湾。

释；至少就考虑学派的公开声誉而言，或许这个声明并不是无意的。

然而如果（即便只是假设性地）同意观念论的阐释，那么对伊壁鸠鲁而言，诸神的存在就仅仅是思想的对象、内容或构造物。我想指出他在谈论这些神时所使用的语言特点。除了之前讨论的西塞罗的段落中的部分例外，只有一个讨论诸神的实质性段落使用了伊壁鸠鲁自己的语言，出现在他的伦理学概述《致梅诺凯乌斯的信》123—124 中。这个段落将大量理论压缩在几行文字中，写得非常复杂和模糊，与这封整体而言带有概述和非技术性特征的书信有天壤之别：

（1）首先，请将神看作一个不可朽且享有至福的生命体，就像大纲中关于神的共通观念一样，（2）不要将任何异于不朽性和不适宜享有至福的东西与神联系，（3）但要相信关于它的一切能够保护至福与不朽性的组合。（4）因为尽管诸神存在——关于它们的知识是自明的；（5）但它们并不像大多数人所看待的那样，（6）因为像那样看待它们，许多人就**无法**保护它们。

这个段落包括一个很强的存在确证（4）：诸神存在。正如通常在我们的伊壁鸠鲁主义材料中出现的，复数的"诸神"说的是许多不同的神在文化间和某种文化中被认可的事实；因此在本段剩下的部分,当他在概括普遍的宗教信念时,伊壁鸠鲁也继续使用复数。另一方面,在他给读者的建议中则用了语法上单数的神,即某人自己的神。这个建议集中在如何**构建**神的概念,在这个任务中读者被赋予了积极的角色。你对你的神的信念,应该以"保护"它的本质特征为目的(3);而大众关于神的信仰之所以做不到这点(5-6),是因为他们不能因此保护它(6)。这是因为如果恰当构想,神的核心特征是不受侵害性(invulnerability),它为道德上与灵魂上的不受侵害性设立了理想标准,而在人类之中这种不受侵害性仅仅适用于伊壁鸠鲁式的圣贤。那些将他们的诸神构想为宇宙管理者的人,剥夺了诸神最重要的不受侵犯性,不管他们是否意识到了这一点。

伊壁鸠鲁强调的看法是,我们要给诸神所需的保护,虽然这本身并不意味着诸神不过是我们自己思想之构造,但它的确与这个阐释完美契合。

另一个从伊壁鸠鲁学派第一代的直系圈子中幸存下来的关于神之本性的段落,是他的同事和最终继承人赫马库斯(Hermarchus)的一个残篇。① 它同样以给建议的方式,讨论了如何塑造关于诸神的观念:赫马库斯竭力劝我们将它们设想为有呼吸的、发出声音的,并且过着以谈话为中心的社会生活,无论其使用的是希腊语

---

① 赫马库斯(Hermarchus)残篇 32(Longo Auricchio 编),来自菲洛德穆斯:《论诸神》Ⅲ。

或其他非常类似于希腊语的语言。这读上去像是构造你自己理想的建议，而不是去发现某种超尘世存在者之本性和生活方式。

在我看来，第一代伊壁鸠鲁主义者选择了精心编码的宗教话语风格，是为了服务于神学的观念论；同时也以肯定诸神存在的话语，向一种从未信任过无神论的文化示好。假如伊壁鸠鲁知道，他的存在断言会误导后来许多（甚至是在他自己的学派内部的）读者，误认为他的立场是实在论而非观念论，我怀疑他是否还会感到不安。

神学及伊壁鸠鲁主义的课程

在本章最后，让我将注意力转向一个据我所知在实在论和观念论的争论中未被提出的问题。伊壁鸠鲁有很多论证，旨在说明诸神并没有创造我们的宇宙，也没有统治它：例如，他们没有动机这样做，宇宙无论如何也不像是为我们的益处而设计的（卢克莱修：《物性论》V.156-234）。但这里的挑战可能是：如果他认为诸神不过是观念化的思想构造物，为何他不能直接提出**这一点**作为它们不能是创造者和统治者的原因呢？

要了解观念论阐释者如何回答这个问题，首先需要注意相似的问题也能够提给实在论者。他们都同意，为了成为不可损坏的，诸神必须拥有极其细微的形体（bodies），它们要么是由不断更新的影像流，要么是由一批非常稀薄的原子组成的——稀薄到立体物体能够穿过它们而不对其造成毁坏的程度。基于这一假设，诸神显然不会有物理性的力量去建造和统治宇宙。但为何伊壁鸠鲁不直接这么说呢？

实在论者和观念论者需要以同样的方式回答这些挑战。他们各自关于神之本性的结论，无论我们采取哪一种，都非常难以确立，充其量只是位于一个延伸推理与推测链的末端。许多伊壁鸠鲁主义者可能会明智地在这样一个困难的问题上悬搁他们的判断。甚至伊壁鸠鲁自己基于观念论阐释，也可能更愿意保留（哪怕只是出于政治的原因）如下观点在理论上的可能性，即宇宙中的某处可能确实存在接近于他所描绘的诸神的生命体，无论这看起来多么不可能。

但与这些完全相反的是，"我们不会受到来自诸神的任何威胁"的说法反复出现，这是伊壁鸠鲁主义中第一个也是最基本的要义，它被神圣地记载在《致梅诺凯乌斯的信》的开头和《基本要道》的第一条。至关重要的是，伊壁鸠鲁不会让这一信条被悬搁，而是在一开始就从一个普遍认同的概念中推断确立了它。无论诸神确切的形而上学地位如何，一旦我们分离并检验了自己天生的关于神的前识，就会发现一条基本的神学真理：没有任何神性存在者会自愿选择统治我们的生活。

第七章　神的匿名性

苏格拉底

最后一章我将从一段我们很熟悉的引文开始：

> 昨天我和阿里斯通的儿子格劳孔一起下到比雷埃夫斯港，为了向女神献祭，同时也希望观看他们如何举办节日庆典，我们看到这是他们第一次庆祝这个节日。

这段苏格拉底说的话是柏拉图《理想国》的开篇，据传柏拉图在决定目前的版本之前重写过很多次。正如在我们阅读过程中会逐渐意识到的，苏格拉底参加的这个节日是本迪代亚节（the Bendidea），是一个为色雷斯女神本迪斯（Bendis）举行的庆祝仪式；柏拉图努力提醒我们，这是该仪式第一次在雅典举行。十年后苏格拉底会被指控给雅典人引入新神，而柏拉图这里则在温和地提醒读者，实际上雅典人早已树立了先例。

在这一宗教指控的背景下，柏拉图在开篇省略苏格拉底希望献祭的女神名字就绝非偶然。使用匿名表达"女神"（τῇ θεῷ）并没有什么不寻常之处，但大多数雅典读者最初无疑会认为这位女神是雅典娜，① 至少在第二句之前会如此假定，因为到那里才提及色雷斯人的游行队伍是苏格拉底观看的仪式的一部分。该节日直到第一卷非常靠近结束的位置才被真正称为本迪斯的节日（354a）。与此同时，苏格拉底给我们留下的印象是，一方面他对自己的宗教信仰是虔诚的，但另一方面却在有意模糊被庆祝的神的身份，甚至有点儿充耳不闻。

我们要关注这些细微之处，理由之一是它们直接和苏格拉底对他自己与神性关系的理解有关，柏拉图在其他作品里说到了这个问题。在《申辩》中，苏格拉底详细重述了德尔菲神谕宣称无人比他更智慧，从而让他开始了检审他人的毕生事业。正如迈尔斯·伯恩耶特（Myles Burnyeat）表明的，② 在那里苏格拉底没有一次将那位赋予他神圣使命的神圣权威称为阿波罗，而自始至终坚决地坚持称他为"那位神"（the god）。读者很可能会认为这就是指那位特定的德尔菲神祇，但苏格拉底就是不说出来。同样，他个人的神性表征也只是无名的"那位神"。尽管

---

① 参见《礼法》806b，比较 796b-c。《蒂迈欧》21a 和 26e 有时也会被引用于证明这一点，然而那里的"女神"从未被确认过身份，这或许是有意为之（见下文）。

② M.F. Burnyeat, "The impiety of Socrates," *Ancient Philosophy*, vol. 17 (1997), pp. 1-12 (reprinted in Burnyeat, *Explorations in Ancient and Modern Philosophy* vol. 2, Cambridge, 2012, pp. 224-237)。

在希腊用语中这样称呼"那位神"或"那位女神"并不反常，但是如此严格的自我克制，让我们无法将其作为偶然情况加以处理。我确定伯恩耶特是对的，我们在《申辩》中见证的是一个有意策略，苏格拉底的认罪就在这个表面之下：因为他从未正式反驳过对他提出的主要宗教指控，即指控他不承认城邦信仰的诸神。考虑到他没有否认，苏格拉底敢于对陪审团说"我相信诸神的方式，不是我的控告者相信他们的方式"（35d），就更能说明问题了。

同样的匿名化再次出现在柏拉图的晚期作品《泰阿泰德》中，① 柏拉图让苏格拉底再次回到他的神圣使命这一话题上，这次是隐藏在理智助产士的伪装下。他作为助产士的角色是由"那位神"（ὁ θεός）委派的，这个表达中的阳性冠词排除了至此唯一有名字的神阿尔忒弥斯（Artemis），苏格拉底曾提到她通常与分娩联系在一起。某种程度上究竟是哪位神并不重要，因为苏格拉底是为了展示他的使命必须有良善的目的："**没有**神对人是恶意的。"（151d1）

当柏拉图让苏格拉底一再声称他在雅典的理智使命是服务于一位匿名的神，他想达到什么目的？关键当然不是主张一神论（monotheism）。在两段相似的上下文中，苏格拉底毫不犹

---

① 我在 The Midwife of Platonism. Text and Subtext in Plato's Theaetetus, Oxford, 2004, ch. 3, §§ 5-6 对此进行了论证。

豫地表示他接受复数的神。毋宁说，这里的关键是神的**一致性**（uniformity）或**同质性**（homogeneity）。无论是按照柏拉图还是色诺芬对苏格拉底神学的呈现，这种神学最显眼的都是神绝对的善。正是这种善以及诸神因而统一的目的决定了给神命名以及在不同神之间作区分是可以避免的。这个楔子较薄的一端是用不同的名字、功能和价值区分不同的神；而较厚的一端则包括诸神间在神话或悲剧中的对立，后者为柏拉图笔下的苏格拉底在《欧叙弗伦》中所谴责（5e-8b，特别是6a），同样的谴责也发生在《理想国》第二、三卷中苏格拉底提出教育改革的时候。值得注意的是，在《理想国》的段落中，当苏格拉底指涉那些他希望删改的神话时，他自由地使用了诸神的名字——宙斯有两个罐子，他从中分配恶与善；赫拉伪装自己；等等——但呈现在那些他提议用于取代这些故事中的，却并不是关于同一批神的净化神话，而是关于"神""诸神"或"神圣者"之真正本性的教诲：诸神从不导致伤害、变化自身或从事欺骗。

　　关于异教希腊神学的一个主要难题，是缺乏任何将一神论和多神论对立起来的辩论。最接近正式的一神论的是苏格拉底的追随者安提斯提尼（诚然，材料来自敌对的伊壁鸠鲁主义者）。据说安提斯提尼在其著作《自然学家》（*Physicus*）中这样说："依据习俗（*nomos*）有许多个神，但依据自然（*physis*）只有一个"（V A179-180，Giannantoni编辑《苏格拉底和苏格拉底的遗产》[SSR])。但是即便这个论题也很有可能来源于对神圣的**一致性**(uniformity)的肯定。也就是说,与其说神在数量上只有一个,而不是大众宗教中崇拜的众多神灵,安提斯提尼在说"依据自然"只存在一个神时,或许是在以苏格拉底的腔调坚持只存在单一的神性的**自然**,但这却被众多相互竞争的宗教信仰错误地多样化了。这类对宗教信仰多样化的批评和其他证言完全吻合;根据那些证言,安提斯提尼说神不相似于任何东西,因而不能从形象中认识(《苏格拉底和苏格拉底的遗产》,181)。如果说安提斯提尼在他身后留下了哲学遗产,那便体现在犬儒运动(the Cynic movement)中,后者大肆嘲笑宗教团体对个体神祇的崇拜;但据我们所知这种遗产却不存在于任何一神论中。

苏格拉底接受某种形式的多神教,这种多神教避免提及不同神的名字,赞成"神""诸神"的匿名化,这同样明显地贯穿在色诺芬《回忆苏格拉底》的描绘中,该书包含了两个关键性的神学章节(I.4和IV.3),它们越来越被认为是真正的苏格拉底的观点。①这里尤其突出的是,苏格拉底关于宇宙本身必须拥有理智的形式化论证(I.4.8),以及随后将那个理智确认为一位无名的最高宇宙

---

① 在色诺芬那里,苏格拉底唯一一次提到神的名字,是在色诺芬的《申辩》14:苏格拉底讲述德尔菲神谕故事时,他提到了阿波罗的名字;但那里或许恰恰是"申辩性的"上下文,才促使色诺芬使用更加安全的命名行为。而在《回忆苏格拉底》中却没有出现这种情况;甚至在《远征记》III.1.7,在据称是色诺芬和苏格拉底关于咨询德尔菲神谕的对话中,也是色诺芬称呼了阿波罗的名字,而苏格拉底两次都只是说"那位神"。

神（I.4.17, IV.3.13），它以某种方式超越了其他同样无名的诸神。

同样重要的是考虑苏格拉底的那些使用神名的感叹。这些证据是否反对他所采用的神学匿名性策略？很可能并没有。"以宙斯之名"（νὴ Δία 或者 νὴ τὸν Δία）的通常表达基本没有宗教意义，不过相当于英语中的"我的天""感谢上帝"和"看在上帝份上"，它最常见的功能仅仅是作为强调，相当于英语中的"确实如此"。在色诺芬和柏拉图的著作中，苏格拉底偶尔使用这样的感叹，或许也可以被看作没有神学上的相关性。但是实际上，这反而以一种出乎意料的建设性方式对苏格拉底的改良主义神学（reformist theology）有所贡献。在柏拉图和色诺芬那里，苏格拉底使用"以宙斯之名"的频率明显小于他的对话者，并且在人们说"以宙斯之名"的地方，他更经常使用的是"以赫拉之名"（νὴ τὴν Ἥραν）这个既罕见又非正统的感叹语。这不可能是偶然的，几乎可以肯定，它反映了历史上苏格拉底本人的独特用法。①

苏格拉底显然是有意决定在他的誓言中交替使用奥林波斯诸神中最高的男神和最高的女神，这相当于用性别中立的姿态平衡那个父权家族。这让我们想起柏拉图的《美诺》，那里苏格拉底在

---

① W. C. Calder III, "The Oath by Hera in Plato," *Mélanges Edouard Delebecque*, Aix-en-Provence, 1983, pp. 25-42 指出柏拉图和色诺芬那里"以赫拉之名"出现了 11 次，除一次之外均出自苏格拉底之口。

人的层面坚持德性之统一性时，论证了男人、女人和奴隶以同样的方式是好的。尽管这可能被仅仅看作关于定义统一性的逻辑观点，但亚里士多德却将这看作苏格拉底真正的伦理立场（他大概是部分依赖那些对我们来说已散佚的独立证据），认为这反映了他在道德领域进行性别平等化的倾向（《政治学》I.13.1260a20-24）。① 在将相应的性别平等含蓄地加给诸神时，苏格拉底似乎找到了另一种对自己的同质化神学（homogenising theology）有所帮助的方式，无论这种帮助是多么隐晦和温和。

然而，在本章我的目的并不是进一步追寻苏格拉底的神学遗产。我想提出和发展的是下面这个观点：正如伯恩耶特敏锐地观察到的，苏格拉底以无名的方式称呼诸神以避免承认其异质性，他实际上并不是在创新，而是让自己与之前很长的哲学性神学（philosophical theology）传统保持一致，该传统至少从公元前6世纪的克塞诺芬尼开始，一直持续到公元前4世纪的亚里士多德。我们将会看到，那个神圣同质性的传统也承认某些的例外，在澄清同质性论题的内容和动机时，这些例外本身将被证明很有启发性。在我们可能期望看到一场多神论与一神论的哲学较量的地方，我们实际上遇到了另一场较量，一种在神圣多样性（divine diversity）与神圣统一性（divine uniformity）之间的较量。

---

① 如果真的如此，苏格拉底关于奴隶与自由人是平等的暗示也同样激进。

赫西俄德

在哲学家出现之前,在赫西俄德的《神谱》中就已经有了多神命名系统的范式。正如我们在第一章看到的,这一诗篇展示了至少两种神学的融合。一方面是叙事神话与宗教信仰里功能残缺的神圣家族,以克洛诺斯对父亲乌拉诺斯的阉割为代表。另一方面是广泛的、具有原哲学性(proto-philosophical)解释力的存在者,如混沌、死亡、睡眠、无法纪、爱、闪电、饥饿、胜利与老年,这些个别神祇被挑选出来用作象征宇宙的构成性部分和指导性力量。

甚至在后面这些主要是象征性的神祇中,不睦也是其主要基调。最初的神圣存在者混沌,产生了三代或四代的后裔,共同组成了一个几乎是完全否定性的和分离性的存在者家族,包括夜、责备、复仇、欺骗、遗忘与劳作。该家族,即混沌的后代们,从不与大地的后嗣交合繁衍,而后者则组成另一个庞大的神圣家族,包括许多积极性的力量,如守法与和平。因此在早期希腊哲学从中孕育而生的赫西俄德背景中,我们找到了两组截然不同的神,他们是两极化的解释原则。在赫西俄德手中,最重要的是多样的命名法均被用于详细安排两个家族不断扩大的功能多样性上。

泰勒斯

在赫西俄德的背景下，我们能更好地理解早期**哲学性**神学的出现。泰勒斯是最早得到公认的自然哲学家，归于其名下的"万物充满诸神"是他对个别事物内在动机性力量的解释。这不仅是生命体的动机性力量，而且是石头的动机性力量——非常著名的是他提到了磁石拥有移动铁制品的能力。泰勒斯将神作为宇宙范围的解释性原则进行扩增，这明显带有赫西俄德的特点，但就我们能够从很少的材料中看出的，这些神不再保留传统的明显带有《神谱》特点的神祇命名系统。对神力量的匿名化处理如果得到证实，就代表了从宗教溯因论迈向科学溯因论的重要一步。以个体命名的神祇，每一个都有独特的宇宙角色，这将让位于一个**类型化的**解释系统：一些是推动不同动物物种的神，一些是推动植物的神，一些是推动磁石的神，等等。

克塞诺芬尼与巴门尼德

泰勒斯之后两代人左右，也就是大约公元前 6 世纪末，第一位严肃的理性神学的倡导者克塞诺芬尼出现了。他对神人同形论的拒绝明确包括对荷马和赫西俄德的谴责，谴责他们对神之间敌对状况的描绘。克塞诺芬尼这样描述他的核心神（B23）：

> 唯一的神，在诸神和众人之中的至大者，
> 在身体与思想上与有死者全然不同。①

学者们已经耗费了太多笔墨去讨论该对句中的第一行是否肯定了一神论的问题。但我认为，大家普遍承认，如果这确实是一神论第一次进入西方思想史，那它便是一个灾难性的拙劣入口。将神称为"诸神[复数]中的至大者"绝不是宣称它是唯一的神。在任何情况下都没有必要将数量词"一"（εἷς）强调成独一性（singularity），因为 εἷς 伴随最高级时通常是作为强调性成分，"一位最伟大的"（the single greatest），意思是"那最伟大的"（the very greatest）。更有前途的方式是这样理解这组诗句：第一行"唯一的神，在诸神和众人之中的至大者"意在以完全传统的、人们熟悉的希腊多神的方式来理解，实际上是指最高神，也就是通常所说的宙斯。说到这里没有任何激进之处。然而第二行，通过去除所有人的或似人的特征（包括身体的和心灵的），一下子就将这位神**陌生化**了，而那些特征正是从荷马时期就被赋予宙斯的。这一转变发生时，我们很容易忽略一个与之相伴的更深远且更微妙

---

① εἷς θεὸς ἔν τε θεοῖσι καὶ ἀνθρώποισι μέγιστος, / οὔ τι δέμας θνητοῖσιν ὁμοίιος οὐδὲ νόημα.

的变化，即最高的神不再拥有名字。

神的匿名性不仅是这一对句子的特点——一个句子可能有偶然的成分，同样也是克塞诺芬尼指涉诸神（无论单数和复数）①时反复出现的特征。在他幸存的诗句和证言中，神的名字唯一一次重要的出现②是在 B32，在那里"她，他们称为伊丽丝（Iris）"被确认为自然上的彩云。这一关于彩虹的物理解释，不一定是要提出任何神学观点；但如果其中有任何神学信息的话，从表面上看那便是无论如何都要消除一个有名字的神祇，即伊丽丝，她位列赫西俄德神谱列举的神祇名单中（《神谱》266）。

这里我顺带提一下巴门尼德，他被柏拉图和亚里士多德都看作克塞诺芬尼的直接继承者。他的长诗以叙述他造访一位女神开头，讲述了女神如何向他解释关于存在的深刻真理以及有死者的欺骗表象。我在这里无法对巴门尼德式存在的神学展开探讨。我只想顺带请读者注意，为确定这位女神是谁，人们做了很多方向错误的努力，其主要候选人是珀耳塞福涅（Persephone）。我认为恰恰相反，站在诗人的角度，女神的匿名性并不是普通的疏忽，而应当看作神学上向存在之统一化迈进的重要一步。去命名任何个体男神或女神，都是对神圣者的碎片化和分解。这无疑是巴门

---

① 单数：B1.13, 23, 38；复数：B1.24; B11, 12, 14-16, 18, 34。
② 我没有算在 B2.2 出现的"宙斯的小树林"，因为这仅仅是一个地形上的指涉，其神学意义并不重要。

尼德为意见之路（the Way of Seeming）保留了赫西俄德谱系各自分而称名的神祇的原因，但这条道路是他诗中对有死者欺骗性意见的描绘。①

赫拉克利特

回到正确的时间顺序，让我们将目光集中到赫拉克利特。

διδάσκαλος δὲ πλείστων Ἡσίοδος· τοῦτον ἐπίστανται πλεῖστα εἰδέναι, ὅστις ἡμέρην καὶ εὐφρόνην οὐκ ἐγίνωσκεν· ἔστι γὰρ ἕν.

赫西俄德是大多数人的老师：人们认为他知道得最多；然而他却不认识日与夜。因为它是一个东西。（B57）

在赫西俄德那里，夜是日之母。日与其母分享居所，因为出于方便它们从来不同时出现在居所：她们②只在门口碰面，当一者回到居所，另一者就开始旅行（746–757）。

---

① B13：πρώτιστον μὲν Ἔρωτα θεῶν μητίσατο πάντων；参见西塞罗：《论神性》I.28。该主题似乎是一个叫 Genesis 的神（*daimōn*）。参见例如 A. H. Coxon, *The Fragments of Parmenides*, Assen/Maastricht, 1986, p. 243。

② 日与夜均为阴性，当赫拉克利特在上述段落中故意不使用人格化的阴性复数，而用中性单数时，他是故意为之，尽管这在希腊文语法上和翻译的中文语法上都比较牵强。原因作者在下文会解释。——译者注

在赫拉克利特看来，赫西俄德犯了什么错误？看上去错误或许在于赫西俄德天真地假定两个名字"日"与"夜"，由于是两个，就必须选出两个不同的存在者。他把她们两个塑造成共同居住的女神，不过是对这种天真的假设做了传统的神话式展示。同样的人格化形而上学贯穿于赫西俄德的世界观，其中包括了数百名小神祇。赫拉克利特的关键洞察某种程度上正是，认为赫西俄德将现实刻画成分离个体的方式是一种根本误解（亚历山大·穆瑞拉托斯［Alexander Mourelatos］称之为"关于万物的天真形而上学"［the Naïve Metaphysic of Things］）①；并且，这也是赫拉克利特对现实进行彻底重新分析的驱动力。

很容易理解赫拉克利特为什么拒绝赫西俄德的简化看法：赫西俄德为语言结构所误导，假定不同的名称与事物之间有着一一对应的关系。我将残篇结尾 ἔστι γὰρ ἕν 笨拙地翻译为"因为它是一个东西"（for it is one thing），而不是一般所译的"它们是一"（for they are one），是为了抓住赫拉克利特在我们期待会使用复数动词的地方选择了单数：恰当地指称日与夜，不是将其作为人格化的阴性复数，而是作为一个中性的东西，即便这意味着从句法上有点牵强。

---

① A. Mourelatos, "Heraclitus, Parmenides, and the Naive Metaphysics of Things," in E. N. Lee et. al. eds., *Exegesis and Argument*, Assen, 1973, pp. 16-48（重印于 Mourelatos, *The Route of Parmenides*, Las Vegas, 2008）。

我曾说过语言本身误导了我们，去区分这两个对立的实体。但仔细考察之后我们会发现，即便语言本身也挑战了在它们之间做出区分的做法。因为在同一针对赫西俄德的批评中，赫拉克利特给日与夜的名字分别是 *Hēmera* 和 *Euphronē*，后者代替了赫西俄德所用的名字 Nyx。从词源上说，*Hēmera* 和 *Euphronē* 都能被分析为"善意的东西"；而赫拉克利特的特点就是，将这种语言模式视为形而上学上的揭示。① 在一段可资比较的段落中（B48），在挑战熟悉的生死二分时，赫拉克利特依靠的是 *bios* 的双重含义，不同的重音意味着"生命"和"弓"："弓之名是生命，但其作用却是死亡。"赫拉克利特的形而上学想要让我们不要太多放弃自己熟悉的说话方式，而是要彻底理解其意义。赫拉克利特为我们构造的话语（*logos*），他坚持认为不仅仅是他自己的，而且一直以来也都是公开的，任何有智慧的人都可以理解其含义（B1–2）。

对日夜二元性的否定，作为对赫西俄德多元化神学（pluralising theology）的回应是有意义的，它自身无疑也是更一般的前哲学存在论（pre-philosophical ontology）的象征。更困难的问题是回答在日神与夜神那里，赫拉克利特会如何捍卫自己的观点，即准确地说在该框架中只有**一个**而不是两个东西。在更广泛地考虑这里所涉及的原则后，我们会尽力解释这个问题。

---

① 在赫拉克利特的研究文献中，这个特别的例子从未被评论过，这很奇怪，在此我要感谢海登·佩里西亚（Hayden Pelliccia）。

相反者的统一性是赫拉克利特最为人熟知的主题,关于这个主题的其他一些说明非常清晰,对我们这里的讨论也很有帮助。特别是"向上的路与向下的路是同一的"(B60)。这句话不仅为统一性原则作了例证,而且也为解释更令人困惑的情形提供了可能的模型。如果我把"向上的路"称为你所说的"向下的路",那么我们两个人就都错失了它的本质统一性,因为我们武断地赋予了我们自己的视角以优先性。在赫拉克利特看来,只要人们消除了自己的视角,采用中立的神之眼的视角,统一性就会超越二元性。

在日与夜的问题上,我注意到甚至赫拉克利特对单数的使用——"因为它是一个东西"——也在打消我们将赫西俄德那里的两位女神区分为不同存在者的念头,并代之以一个单独的存在者。但如果日夜只是一个存在者,那又是什么呢?说到底,它是独一的匿名的神,它不仅是日与夜的基础,同样也是所有成对的相反者的基础(B67):

ὁ θεὸς ἡμέρη εὐφρόνη, χειμὼν θέρος, πόλεμος εἰρήνη, κόρος λιμός, ἀλλοιοῦται δὲ ὄκωσπερ ⟨πῦρ⟩, ὁπόταν συμμιγῇ θυώμασιν, ὀνομάζεται καθ' ἡδονὴν ἑκάστου.

神是日与夜、冬与夏、战争与和平、餍足与饥饿,但它也变化,正如[火],当其与香料混合时,它被以每种味道命名。

这里匿名的统一的神被表述为深层的实在,而相反者则是其相对表面化的表现形式。当一种接一种的香味出现在鼻孔旁,深层的实在不过是火在发生变化。

我们之前看到,在克塞诺芬尼的例子中,他的最高神在功能上相当于宙斯,但却避开了他的名字。赫拉克利特在 B32 中对这种紧张关系进行了反思:

ἓν τὸ σοφὸν μοῦνον λέγεσθαι οὐκ ἐθέλει καὶ ἐθέλει Ζηνὸς ὄνομα.

一个东西,仅有的智慧者,既愿意又不愿意被称之以宙斯（Zēn）之名。

当命名或称呼一个神,特别是通常被称为宙斯的神时,那么尊重神自己偏好的名称——无论是什么,就是好的宗教实践。因此在埃斯库罗斯（Aeschylu）的《阿伽门农》（*Agamemnon*）160-162,歌队说:"宙斯,无论他是谁:如果这是他喜欢被称呼的名字,我就这样叫他。"赫拉克利特强调的单数神,由中性的词汇 τὸ σοφόν（智慧者）指示出来,这个词并不是作为名字,而是作为具有独特辨识特征的描述。但这仍然留下一个问题:它喜欢的合适名字是什么?熟悉的阳性名字"宙斯"（这里它以其变形的属格形式 *Zēnos* 出现）怎么样?初看起来,最突出的说法是神似乎避开这样的名字,而我们则被邀请解答其中的原委。众所周知,在这里选择宙斯的变体形式 Zēn 是由于它暗示了动词 ζῆν,即活着。生命本身对于赫拉克利特而言就是生死两极的一半,这不仅体现在我们刚才引用过的关于弓的残篇中,同时也体现在赫拉克利特经典的字谜中:"不死的有死者,有死的不死者,生他人之死,死他人之生。"(B62)如果统一的神性不愿意被称作 Zēn,那一定部分是由于这个名字将其所支撑的所有两极性的功能,削减为仅仅是两极性的一半。

因此很容易理解为何独一的神更喜欢匿名,胜过宙斯(Zeus/Zēn)之名。更困难的问题是,为何它也**愿意**被叫作这个名字。一个原因无疑在于如下简单事实:宙斯(Zeus/Zēn)是为最高神保留的名字,无论他可能是谁或是什么。让我们与之后的前苏格拉底自然哲学家阿波罗尼亚的第欧根尼(Diogenes of Apollonia)做个比较。第欧根尼指出,气是整个宇宙的理智的物理原则,他将气直接说成"神"(我们已经很熟悉这个策略了),而不再对其进行命名(B5)。另一方面,我们了解到在其他地方,第欧根尼诉诸荷马的权威来支持这一等同,理由如下:荷马(据称)将无所不知归于宙斯;而实际上,气作为理智的东西,拥有所有知识;因此荷马是在将宙斯确认为气。[①] 以这样的方式,即便最

[①] 一个经常遇到的推论是说,第欧根尼自己将宇宙神确认为宙斯,但证言是将宙斯(仅仅作为荷马作品中的名字)用作第欧根尼自己称为气的东西。

高的神不是宙斯，也可以合法地宣称扮演了传统上属于宙斯的角色。

赫拉克利特的神愿意被称为宙斯（Zēn）的另一个可能原因是：这个名字代表生命；在赫拉克利特的宇宙中，生命并不完全限于生/死两极的一半。赫拉克利特原初的基本宇宙神可以被看作"**永生的火（πῦρ ἀείζωον），它根据量度点燃、根据量度熄灭**"（B30）。因此从这个角度说，Zēn 的名字也有助于抓住神的本质。

德尔维尼作者

为了理解从赫西俄德模式到赫拉克利特以及其他人所支持的、我们可以宽泛地称之为一神论模式的转变，同时为了理解对神做匿名化处理在神学上的好处，我们需要看看德尔维尼纸草。[①] 德尔维尼纸草身份不明的作者，通常被置于前苏格拉底时代晚期；他对一首被归给俄耳甫斯、风格上可与赫西俄德《神谱》比较的神谱诗进行了寓意化的评注。俄耳甫斯诗人的叙述包括许多神祇，比如乌拉诺斯、克洛诺斯、宙斯、瑞亚、阿芙洛狄忒、盖亚、俄刻阿诺斯（Okeanos）、赫拉、德墨忒尔、赫斯提亚（Hestia）

---

① 下面的内容绝大多数都来自 G. Betegh, *The Derveni Papyrus*, Cambridge, 2004。

等。但这位注释者却与此相反,他几乎将一切都削减为理智性的气(intelligent air)的表征,因而不愿意接受权威俄耳甫斯所倡导的明显的神的多样性。因此他的一项不大可能的任务就是,将数量众多的神祇当作独一神圣存在的诸种表征或不同方面。这项工作需要一些天才。我们仅选取一个例子进行说明,例如这位评注者不允许俄耳甫斯引入第二个原始元素水,来指称俄刻阿诺斯(大海),因此他写道:"……然而对于那些正确理解的人而言,很明显俄刻阿诺斯就是气,气就是宙斯……但那些不理解的人却认为俄刻阿诺斯是河,因为俄耳甫斯为其所加的名号是'宽广流淌的'(εὐρὺ ῥέοντα)。但其实他是在使用流行的、习惯性的描述来表示他的意思。因为人们也把非常有力的东西说成'流动得……很快(μεγάλους ... ῥυῆναι)'"(23.2-10)。从这样的解释策略便很容易看出,传统的神名多样性,对统一宇宙原则造成了多么令人却步的障碍;并且也能看出,为什么替代性的诸神匿名化方案,从一开始就被证明更有吸引力。

恩培多克勒

在前苏格拉底时期,我一直在描述的匿名化模式有一个重要的例外,那就是恩培多克勒。恩培多克勒的宇宙充满了有名字的(有时是多名字的)神祇。四元素土、气、火、水,首先被等同于四个有名字的神：赫拉、宙斯、阿伊多内乌斯（Aïdoneus）、奈斯提斯（Nestis）(B6)。尽管确认阿伊多内乌斯和奈斯提斯的身份仍然是一个有争议的问题，但似乎可能的是他们分别是哈德斯和珀尔塞福涅的西西里名字。① 如果是这样，后两者便是神中伉俪，当然正如另一对伉俪宙斯与赫拉一样。伉俪能够被分开也可以重聚，这一工作属于两个更高阶的神。诸元素不停歇的混合和分离循环，最终被另外两个完全相反的神所统治，一位是女性神祇"爱"（不同的叫法有菲罗忒斯［Philotēs］、阿芙洛狄忒［Aphrodite］、凯普丽丝［Kypris］和盖索苏奈［Gēthosynē］）；另一位是语法上中性的神祇"恨"（Neikos）。爱与恨通过一份庄严宣誓条约，彼此交替拥有权力。在爱完全占主导地位的阶段，宇宙被统一为一个拥有至福的球形神，恩培多克勒称之为斯法洛斯（Sphairos，这个词在语法上是阳性的）。

关于恩培多克勒的神学可以说很多，但对于我们现在的目的而言，核心要点应该已经很清楚了。在恩培多克勒看来，变化的周期过程统治着宇宙的长期轨道，同时个体居住者的生命周期所需的不是一种，而是至少两种进行统治的神。没有任何好的与和谐的东西将永远存在，因此爱的建构性和结合性力量，必须被分裂性的第二神性所平衡，即恨。一旦爱与恨的二元性被建立起

---

① 关于这些，特别是奈斯提斯（Nestis），参见 P. Kingsley, *Ancient Philosophy, Mystery and Magic*：*Empedocles and Pythagorean Tradition*, Oxford, 1995。

来，神的匿名性就消失了。正如我们看到的，从克塞诺芬尼开始的哲学家们，就已经放弃了异质性的赫西俄德风格的万神，而赞成独一的无名神，这是因为承认了神圣者的同质性。因此，命名并因此分离出诸神，就是将神圣者与自身对立起来。但恩培多克勒恰恰认为，将神性与自身对立起来在解释上是必要的，以便使宇宙特有的生成与毁灭周期具有完整的意义。向赫西俄德式的多元主义的回归，以及与之相伴的多样命名法，正是那种信念的具体样式。

并非所有的神都有名字，甚至在恩培多克勒的宇宙中也有匿名的神。他们是"长寿的"、由肉与血组成的生物，[①] 它们并不是在字面意义上不死，而是实际上在爱的统治下与人、树、鱼及类似者一同产生的某种更高级的自然物种。在这一被造神的种族中，恩培多克勒自己似乎是唯一我们能叫出名字的。甚至毕达戈拉斯——几乎可以肯定他就是由于能够记住二十代人之前世的能力而被恩培多克勒赞扬的那个人（B129）——也是匿名的。

因此在恩培多克勒那里，对个体神祇的明显命名（在这一点上他无视近期的哲学传统），目的是区分相互作用的宇宙原则。在这些之中，无疑爱、恨和四元素神是最核心的参与者。但此外，这些有名字的诸神确实还有附加的道德或文化角色。我们了

---

① 即精灵。——译者注

解到，在一个逝去的更幸福的时代，在有邪恶的屠杀和牺牲行为前，爱被尊奉为诸神中的女王（B128）：

> 在他们看来，叫作阿瑞斯或图木尔特或宙斯的神都不是王，克洛诺斯或波塞冬也不是。而库普丽丝(即爱)是女王……他们供以圣像以平息其怒气……

每一个相互竞争的男性神祇都只是在否定的意义上被提及，**没有**在黄金时代被尊为万神之王，因而就不是必须要把他们加到恩培多克勒的神祇范围内。另一方面，在这里我们确实有一个主题的不详预示，它将在欧里庇得斯的《希波吕托斯》和柏拉图《斐德罗》的神话中（252c-253c）突显出来，这就是：你所选择尊崇的神反映了或者等同于你自己在两个或更多相互冲突的道德联盟中所做的选择。恩培多克勒对个体神的命名，是这一神圣者之道德多元化的第一步；但如果我是正确的话，这一结果正是那些从克塞诺芬尼时代就开始的、赞同对神进行匿名化的哲学家们所努力避免的。

回到苏格拉底

我希望至此已经很清楚地表明了，当苏格拉底以缄默来面对命名个体神的问题时,他并不是一个创新者,而是继承了一个在哲学家中已确立的传统。我们倾向于认为苏格拉底在哲学上自学成才,然而在这类问题上他必然对现有的哲学传统有所意识,并且浸淫其中。事实上,他自己提到的雅典老师阿尔基劳斯,很可能就赞同匿名化神学的物理主义版本,因为据说他同意那些将神看作构成宇宙的理智之气的人(60A12 DK = Aetius 1.7.14.)。正如我们在本章先前看到的,苏格拉底在命名诸神问题上的小心,已为柏拉图和色诺芬所证实。

柏拉图

我们现在要转向柏拉图本人。我们不一定期待他在成熟作品中的策略是完全复制那些归于苏格拉底的立场。相反,逐渐清晰的是,他继续关注、改写或发展了苏格拉底的立场。

宣称可以对散布于柏拉图大量异质作品中的神学进行概括,是徒劳的。柏拉图的神学部分见于他的末世论神话,部分见于政治性对话,部分在宇宙论沉思的语境中,部分则在关于定义的苏格拉底对话中。例如,在他的神话里,柏拉图并未对赋予个别有名字的诸神以特定角色表现出任何不安,甚至将他们表现为有着与人类相似的缺陷。

但与当前目的更相关的,是柏拉图里程碑式的最后著作《礼法》。这场政治对话是他为神权政制（theocracy）绘制的蓝图，其形式是一个名为马格尼西亚的想象城邦，这个城邦由神或者神的代表来统治。正如我们在《理想国》中所见到的，也正如伯恩耶特在柏拉图的作品中所证明的，① 我们值得花点时间仔细考察这部对话开篇的微妙措辞。在《礼法》中，那位匿名对话者向他刚碰到的克里特人和斯巴达人所说的话预示了柏拉图在这部对话中对神学的压倒性关切："神还是某个人，陌生人，承担起了为你们颁布礼法的责任？"（I.624a1-2）第一个词 theos，我译为"神"，也完全可以说是"**某个神**"，即"你们的礼法是由某个神还是某个人制定的？"但这里与单独一个名词 theos 相对的，是我译为"某个人"（tis anthrōpōn）的表达，更字面的译法是"人类中的某一个"。微妙的句法对比表达出这样的印象：对神的提及不必提及任何个别的神。因此这一精心设计的开头就直接指向了卷十的有神论论证，在那里得出了天的有序运行是由**一个或多个**道德上完美的神性灵魂引起的结论（X.899b5-8）。在那里，我们同样也会发现，柏拉图明显对清点神的数目，或者在他们之间进行区分没有什么兴趣；柏拉图对话者所强调的并不是它们的个体性，而是它们所分享的绝对的善。

---

① M. Burnyeat, "First Words: A Valedictory Lecture," *Proceedings of Cambridge Philosophical Society*, vol. 43 (1998), pp. 1-20（重印于 *Explorations in Ancient and Modern Philosophy*, vol. 2, Oxford, 2012, pp. 305-326）。

然而，我对柏拉图的主要关注是他的另一部晚期对话《蒂迈欧》。从我们的角度看，这部对话的独特优势是确定了某种接近于柏拉图自己体系的东西，并且整合了许多在其著作集其他对话中更为探索性的观点。

蒂迈欧在苏格拉底面前讲话的主题是宇宙本身。苏格拉底自己的参与很少，在研究中通常不被提及，但我们忽视这点是很危险的。正是在苏格拉底的明确请求下，蒂迈欧向无名的"男神与女神"祈祷，祈祷他所做的这项全面工作能够取得成功（27b-d）。尽管这一对话发生在一位女神的节庆期间（21a, 26e），但这位女神的名字没有在任何地方被提及，这无疑是在有意与《理想国》的开场呼应。当蒂迈欧转到他的主要话题，即宇宙及其创造上时（28b2-4），便很快确认了其所祈求者的身份也是一个神：

> 整个天（ouranos）或宇宙（kosmos），或者就让它被称为它最能接受的任何名字……

这是小心向神祈愿的传统语言，特别是对于任何有多个名字可选择的神而言。① 蒂迈欧向宇宙发出了选择自己名字的邀请，这第一次暗示了宇宙本身实际上是神。在他的长篇讲辞中，蒂迈欧没

---

① 关于这个主题，我从 C. Rowett, "On Calling the Gods by the Right Names," *Rhizomata*, vol. 1 (2013), pp. 168-193.

有选择任何一个名字，而是同时使用了 ouranos（天）和 kosmos（宇宙秩序）作为宇宙的名字，同样还有 to pan（全有），并且也经常称它为一个"神"。在蒂迈欧宇宙论演讲的结尾，他结合了所有四个词：天、宇宙、全有和神。接着（并不在《蒂迈欧》里，而是在紧随其后的《克里提亚斯》[Critias]的首页），蒂迈欧再次直接对苏格拉底说话，并且祈祷祝自己讲话成功，他呼请的是这同一位宇宙神；这个神现在——当然是匿名地——被描述为"那位在很早之前在现实中被创造出来的神，现在在话语中被创造出来了"（106a）。这里的宗教含义是，如果你的论题是宇宙本身，并且宇宙实际上是一个神，那么它**无论以什么方式命名**，显然都是监督该讲话的合适的神。

在我看来，蒂迈欧这里对苏格拉底说话的措辞方式，确实很有可能代表了作者对独特的苏格拉底神学的认可。① 然而我们不太清楚，这种神学是否仍然是以诸神的匿名化来支持神的同质性，还是出于其他动机。

让我们来做一番比较，一方是蒂迈欧请宇宙神选择自己名字的请求，另一方则是《克拉底鲁》400e-401a 中苏格拉底对同一做法的概括性评论：

---

① 蒂迈欧讲话中另一处谈及苏格拉底的地方在 28c-d，那里是著名的苏格拉底式主题，即关于人类认识之局限性。

第二种正确获得诸神名字的方式，正如我们祈求的惯用方式，就是以任何它们喜欢被叫作的名字叫它们，基于任何它们喜欢的基础，因为我们对它们一无所知。这在我看来是一个很好的习俗。

他提到并且支持我们之前在《阿伽门农》中遇到的隐含在赫拉克利特残篇 B32 中的策略，那便是留给神性本身去决定希望被如何命名。让我们比较《斐莱布》12b-c，在那里斐莱布坚持说那位被称为阿芙洛狄忒的女神，更正确的叫法是"快乐"：苏格拉底坦白自己对诸神之名感到恐惧，因此他将采用更安全的做法，让女神自己去决定自己的名字。同样，在《克拉底鲁》的段落中，苏格拉底也明确支持这种"习俗"（νόμος）。因而我们或许可以认为，当苏格拉底在《蒂迈欧》中敦请蒂迈欧"以习俗的方式"（κατὰ νόμον, 27b9）召唤诸神时，蒂迈欧自己想到的就是同样的试探性的称呼模式，并且这也启发了他在一页之后留给宇宙神自己去选择名字。

然而人们可能会怀疑：在柏拉图的成熟作品中，他是在**重新解释**苏格拉底在哲学上富有启发的匿名化诸神策略吗？他似乎是将苏格拉底在为神命名上的缄默，与传统因迷信而形成的对无意错唤神名之恐惧进行了同化。如果确实如此，那么这种重新解释就可以被视为一种新的捍卫方式，针对的是置苏格拉底于死地的宗教创新指控；这种捍卫方式认为苏格拉底匿名化诸神，并不是在否认诸神作为个体存在，而仅仅是借助不假定知晓它们的正确名字来表达尊敬。

但当我们触及《蒂迈欧》核心的神学段落时，就会发现至少就柏拉图自己的神学来说，这很明显不是故事的全部。

根据蒂迈欧的创世故事，宇宙是由一个更高的神创造的，这个神从未被命名，仅仅以其功能来描述：不仅仅是"那位神"，而且是"有理智且永恒存在者中最好的"（37a），并且是宇宙的"工匠""父亲"和"制造者"。

神圣工匠所创造出来的较低级的诸神不仅包括宇宙，还有宇宙的大多数的构成者：地球、太阳、月亮、恒星和五行星，它们所有都是球形和理智的存在者，地球被其他球体围绕，这些球体都运行在按照数学定义的轨道上。每次（除了一次例外）这些被造的诸神被单独挑出来时，都没有个体名字。唯一的例外是水星，它作为"据说对赫尔墨斯神圣的星"被提及（38d）。提及水星时很难一点不提及传统神名，这与（例如）金星的情况不同，金星能够用功能性的名字 *Heōsphoros* 来称呼，也就是启明星。

这里可能会遇到这样的反对意见：由于在这个时期希腊语还缺乏一般名词与专有名词的区分，因而认为蒂迈欧关于"地球""太阳""月亮"的说法仅仅是一般名词而不同时是诸神之名，就具有误导性。然而这个反对意见能够通过两种相互补充的方式去克服。①第一种方式是考察柏拉图的《克拉底鲁》，这部对话首先处理的是诸神个体名字的词源，如乌拉诺斯、克洛诺斯、宙斯、赫斯提亚、波塞冬等（396a-d, 400d-408d）；而那些宇宙中的存在物，包括地球、太阳、月亮，则被作为另一个单独的话题加以讨论（408d-410e），但没有任何暗示说地球、太阳、月亮可能不是神。因此，柏拉图似乎很好地掌握了如下区别，一个是描述性或功能性地去指称一个神的实在，另一个是将个体名字归于它。

第二种克服上述反对意见（即认为蒂迈欧提到的太阳、月亮等，可能在原则上是指神的名字）的方式，是仔细看看蒂迈欧如何描述被造诸神。到40d，蒂迈欧清楚地表明他正在描述的是球形神圣存在者的创造，这些存在者基于一种数学式的精确的天文学。在引入了两个主要的圆环，即绕天旋转的环和诸可见神（太阳、月亮、恒星、行星与地球）旋转的环之后，他说，没有可见的机械模型就不可能进一步描绘它们的结合、逆行、掩星（occlusions）等等；因此蒂迈欧结束了对这些可见神之"自然"的论述。也就是说，这里是蒂迈欧科学神学的结束。紧随其后的内容充分地证实了这一点，它们值得完整引用如下（40d-41a）：

---

① 关于这点同样可以参见 Betegh, *The Derveni Papyrus*。

至于其他神灵（*daimones*），谈论他们与了解他们如何形成都超出了我们的能力范围。毋宁说，我们必须相信那些过去曾谈论过他们的人，他们说自己是诸神的后代，无疑有关于他们自己祖先的明确知识。因此不可能不去相信诸神的后代，尽管他们所说的不是基于可能的和必然的证据（ἄνευ τε εἰκότων καὶ ἀναγκαίων ἀποδείξεων）；但我们应该跟随习俗（*nomos*）并信任他们，因为他们声称所记载的是自己家族的事。

　　因而关于这些神的事，让我们立足于他们，接受并论及如下谱系。大地（Gē）与天（Ourano）所生的是俄刻阿诺斯（Oceanos）和忒提斯（Tethys），他们的后代因而是福耳库斯（Phorcys）、克洛诺斯、瑞亚与其他这一代的神。克洛诺斯与瑞亚生下宙斯、赫拉和所有那些据我们所知是他们兄弟姐妹的神，还有他们的后代。

　　因此，当所有神都诞生后，这里既包括以可见的方式转动的诸神，以及那些就其自身意愿向我们显现的神，这个宇宙的创造者就向它们说了以下这些话……

之后文本继续讲述了工匠神对听众所说的一套详细指示，听众由两组神组成：科学性的神**以及**传说中的神。

　　这段文字非常重要，理由很多。蒂迈欧现在已超越了科学神学，即一个"可能的和必然的证据"可用的领域。"可能的"证据是典型的属于柏拉图物理学整体的证据，建立在全面重构创世神在模仿永恒范本去设计和建构宇宙的过程中可能使用的论证的基础上。而"必然的"证据在柏拉图的术语中则较难确认，但上下文中这个表达几乎肯定是指那类支撑着蒂迈欧关于天体运动之复杂表述的数学论证。换言之，蒂迈欧在这里告别了科学神学，即告别了对运动中的天球的研究，而将焦点放到传统神谱的诸神上。例如，宙斯是克洛诺斯和瑞亚之子可能是真的，但没有任何科学的论证能够帮助证实它。作为代替，蒂迈欧无奈地表示：我们必须直接接受神谱权威们传给我们的神之家谱。随之而来的对赫西俄德和俄耳甫斯之神谱的概要性综合：盖亚和乌拉诺斯；俄刻阿诺斯和忒提斯；福耳库斯、克洛诺斯、瑞亚等；宙斯、赫拉以及他们世代的其他神；最后，是前面这些神的后代。

谁是我们在了解神圣谱系的过程中要去相信的权威？将神圣的出身归给他们，必然主要是指俄耳甫斯和穆塞乌斯（*Musaeus*）（根据《理想国》II.364e，二者都是赛勒娜［Selene］①和缪斯的后代），尽管很难设想赫西俄德的《神谱》被完全排除在外。几乎所有的现代注释者都评论说，蒂迈欧为接受这些权威人士的话所提供的理由，即这些权威宣称的神圣出身，是"反讽性的"。但是我们应该抵制这种评论。关于这个段落，正如叛教者朱利安

---

① 希腊文 Σελήνη，意为月亮，是希腊神话中的月亮女神。——译者注

（Julian the Apostate）很好地指出的，蒂迈欧与苏格拉底不同，他并不是一个反讽者。① 蒂迈欧在上引段落中的核心意思仅仅是清楚地说明，一方面他并没有采取激进措施，将传统神祇从万神中排除出去；但另一方面，关于这些传统神祇的起源，他也说不出除了诸种神谱中读到的东西之外的东西，② 因为它们不属于科学论证。（如果他确实以反讽的方式说话，他就会对包括宙斯在内的万神之存在表示怀疑。）

无论如何，抛开反讽，人们也很难不意识到蒂迈欧在处理这些传统神祇时的**草率**方式。他不仅一次性准备好了名字的清单并一口气报出，而且似乎对那些名字非常随意，以至于明显没有注意到这些名字与早先关于神性存在者的科学名单有着无法解释的重合。这里地与天似乎是神圣家族的创始祖先，被归于那些科学无法触及、只能够通过古老神谱获知的神中。然而正如我们所见，乌拉诺斯（Ouranos）同样是那位有时被认作"宇宙"的神的可用词汇之一，而且实际上，蒂迈欧在讲话中也通常是在这层含义上使用它的，尽管他同样也会偶尔在比较狭义的"天"的含义上使用它（39d8, 40a6, 比较 39e10）。至于盖亚（Ge），其同名神此前已被描述为天体旋转之数学中心的球形存在者。确实，甚至是乌拉诺斯与盖亚在神谱中的功能，即作为神圣家族的原初祖

---

① 朱利安：《驳犬儒派的赫拉克利乌斯》（*Against the Cynic Heracleius*）24。
② 阿德曼图斯（Adeimantus）在《理想国》365e1–3 也提出过同样的看法。

先，在前面也有明确与之平行的科学神学的言辞（40b–c）：

> 大地，我们的养育者，但却绕着贯穿整体的轴旋转，他将大地设计为夜与日的护卫者和制造者，在天（*ouranos*）之内所生成的一切神中，她是第一位也是最年长的。

无论"天"在这里指的是整个被造的宇宙，还是仅仅指宇宙的天体区域，很明显基于对传统神谱的科学修订，天和地在与其他个体天体的关系中被呈现为**祖先式的**（ancestral）。"最年长的"大概意思便是，除非已经有一个天之结构供星体运行，并且有一个大地供星体绕其旋转，否则工匠神是无法创造出太阳、月亮、恒星与行星之运转来的。

工匠神继续向其做讲话的诸神集合体，既包括科学神学中通常可见的神，也包括传统神谱中较少见到的神。那么是这个混合的群体中包括**两个**叫作"大地"的女神吗，一个是位于宇宙中心的球形存在者，另一个是神圣家族的祖先？或者，我们正在处理的是同一个神的两种不同表现形式，一者是我们叫作大地的科学实在，另一者是寓意化的拟人形式？蒂迈欧对神谱之继承的处理非常草率，我们无法给出更好的理解。但是，如果我们真的认为，每个有名字的神谱之神都是科学神性的寓意对等物，我们就无法理解柏拉图为什么要将神谱中的神祇作为一个独特群体添加进来。

不允许将这两组神合并的最有力理由或许是，蒂迈欧迫切地想将个体的名字只应用于神谱那一组的神。这一行为与他之前为宇宙神选择名字时的踌躇、工匠神显著的匿名性以及蒂迈欧始终贯穿其对话的缄默行为都形成了鲜明对比。如果蒂迈欧先前踌躇的动机被限定为对不经意错选名字的敬畏性恐惧，那么我们应该非常惊讶，当他谈论宙斯、赫拉及其同类者时，竟然突然抛开了这种小心。因而更可能的解释是：直到 40d，我们在学习的都是诸神的**自然**，其基础是像太阳、月亮这样的可见神祇，它们数学式的精确运动可以被直接检验和计算。它们的个体差异不如它们共同分享的有序性、稳定性和理性重要，后三者才是它们神性自然的标志性特征。并且，在之前从克塞诺芬尼到苏格拉底的哲学传统中，这一神的同质性就通过应用神名时所采取的极简主义而得到保持。相反，当谈到神谱中的诸神时，无论是通过诗人还是通过其他方式，我们都对其真正的自然一无所知。因此它们就位于科学神学的范围之外，并且确实也在更一般的哲学探究活动之外。然而，他们作为生成的神，在地位方面完全可以与被造的宇宙神和它主要的神圣组成相提并论，因而就也有与这些其他神一起聆听工匠神讲话的资格。虔敬、习俗与传统要求我们以尊敬的方式承认他们。但是他们对于科学来说，却无关紧要。

柏拉图之后

我所追踪的匿名化模式，在柏拉图非常独立的弟子亚里士多德那里也得到了保留。在亚里士多德的神学著作《形而上学》第十二卷中，一个显著的论题便是神作为纯粹的主动理智之同一性，并伴随着我们已经熟悉的匿名性。与此相应，在《政治学》I.2.1252b24-27，在对宙斯主导的奥林波斯神圣父权统治的含蓄拒绝中，亚里士多德评论说，诸神在王权下运作的普遍自负，仅仅是我们将人的政治结构加诸它们的结果。我们或许会期待这样的评论是针对一神论的，然而这里（正如在其他地方一样）这样的期待将落空：亚里士多德在第七章确认了激发宇宙运动的最高理智，并且将其确认为神之后，继续在第八章批准了可能存在多个这样的推动者，甚至开始清点这些推动者的数目。

然而最有趣的后果还是在斯多亚神学那里。这一希腊化学派某种程度上设法结合了我所考察的哲学传统，即神之匿名性与希腊宗教中有名姓神祇的回归。一方面，宇宙本身——一个由土、水、气、火组成的理智的球形宇宙——是一位匿名的神，这是蒂迈欧宇宙神的直系后裔。另一方面，宇宙背后两个非常抽象的原则是"物质"与"神"，后者无疑也是无名的，他是一位内在的神祇，至少在其因果性角色方面几乎与柏拉图的工匠神相合。斯多亚主义者通常将其称为宙斯。宙斯是唯一完全不可朽的神，甚至在连接一个宇宙阶段与下一个阶段的周期性大火中，他都完好无损地存活着。

此外，较低的奥林波斯诸神也常常被点名承认，典型的做法是将他们识别为宇宙力量或宙斯的不同方面。举个简单的例子，宙斯进入四个宇宙区域土、水、气、火的延展，就分别由德墨忒尔、波塞冬、赫拉和赫淮斯托斯所代表。

斯多亚学派对神之命名系统的大规模吸收是一种极端的创新，我认为我们对这一点的认识还有所不足。在这一方面，这种极端创新使他们区别于主流的哲学传统，特别是苏格拉底和柏拉图式的哲学传统，虽然在大多数其他方面，他们是其继承者。但他们也让自己联合于另一种由恩培多克勒和德尔维尼作者等人所代表的寓意化遗产。

在如何解释斯多亚学派与主流哲学传统的这一关键性决裂上，存在一些待处理的深层问题。例如，这一变化是否源于斯多亚学派感到在新兴的希腊化世界中，需要将他们自己的神学与大众宗教信仰相协调？或者，更可信的是，这一变化出自他们新发现的对最古老传统之权威的尊崇——这些权威包括荷马神话、赫西俄德神话和俄耳甫斯神话——而这种尊崇（或许是第一次）使对诸神名字的词源学和寓意解码，成为哲学家真正不可或缺的工具？[①]

[①] 参见 A. A. Long, "Stoic readings of Homer," in R. Lamberton and J. J. Keaney eds., *Homer's Ancient Readers*, Princeton, 1989, pp. 41-66。

这些问题就留给另外的场合来讨论吧。

斯多亚学派的命名模式对我们来说是个提醒，提醒我们前苏格拉底哲学家对神的匿名化绝不是由他们的讨论主题决定的。永远可用的替代方案是诉诸寓意：这种策略是用每一神谱传统中有名字的神，来代表宇宙一个特别的部分、方面或功能。这一特别与克塞诺芬尼的同代人雷基乌姆的泰阿戈尼斯（Theagenes of Rhegium）有关的实践，在任何时候都是一个对神之匿名性的鲜活的替代选项。如果说在公元前300年左右斯多亚学派建立之前，哲学家们很大程度上都避开了这一替代选项，那么他们的节制就反映了克塞诺芬尼与苏格拉底对公元前5世纪与前4世纪哲学性神学超乎寻常的影响力。这两位思想家通过删除诗人对神的错误表征来开展清洗哲学性神学的运动，并且成效异常显著。如果我是对的，那么我在最后一章中的主题，即避免通过误导性的个体神名使神圣者碎片化，就应当被认为是这场运动中的一个关键部分。

古希腊神学研究文献选列

（一）整体性讨论

Babut, D. 1974. *La réligion des philosophes grecs.* Paris.

Betegh, G. 2006. "Greek philosophy and religion", in M.L. Gill and P. Pellegrin (eds.), *A Companion to Ancient Philosophy*, Oxford, 625-639. Bremmer, J. 2007, "Atheism in antiquity", in M. Martin (ed.), *The Cambridge Companion to Atheism.* Cambridge, 11-26.

Bremmer, J. and A. Erskine (eds.). 2010. *The Gods of Ancient Greece. Identities and Transformations.* Edinburgh.

Burkert, W. 1985. *Greek Religion.* Cambridge Mass. (orig. German edn 1977)

Drachmann, A. B. 1922. *Atheism in Pagan Antiquity.* London.

Drozdek, A. 2007. *Greek Philosophers as Theologians.* Ashgate.

François, G. 1957. *Le Polythéisme et l'emploi au singulier des mots Theos, Daimon dans la literature grecque d'Homère à Platon.* Paris.

Frede, M. 2010. "The case for pagan monotheism in Greek and Graeco-Roman antiquity", in S. Mitchell and P. Van Nuffelen (eds.), *One God: Pagan Monotheism in the Roman Empire.* Cambridge.

Gerson, L. P. 1990. *God and Greek Philosophy.* London.

Geuss, R. 2005. "On the usefulness and uselessness of religious illusions", in his *Outside Ethics*, Princeton, 131-152.

Guthrie, W. K. C. 1950/1954. *The Greeks and their Gods*. London.

Guthrie, W. K. C. 1962-1981. *A History of Greek Philosophy*. Cambridge.

Kearns, E. 2009. Ancient Greek Religion: A Sourcebook. Malden MA.

Lloyd, G. E. R. 1979. *Magic Reason and Experience: Studies in the origins and development of Greek Science*. Cambridge.

Lloyd, G. E. R. 1987. *The Revolutions of Wisdom: Studies in the claims and practice of Ancient Greek Science*. Cambridge.

Mackie, J. L. 1982. *The Miracle of Theism*. Oxford.

Meijer, P. A. 1981. "Philosophers, intellectuals and religion in Hellas", in H. Versnel (ed.), *Faith, Hope and Worship* (Leiden), 216-263.

Mikalson, J. D. 2010. *Greek Popular Religion in Greek Philosophy*. Oxford.

Morgan, K. 2000. *Myth and Philosophy from the Presocratics to Plato*. Cambridge.

Most, G. W. 2003. "Philosophy and religion", in D. Sedley (ed.) *The Cambridge Companion to Greek and Roman Philosophy* (Cambridge), ch. 11.

Oppy. G., and N. N. Trakakis. 2013. *Ancient Philosophy of Religion*. Durham.

Parker, R. 1992. "The Origins of Pronoia: A Mystery", in *Apodosis: Essays Presented to Dr. W.W. Cruickshank to Mark his Eightieth Birthday"* (London), 84-94.

Pease, A. S. 1941. "Caeli enarrant." *Harvard Theological Review* 34, 163-200.

Price, S. R. F. 1999. *Religions of the Ancient Greeks*. Cambridge.

Rowett, C. 2013."On calling the gods by the right names", *Rhizomata* 1, 168-193.

Runia, D. 1996. "Atheists in Aetius: text, translations and comment on *De placitis* 1, 7, 1-10", *Mnemosyne* 49, 542-576.

Sedley, D. 2007. *Creationism and Its Critics in Antiquity*. Berkeley.

Sihvola, J. 2006. "The autonomy of religion in ancient philosophy", in V. Hirvonen et al. (ed.), *Mind and Modality: Studies in the History of Philosophy in Honour of Simo Knuuttila*. Leiden, 87-99.

Sorabji, R. 1983. *Time, Creation and the Continuum*. London.

Van den Broek, R., T. Baarda, J. Mansfeld (eds.). 1988. *Knowledge of God in the Graeco-Roman World*. Leiden.

Versnel, H. 2011. *Coping with the Gods. Wayward Readings in Greek Theology*. Leiden.

Whitmarsh, T. 2016. *Battling the Gods. Atheism in the Ancient World*. New York.

Wildberg, C., 2011. "Dionysus in the Mirror of Ancient Philosophy: Heraclitus, Plato and Plotinus", in R. Schlesier (ed.), 'Dionysos: Ein Differenter Gott?' (Berlin/Boston), 205-232.

Winiarczyk, M. 1981. *Diagorae Melii et Theodori Cyrenaici Reliquiae*. Leipzig.

Winiarczyk, M. 1984 and 1992. "Wer galt im Altertum als Atheist?", *Philologus* 128, 157-183 and 136, 306-310.

Winiarczyk, M. 1989. "Bibliographie zum antiken Atheismus'", *Elenchos* 10, 103-192.

Winiarczyk, M. 1990. "Methodisches zum antiken Atheismus", *Rheinisches Museum* 133, 1-15.

（二）前苏格拉底哲学家与智者

Adomenas, M. 1999. "Heraclitus on religion". *Phronesis* 44, 87-113.

Barnes, J. 1979. *The Presocratic Philosophers*. London.

Betegh, G. 2004. *The Derveni Papyrus*. Cambridge.

Broadie, S. 1999. "Rational theology", in A.A. Long (ed.), *The Cambridge Companion to Early Greek Philosophy* (Cambridge), 205-224.

Caizzi, F. Decleva. 1966. *Antisthenis Fragmenta*. Milan.

Clay, Jenny Strauss, 2003. *Hesiod's Cosmos*. Cambridge.

Davies, M. 1989. "Sisyphus and the invention of religion". *Bulletin of the Institute of Classical Studies* 26, 16-32.

Diels, H, Kranz, W. 1951-1952. *Die Fragmente der Vorsokratiker*. Berlin.

Graham, D. W. 2010. The Texts of Early Greek Philosophy. Cambridge.

Henrichs, A. 1976. "The atheism of Prodicus", *Cronache Ercolanesi* 6, 15-21.

Jaeger, W. 1947. *The Theology of the Early Greek Philosophers*. Oxford.

Jourdan, F. 2003. *Papyrus Derveni*. Paris.

Kahn, C. H. 1997. "Greek religion and philosophy in the *Sisyphus* fragment", *Phronesis* 42, 247-262.

Kerferd, G. B. 1981. *The Sophistic Movement*. Cambridge.

Kingsley, P. 1995. *Ancient Philosophy, Mystery, and Magic*. Oxford.

Kirk, G. S., J. E. Raven, M. Schofield. 1983. *The Presocratic Philosophers,* 2nd ed. Cambridge.

Laks, A. 1983, *Diogène d'Apollonie*. Lille (updated edition 2008).

Laks, A. and Most, G. (ed.). 1997. *Studies on the Derveni Papyrus*. Oxford.

Lesher, J. 1992. *Xenophanes of Colophon: Fragments*. Toronto.

Long, A. A. 1996. "Parmenides on thinking being", *Proceedings of the Boston Area Colloquium in Ancient Philosophy,* vol. 12. Lanham Md.

Mayhew, R. *Prodicus the Sophist. Texts, Translations, and Commentary*. Oxford.

McKirahan, R. D. 1994. *Philosophy before Socrates*. Indianapolis.

Most, G. W. 2006. *Hesiod, Theogony* (Loeb ed., vol. 1). Cambridge Mass.

Mourelatos, A. P. D. 1970. *The Route of Parmenides*. Revised edn. 2008.

Mourelatos, A. P. D. 1973. "Heraclitus, Parmenides, and the naïve metaphysics of things", in E. N. Lee et al. (eds.). *Exegesis and Argument* (1973), 16-48; repr. in his 2008 (above).

Osborne, C. 1997. "Heraclitus and the rites of established religion", in A.B. Lloyd (ed.), *What is a God?* London: 35-42.

Osborne, C. 2004. *Presocratic Philosophy: A Very Short Introduction*. Oxford.

Primavesi, O. 2006. "Apollo and other gods in Empedocles", in M. M. Sassi (ed.), *La costruzione del discorso filosofico nell'età dei Presocratici*. Pisa: 51-77

Primavesi, O. 2008. "Empedocles: physical and mythical divinity", in P. Curd and D. W. Graham (eds.), *The Oxford Handbook of Presocratic Philosophy*. Oxford: 250-283

Rechenauer, G.. 2005. "Götter und Atome bei Demokrit", in G. Rechenauer (ed.), *Frühgriechisches Denken*, 384-406. Göttingen.

Robinson, T. M. 2008. "Presocratic theology", in P. Curd and D.W. Graham (eds.), *The Oxford Handbook of Presocratic Philosophy*. Oxford: 485-498.

Schibli, H. 1990. *Pherecydes of Syros*. Oxford.

Sedley, D. 2013, "The atheist underground", in V. Harte and M. Lane (eds.), *Politeia in Greek and Roman Philosophy*, 329-348. Cambridge.

Trépanier, S. (2010), "Early Greek theology: god as nature and natural gods", in J. N. Bremmer and A. Erskine (eds.), *The Gods of Ancient Greece: Identities and Transformations* (Edinburgh) 273-317.

Vlastos, G. 1952. "Theology and philosophy in early Greek thought." *Philosophical Quarterly* 2, 97-123. Repr. In Vlastos, G. 1995. *Studies in Greek Philosophy*, ed. D.W. Graham. 2 vols. Princeton: vol. 1, 3-31.

Warren, J. 2007. *Presocratics*. Stocksfield.

Warren, J. 2013. "Gods and men in Xenophanes", in V. Harte and M. Lane (eds.), *Politeia in Greek and Roman Philosophy* 294-312. Cambridge.

West, M. L. 1966. *Hesiod, Theogony*. Oxford.

Whitmarsh, T. 2016. "Diagoraas, Bellerophon and the siege of Olympus", *Journal of Hellenic Studies* 136: 182-186.

Yunis, H. 1988a. "The debate on undetected crime and an undetected fragment from Euripides' *Sisyphus*", *Zeitschrift für Papyrologie und Epigraphik* 75, 39-46.

Yunis, H. 1988b, *A New Creed: Fundamental Religious Beliefs in the Athenian Polis and Euripidean Drama* (Hypomnemata 91, Göttingen).

（三）苏格拉底、柏拉图、亚里士多德

Allen, R. E. 1990. *Plato's Euthyphro and the Earlier Theory of Forms*. London.

Annas, J. 1999, "Becoming like god, ethics, human nature, and the divine", in *Platonic Ethics, Old and New* (Ithaca), 52-71.

Armstrong, J. 2004. "After the ascent: Plato on becoming like god", *Oxford Studies in Ancient Philosophy* 26, 171-83.

Arnim, H. von, 1931. "Die Entstehung der Gotteslehre des Aristoteles", *SB. Akad. W. Wien*, 212.5, 3-80; repr. as 'Die Entwicklung der Aristotelischen Gotteslehre', in F. P. Hager (ed.), *Metaphysik und Theologie des Aristoteles* (Darmstadt, 1969), 1-74.

Baltzly, D. 2004. "The virtues and 'becoming like god': Alcinous to Proclus", *Oxford Studies in Ancient Philosophy* 26, 297-322.

Bandini, M. and L.-A. Dorion (ed.). 2000. *Xénophon, Mémorables* I. Paris.

Bodéüs, R. 2000. *Aristotle and the Theology of the Living Immortals*. Albany.

Bordt, M. 2006. *Platons Theologie*. Munich.

Bordt, M. 2011. "Why Aristotle's god is not the unmoved mover", *Oxford Studies in Ancient Philosophy* 40, 91-109.

Botter, B. 2005. *Dio e divino in Aristotele*. Sankt Augustin.

Botter, B. 2011. *Aristotele e i suoi dei. Un'interpretazione del III libro del "De philosophia"*. Carocci.

Boys-Stones, G. and Haubold, J. (eds.). 2010. *Plato and Hesiod*. Leiden.

Broadie, S. 1993. "Que fait le premier moteur d'Aristote? (Sur la théologie du livre Lambda de la 'Métaphysique')." *Revue philosophique de la France et de l'étranger* 183, 375-411.

Broadie, S. 2003. "Aristotelian Piety". *Phronesis* 48, 54-70

Broadie, S. 2011. *Nature and divinity in Plato's Timaeus*. Cambridge.

Burnet, J. 1924. *Plato's Euthyphro, Apology and Crito* (text and commentary).

Burnyeat, M. 2004. "The impiety of Socrates", *Ancient Philosophy* 17, 1-12; repr. in T. Brickhouse and N. Smith (ed.). *The Trial and Execution of Socrates* (Oxford 2002), 133-45, and in R. Kamtekar (ed.). *Plato's Euthyphro, Apology, and Crito: Critical Essays* (2004).

Burnyeat, M.F. 2008. *Aristotle's Divine Intellect* (The Aquinas Lecture). Milwaukee.

Calef, S. W.1995. "Piety and the unity of virtue in *Euthyphro* 11e-14c" (followed by an exchange with M. McPherran), *Oxford Studies in Ancient Philosophy*

13, 1-43.

Carone, G. 2005, *Plato's Cosmology and its Ethical Dimensions*. Cambridge.

Cherniss, H. 1954, "The sources of evil according to Plato", *Proceedings of the American Philosophical Society* 98, 23-30; repr. in G. Vlastos (ed.), *Plato* vol. 2 (1971).

DeFilippo, J., 1994. "Aristotle's Identification of the Prime Mover as God", *The Classical Quarterly* 44.2, 393-409.

Edwards, M. J. 2000. "In defense of Euthyphro", *American Journal of Philology* 121, 213-224.

Flannery, K. L. 2008. "Can an Aristotelian consider himself a friend of God?", in F. Di Blasi, J. P. Hochschild, and J. Langan (eds.), *Virtue's End: God in the Moral Philosophy of Aristotle and Aquinas*, 1-12.

Frede, M., Charles, D. (eds.) 2000. *Aristotle's Metaphysics Lambda*. Oxford.

Geach, P.T. 1966. "Plato's *Euthyphro*. An analysis and commentary", *Monist* 50, 369-382; repr. in Kamtekar 2005.

Guthrie, W. K. C. 1933. "The Development of Aristotle's theology", *Classical Quarterly* 27, 162-171.

Hackforth, R. 1936. "Plato's theism", *Classical Quarterly* 30, 4-9; reprinted in R.E. Allen (ed.) *Studies in Plato's Metaphysics*. London 1965: 439-447.

Janko, R. 2005. "Socrates the freethinker", in R. Kamtekar and S. Rappe (eds.), *A Companion to Socrates*. Oxford: 48-62.

Jenkins, M. 2016. "Plato's godlike philosopher", *Classical Philology* 111, 250-262

Jirsa, J. 2008, "Plato on characteristics of god: *Laws* X, 887c5-899d3", *Rhizai* 5, 265-285.

Johansen, T. 2004. *Plato's Natural Philosophy*. Cambridge.

Johnson, M. R. 2005. *Aristotle on Teleology*. Oxford.

Kahn, C. H. 1985. "The place of the prime mover in Aristotle's teleology", in Gotthelf, A. (ed.). 1985. *Aristotle on Nature and Living Things*. Cambridge: 183-205.

Kamtekar, R. (ed.) 2005. *Plato's Euthyphro, Apology and Crito*. Lanham.

Karfík, F. 2004. *Die Beseelung des Kosmos: Untersuchungen zur Kosmologie, Seelenlehre und Theologie in Platons Phaidon und Timaios*. Munich.

Keyt, D. 1971. "The mad craftsman of Plato's *Timaeus*", *Philosophical Review* 80, 230-235.

Kosman, A. 1986-1987. "Divine Being and Divine Thinking", *Proceedings of the Boston Area Colloquium in Ancient Philosophy,* vol 3, 165-188.

Lavecchia, S. 2006. *Una via che conduce al divino. La "homoiosis theo" nella filosofia di Platone*. Milan.

Lennox, J. 1985a. "Plato's unnatural teleology", in *Platonic Investigations*, ed. D. O'Meara, 195-218. Washington. Repr. in Lennox, J. 2001a. *Aristotle's Philosophy of Biology: Studies in the Origins of Life Science*. New York: 280-302

McPherran, M. 1996. *The Religion of Socrates*. University Park, PA.

McPherran, M. 2011. "Socratic religion", in D. Morrison (ed.), *The Cambridge Companion to Socrates* (Cambridge), 111-137.

Mahieu, W. de, 1963-4, "La doctrine des athées en Xe livre des Lois de Platon", *Revue belge de philologie et d'histoire* 41 (1963): 5-24, 42 (1964) 16-47.

Mahoney, T. 2008. "Moral virtue and assimilation to god in Plato's *Timaeus*", *Oxford Studies in Ancient Philosophy* 28, 77-91.

Mason, A. S. 2010. *Plato* (Durham), ch. 8, "God and nature".

Mason, A. 2013. "The nous doctrine in Plato's thought", *Apeiron* 46, 201-228.

Mayhew, R. 2008. *Plato, Laws 10*. Oxford. (Translation and commentary)

Mayhew, R. 2010. "The theology of the *Laws*", in C. Bobonich (ed.), *Plato's Laws: A Critical Guide*: 197-216.

Mayhew, R. 2011. "'God or some human': on the source of law in Plato's *Laws*", *Ancient Philosophy* 31, 311-325.

Menn, S. 1995. *Plato on God as Nous*. Carbondale and Edwardsville.

Menn, S. 2012. "Aristotle's theology", in C. Shields (ed.), *The Oxford Handbook of Aristotle*, 422-464.

Mohr, R. D. 2005, *God and Forms in Plato* (revised ed. of *The Platonic Cosmology*, Leiden 1985).

Morgan, M. 1990. *Platonic Piety*. New Haven.

Morgan, M. 1992. "Plato and Greek religion", in R. Kraut (ed.), *The Cambridge Companion to Plato*, 227-247.

Morrow, G. 1950. "Necessity and persuasion in Plato's *Timaeus*", *Philosophical Review* 59, 147-163. Repr. in R.E. Allen *Studies in Plato's Metaphysics* (1965), 421-437.

Naddaf, G. 2004. "Plato the creator of natural theology", *International Studies in Philosophy* 36: 103-112.

Natali, C. 1974. *Cosmo e divinità: la struttura logica della teologia aristotelica*. L'Aquila.

Norman, R. 1969. "Aristotle's philosopher god." *Phronesis* 14, 63-74. Repr. in J. Barnes et al. (ed.), *Articles on Aristotle*, vol. 4 (London), 93-102.

Palmer, J., 2000. "Aristotle on the ancient theologians", *Apeiron* 33, 181-205.

Powers, N., 2009. "The natural theology of Xenophon's Socrates", *Ancient Philosophy* 29, 249-266.

Russell, D. 2004. "Virtue as 'likeness to god' in Plato and Seneca", *Journal of the History of Philosophy* 42, 241-260.

Salkever, S. 2007. "Whose Prayer? The Best Regime of Book 7 and the Lessons of Aristotle's *Politics*", *Political Theory* 35.1, 29-46.

Sedley, D. 2000. "The ideal of godlikeness", in *Plato* II, ed. G. Fine (Oxford), 309-328. (= revised version of 'Becoming like god in the *Timaeus* and Aristotle', in Calvo and Brisson, *Interpreting the Timaeus-Critias*, 1997, 327-39)

Smith, N. D. and P. Woodruff (eds.). 2000. *Reason and Religion in Socratic Philosophy*. Oxford.

Van der Eijk, P. 1989. "Divine Movement and Human Nature in *Eudemian Ethics* 8, 2", *Hermes* 117, 24-42.

Van Kooten, G. 2008. *Paul's Anthropology in Context*. Tübingen: chapter 2, "The 'image of god' and 'being made like god' in Graeco-Roman Paganism".

Van Riel, G. 2013, *Plato's Gods*. Farnham.

Verdenius, W. J. 1960. "Traditional and personal elements in Aristotle's religion", *Phronesis* 5, 56-70.

Vlastos, G. 1991. "Socratic piety", in his *Socrates: Ironist and Moral Philosopher*, ch. 6; repr. in Smith and Woodruff 2000 and Kamtekar (2005).

(四) 希腊化

Algra, K. 2003. "Stoic theology", in *The Cambridge Companion to the Stoics*, ed. B. Inwood, 153-78. Cambridge.

Algra, K. 2009. "Stoic philosophical theology and Graeco-Roman religion", in Salles 2009, 224-251.

Annas, J. "Ancient scepticism and ancient religion", in B. Morison and K. Ierodiakonou (eds.), *Episteme, etc.* (Oxford 2011), 74-89.

Bénatouïl, T. 2009. "How industrious can Zeus be? The extent and objects of divine activity in Stoicism", in Salles 2009, 23-45.

Brunschwig, J. 1994. "Did Diogenes of Babylon invent the Ontological Argument?", in his *Papers in Hellenistic Philosophy*. Cambridge.

Burnyeat, M. F. 1982. "Gods and heaps", in M. Nussbaum and M. Schofield (eds.), *Language and Logos*, 315-338.

Campbell, G. 2003. *Lucretius on Creation and Evolution. A Commentary on "De Rerum Natura" 5.722-1104*. Oxford.

Couissin, P. 1941. "Les sorites de Carnéade contre le polythéisme", *Revue des Etudes Grecques* 54, 43-57

Denyer, N. 1985. "The case against divination: an examination of Cicero's *De divinatione*", *Proceedings of the Cambridge Philological Society*, 211, 1-10.

Dragona-Monachou, M. 1976. *The Stoic Arguments for the Existence and the Providence of the Gods*. Athens.

Dyck, A. 2003. *Cicero, De Natura Deorum* book 1 (text and commentary). Cambridge.

Essler, H. 2011. *Glückselig und unsterblich: epikureische Theologie be Cicero und Philodem*. Basel.

Festugière, A.-J. 1955. *Epicurus and His Gods*, Engl. trans., Oxford.

Frede, D. 2002. "Theodicy and providential care in Stoicism", in Frede/Laks 2002, 85-117.

Frede, D. and Laks, A. (ed.) 2002. *Traditions of Theology. Studies in Hellenistic Theology, its Background and Aftermath.* Leiden.

Frede, M. 2005. "La théologie stoïcienne", in G. Romeyer-Dherbey and J.-B. Gourinat (eds.), *Les stoïciens* (Paris).

Kerferd, G.B. 1978. "The origin of evil in Stoic thought", *Bulletin of the John Rylands Library* 55, 177-196.

Knuuttila, S. and J. Sihvola. 2000. "Ancient scepticism and philosophy of religion", in J. Sihvola (ed.), *Ancient Scepticism and the Sceptical Tradition*, 125-144.

Konstan, D. 2011. "Epicurus on the gods", in J. Fish and K. Sanders (eds.), *Epicurus and the Epicurean Tradition* (Cambridge), 53-71.

Long, A. A. 1975-1976. "Heraclitus and Stoicism", Φιλοσοφία 5-6, 133-156. Repr. in Long, A. A, 1996a. *Stoic Studies* (Cambridge), 35-57.

Long, A. A. 1990. "Scepticism about gods in Hellenistic philosophy", in M. G. Griffith and D. J. Mastronarde (eds.). *Cabinet of the Muses*, Atlanta: 279-291. Repr. in Long, *From Epicurus to Epictetus*, Oxford, 2006: 114-127.

Long, A. A. 2002. *Epictetus. A Stoic and Socratic Guide to Life.* Oxford.

Long, A. A., Sedley, D. N. 1987. *The Hellenistic Philosophers.* Cambridge.

Mansfeld, J. 1993. "Aspects of Epicurean theology", *Mnemosyne* 46, 172-210.

Mansfeld, J. 1999. "Theology", in *The Cambridge History of Hellenistic Philosophy.* 452-478.

Meijer, P. 2007. *Stoic Theology: Proofs for the Existence of the Cosmic God and of the Traditional Gods: Including a Commentary on Cleanthes' Hymn on Zeus.* Delft.

Obbink, D. 1989. "The atheism of Epicurus." *Greek, Roman and Byzantine*

Studies 30, 187-223.

Obbink, D. 1992. "What all men believe must be true: common conceptions and *Consensio Omnium* in Aristotle and Hellenistic philosophy", *Oxford Studies in Ancient Philosophy* 10, 193-231.

Obbink, D. 1996. *Philodemus, On Piety, Part I*. Oxford.

Pease, A. S. 1955-1958. Cicero, *De natura deorum*. Cambridge Mass.

Purinton, J. 2001. "Epicurus on the nature of the gods", *Oxford Studies in Ancient Philosophy* 21, 181-231.

Reydams-Schils, G. 1999. *Demiurge and Providence. Stoic and Platonist Readings of Plato's Timaeus*. Turnhout.

Salles R. (ed.), 2009. *God and Cosmos in Stoicism*. Oxford.

Schofield, M. 1982."Preconception, Argument and God", in M. Schofield, M. Burnyeat, J. Barnes (eds), *Doubt and Dogmatism Studies in Hellenistic Epistemology*, 283-308. Oxford.

Schofield, M. 1983. "The syllogisms of Zeno of Citium", *Phronesis* 28, 31-35.

Schofield, M. 1986. "Cicero for and against divination." *Journal of Roman Studies* 76, 47-65.

Sedley, D. 2002. "The origins of Stoic god", in Frede and Laks 2002: 41-83.

Sedley, D. 2011. "Epicurus' theological innatism", in J. Fish and K. Sanders (eds.), *Epicurus and the Epicurean Tradition*. Cambridge: 29-52.

Sharples, R. W. 2002. "Aristotelian theology after Aristotle", in D. Frede and A. Laks (eds.). *Traditions of Theology: Studies in Hellenistic Theology, its Background and its Aftermath*. Leiden, 1-40.

Warren, J. 2000. "Epicurean immortality", *Oxford Studies in Ancient Philosophy* 18, 231-261.

Warren, J. 2011. "What god didn't know: Sextus Empiricus *AM* IX 162-166", in D. Machuca (ed.), *New Essays on Ancient Pyrrhonism* (Leiden), 41-68 (available for download at http://cambridge.academia.edu/JamesWarren).

Winiarczyk, M. 1991. *Euhemeri Messenii Reliquiae*. Leipzig.

译后记

大卫·赛德利教授是世界知名的古典学家和哲学家，2014 年退休前是剑桥大学劳伦斯古代哲学讲席教授（Laurence Professor of Ancient Philosophy）。这个讲席是世界上最古老的古代哲学讲席，设立于 1930 年，至今历任七届，每一位都是古代哲学领域的领军人物。[①] 除此之外，他所享有的威信还因为曾经担任古代哲学顶级期刊《牛津古代哲学研究》（Oxford Studeis in Ancient Philosophy）的主编十年之久。

我们现在看到的这本书是赛德利 2014 年在中国人民大学古希腊哲学名师讲座的结集。就我所知，此书的酝酿至少可以追溯到 2011—2012 学年秋季学期，那时我在剑桥古典系读研究生，参加了赛德利给古典系本科生开设的 "神与反神"（God and Anti-god）课程，这正是他人大讲座的雏形。我一直保留着当时的笔记和讲义，写这篇后记时拿出来与现在的书稿大致比较，发现二者虽然

[①] 历任剑桥大学劳伦斯古代哲学讲席教授是：F. M. Cornford (1930-1939), R. Hackforth (1939-1952), W. K. C. Guthrie (1952-1973), G. E. L. Owen (1973-1982), Myles Burnyeat (1984-1996), Gisela Striker (1997-2000), David Sedley (2000-2014), Gábor Betegh (2014 至今)。

处理的文本大致相同，但赛德利已经完全改变了呈现的方式。在剑桥的课程是按时间线索进行的，古希腊罗马哲学家们对神（包括反对神）的讨论被分为"前苏格拉底与智者思想""苏格拉底、柏拉图与亚里士多德"和"希腊化时期哲学家"三个部分；而人大讲座则是按照主题安排的。赛德利从中提炼出古希腊哲人论神时的一些重要主题：例如神被等同于宇宙，并作为"球形神"的观念是如何形成的；球形神作为人模仿的对象究竟是什么含义；此外，那些被压抑的无神论传统、宗教不可知论传统是从何人何时开始，它们如何在一种宗教指责的语境下表达自身，等等。此后赛德利又花费将近三年时间对讲稿进行修改，并增加了两个主题，即神作为宇宙创造力量的"二元论"传统是如何形成和发展的，以及从"匿名性"这一角度来回望前面讨论过的九个世纪，从那些思想家留下的字里行间串起一条他们中大多数人心照不宣践行着的哲学道路：在多神的宗教现实中追求神性的统一性和同质性。按照主题安排显然更容易引起读者兴趣，也更容易达到掩卷沉思的效果，但同时也对学者提出了更高要求，需要学者在专业与趣味之间做出平衡。这绝非易事。主题的选择、提炼以及章节的安排，本身就是作者长期思考的结果。一本质量上乘的系列讲座文稿从酝酿到最终成书需要五年以上，这是赛德利学术道路中的常态。如果我们留意他另一本基于系列讲座的著名著作《古代创世论及其批评者》（*Creationism and Its Critics in Antiquity*），也会发现与本书极其相似的进程。①

赛德利是一位难得的学术能力非常全面的学者。他能够处理多种材料，除了基本的希腊文和拉丁文传世文献，他可以第一手地处理残篇、纸草、铭文、图像等。大致浏览赛德利已经出版的文本、书籍和文章目录，可以看出他对出土文献的持久兴趣，不完全列举他仔细处理过的纸草，包括古代哲学界喜欢讨论的赫库兰尼姆纸草（Herculaneum papyri）——他的博士论文就是一份对这些纸草中伊壁鸠鲁《论自然》第28卷的文本编辑、翻译和评注（1973），以及德尔维尼纸草（Derveni papyrus）和斯特拉斯堡纸草（Strasbourg papyrus）；也包括曾为古典学、圣经学和古文书学打开了新局面的著名的奥克西林库斯纸草（Oxyrhynchus Papyri）；还有阿特米多鲁斯纸草（Artemidorus papyrus），以及匿名的柏拉图《泰阿泰德篇》评注、匿名的亚里士多德《范畴篇》评注等。除此之外，赛德利文章中对地上实物的利用，也不仅包括铭文（如刻在奥伊诺安达城门廊墙上的伊壁鸠鲁哲学铭文），还包括图像（最近我们看到他通过解读一幅马赛克镶嵌画，来重构最早的一批柏拉图跟随者如何将柏拉图权威化、经典化，并树立自己的权威）。

---

① 《古代创世论及其批评者》是赛德利在2004年秋在加州大学伯克利分校著名的萨瑟古典学讲座（Sather Classical Lectures）的结集，著作于2007年出版。在出版前言中，赛德利提到该书从酝酿到成书出版也经过了五年。

赛德利对这些材料的关注、解读和使用，有时是出于单纯的语文学和历史学兴趣，但大多数时候还是因为这些材料包含了哲学上（如认识论的、语言学的、自然哲学的、伦理学的）的重要信息，或者能够修正一些哲学史的既定看法。我比较愿意将赛德利习惯的治学进路称为"自下而上"式的，也就是说他的研究注重从考察文本语境和历史语境开始，以此作为可靠的基础，再对某位思想家或某个学派的思想进行重构和解释。这种"自下而上"的方法有明显的好处，比如能够避免思想史常面临的六经注我式的解释循环，再比如更容易让研究者跳出既定讨论进行思考，要么对既定讨论提出必要的补充，要么开辟全新的视角和问题域。除此之外，这种方法似乎也更容易调动不同学科的研究方法，根据不同形制、不同题材、不同内容的材料来选取合适的方法，积极正面地建构研究，因而使古典学、古代哲学本身内含的跨学科特质得以丰富呈现。

阅读本书任何一章，我们都能够获得以下三个方面的强烈感受：强大的材料处理能力、"自下而上"的治学方法和融合语文学、历史学和哲学的文章写法。本书所解读的材料时间跨越至少九百年，从公元前7世纪的赫西俄德到公元2世纪的伊壁鸠鲁主义者奥伊诺安达的第欧根尼，包含有传世文献、残篇、纸草和铭文等不同形制的材料，题材遍及诗歌、对话、哲学论著、论辩檄文等。但这些材料的选择，全都服务于古代神学重要主题的哲学讨论，后者又反过来是赛德利对这些材料多年潜心研究后总结提炼的结果。在每一章中，赛德利或者对旧材料提出了更合理的解读——这种合理性可能从古典语言习惯、上下文联系、符合作者的思想整体、符合历史真实等来多方面来看；或者提供新的材料及其解读，形成对哲学史既定看法的挑战，得出哲学史（或者宗教思想史）上和哲学上的重要后果。

就这种治学方法能够开辟新的视角和问题，我们可以以本书第一章关于宇宙创造的讨论为例。一般来说，我们所熟悉的古希腊自然哲学史的讲述方式是单线的、一元论的，这种方式最早由亚里士多德在《形而上学》第一卷中开创，以"什么是本原"为核心线索。但赛德利在第一章中为我们展示的完全是另一条线索、另一种传统，即"创造型二元论"，亚里士多德在这种传统中并不重要。赛德利令人信服地说明了这种二元论传统在古希腊的影响甚至比一元论传统更为深远：它开始于赫西俄德，广泛影响了前苏格拉底哲学家，并在苏格拉底创造性地发明了神学上的"设计论证"后，充分与之结合，然后在柏拉图的《蒂迈欧》那里达到顶峰，在后来的希腊化时期中又经斯多亚哲学的改造而获得了新的表达形态。我个人觉得这章特别精彩，每节都得出了很多令人意外的观点，例如创造论第一次进入西方正统是以一种科学的方式（在阿那克萨戈拉那里），我们后来熟悉的神学"宇宙论证明"实际上是那个被指控为不敬神的苏格拉底的发明，希腊化时期的"安提凯希拉机械"可能是机械版设计论证的实物,等等。这章也是全书最长的一章(中译近四万字),但即便如此,关于阿那克萨戈拉、恩培多克勒、苏格拉底的部分其实都是缩写,感兴趣的读者可以在上文提到的赛德利的名作《古代创世论及其批评者》的同名章节中找到更详细的解读。

就这种治学方法更容易进行跨学科结合,也举一例。本书第四章对无神论传统的讨论,是从怀疑一项历史记载开始的,那便是最早见于公元前 4 世纪伊壁鸠鲁的一份无神论者名单。赛德利的探讨方式是:首先怀疑并逐一抛弃该名单中的所有选项;借助其他材料还原出公元前 5 世纪后半叶在雅典流行起来的无神论思潮的基本状况,指出其匿名性的传播方式;确认了属于该思潮的可能文本形态(如《西西弗斯》残篇);然后进入对这种始终作为"暗流"的思潮的哲学考察,并说明我们可以借助柏拉图晚年著作《礼法》中对该思潮的批评,重构出了当时无神论者完全不同于主流的对自然、技艺和神的看法。在这整个探究过程中,寻找真实,尤其是对压抑思潮的关注是偏历史性的趣味;但这章后半部分的旨趣则完全是哲学性的,尤其是从柏拉图对话中重构"无神论者的'神谱'",对我们了解正统对立面的自然观、技术观、宇宙观等都有极其重要的作用,反过来也能促进我们对正统思想之生成过程的理解。此外,最初的历史性旨趣,随后也催生出了新的视角和新的哲学史叙事,这就是赛德利后来在第七章以暗流之核心特征——匿名性——对整个古代希腊宗教思想发展的重述。

　　书中翻译方面需要进行说明的地方，我基本都放在了随文脚注中，供大家参考。这里只提一点，也是我在其他地方曾有过的倡议，① 即希望将古希腊哲学中可以回溯至希腊文 kosmos（即有序体）的英文词（有的学者译为 world [如赛德利]，有的译为 universe）都统一译为"宇宙"（而非"世界"），而将可以回溯至希腊文 to pan 的英文词（通常是 universe）译为"一切""大全"或"万有"等。赛德利在第一章第二节指出过这两个词在英美语境中翻译的混乱，我们在翻译英文著作时如果能回溯到其所对应的希腊词来选择合适的中文，则可以避免卷入英文自身的翻译混乱（对于其他西语文献来说，也是同样的道理）。同时，我也要厘清中文语境一个常有误解，我们（或许受到了科瓦雷名著② 的影响）习惯认为"世界"是更适合古代自然哲学著作的翻译，而"宇宙"是近现代出现无限空间概念后的产物；其实不然。该误解的前半段可以通过对中文词的历史考察来反驳，"宇宙"在早期中国就已出现，最初含义就是时空有序体（正好可以与希腊文 kosmos 对应），而"世界"是佛教传入中土后，由于译介需要对应"宇宙"一词构词法而发明的新词，在汉传佛教经典中"世界"代表的是

---

① 见小文《古希腊宇宙概念的翻译问题》，原载于《中国社会科学报》2015 年 2 月 16 日 06 版。但其中需要修正的是古希腊有无限宇宙的观念，这甚至早于有限宇宙的观念。

② 亚历山大·科瓦雷：《从封闭世界到无限宇宙》，张卜天译，北京：商务印书馆，2016 年。

一种无固定视角和绝对中心、以几何级数增长的多元结构。而误解的后半段，则需要从哲学上反驳，其具体原因正好可以通过阅读本书第二章"球形神"（这个标题完整地说应该是"球形的宇宙－神"）而获得。在第二章中，赛德利不仅重构了希腊哲学如何确立球形作为神最适宜形状的逻辑线索，也顺带勾勒了有限的球形宇宙观念是如何从无限的宇宙观念中演生出来——是的，在古希腊，无限的宇宙观念甚至更早！公元前6世纪晚期的诗人和哲学家克塞诺芬尼，第一次用否定神学的方式获得了一种无处不在、无需感官便可全知，仅靠思便可推动万物的神的观念，而与之共同存在的宇宙，也是在上、下、左、右四个方向无限延伸的。①之后，在巴门尼德那里，才第一次出于以数学精确性来理解神性存在者的需要，为无限的宇宙（以及与之共同存在的无限的神）设置了外边界，使宇宙变成了有限的。

　　本书出版的整个过程都得益于刘玮教授的大力支持。在翻译过程中，刘玮帮助我修正和完善了很多细节，他的很多独到见解也给了我非常大的启发，使我在很多方面能够精益求精；我们为一些术语翻译争执不下的场景，都会在回忆中都变得珍贵——一方面，在如今翻译市场化大潮中，很少有人会在翻译和编校上花费如此多的气力和时间；另一方面，这些争执也确实促进了对文

---

① 赛德利说明这种"无限"就是我们一般理解的"无限"，并不是较弱意义上的"无限定"。

本的理解。本书的出版还要感谢的是责编王晨玉，感谢她耐心和细致的编校工作。

最后，特别感谢赛德利教授将本书的英文版出版放在中文译本之后，这无疑增加了中文译本的价值，当然也让我倍感压力。赛德利的语言"百转千回"，多夹杂不同程度的转折，这种语言特点不仅由于他典范性的英式表达，还由于上面所说的其所处理的材料的复杂。赛德利是我十年前在剑桥读研究生时的导师，他教会了我认识到古代材料的晦暗、哲学论证的艰难、结论的永远可错，以及对未知世界保持好奇。希望本书的翻译，也能够尽量将这些信息原本地传达给读者。本书的翻译也受到国家社科基金青年项目《柏拉图〈蒂迈欧〉与亚里士多德〈论天〉比较研究》（编号20CZX036）的资助，在此一并致谢。

刘未沫
2021年10月20日
于北京